산음 자평진전
山陰 子平眞詮

일러두기

1. 총 47장으로 구성된 『산음 자평진전』에서 각 장의 아래 1. 2. 3. 등의 소제목은 역자의 의도에 따라 추가로 삽입한 것임을 일러둔다. 심효첨의 원문은 내용을 구분하지 않고 서술형으로 기록되어 있는 형식인데, 소제목을 통해 독자들이 『자평진전』을 쉽게 이해하고 찾아보기 쉽게 하고자 추가하였다.

2. 『자평진전』 각 장의 한자 제목은 모두 '論○○○'으로 시작된다. 명료한 단어 제목이 아니므로 그대로 한자의 음을 이용하여 제목을 표시하는 것은 의미 전달이 불가한 경우가 많아 동일한 의미를 지닌 한글 명리용어로 변경하여 기록함을 일러둔다. 참고로 『자평진전』의 내용은 크게 4 파트로 구분되며 각 장을 구분하면 아래와 같다.

Ⅰ. 명리 기본 이론	제1장 ~ 제7장
Ⅱ. 명리 용신 이론	제8장 ~ 제20장
Ⅲ. 명리 응용 논의	제21장 ~ 제30장
Ⅳ. 명리 정격과 잡격	제31장 ~ 제47장

3. 번역 본문 중간에 아래와 같은 표로 삽입된 명조는 역자가 추가로 첨부한 자료임을 일러둔다. 심효첨의 명리 이론을 이해하는 데 도움이 되게 하고자 추가한 것으로 심효첨의 이론에 중점을 두고 명조의 해석이 이루어졌다.

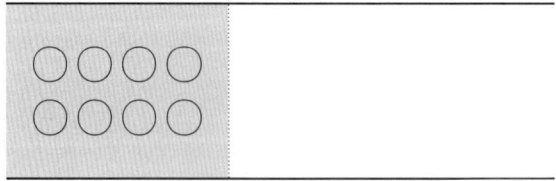

山陰 子平眞詮
자 평 진 전

山陰 沈孝瞻 著

김기승·나혁진 편역

다산글방

| 책을 펴내며 |

명리학을 공부하다 보면 무수한 서적의 홍수에서 헤어나오지 못할 때가 간혹 있다. 현대의 많은 명리학자가 써놓은 저작과 천년의 시간 동안 선대 현인들이 써놓은 고전 그리고 그 명리 고전을 평주한 서적까지 합하면 수백, 수천 권에 이른다.

명리학을 공부하는 동호인 중 누군가가 명리학 고전을 공부하고자 한다면 우선 청대(淸代)의 명리 고전을 독서하기를 권한다.

우리들이 현재 활용하고 있는 명리학의 원리는 송대의 서자평(徐子平)에 의해 창출되었다. 서자평이 본인의 이론을 최종적으로 정리한 『명통부』를 시작으로 하여 『연해자평』, 『적천수』, 『명리정종』, 『삼명통회』, 『난강망』 등이 송·명대에 저술되었다.

사실 어느 한 권 버릴 수 없는 희대의 고전들이다. 그러나 명리 고전을 처음 접하는 독자들에 있어서는 이 고전들의 독서가 그리 녹록하지는 않다. 시대순으로 하는 고전의 독서도 한 가지 방법일 수 있지만, 현재와 시간적 간극이 좁은 시점부터 역순으로 읽어가는 것도 좋은 독서의 방법이 된다.

청대에 쓰여진 명리 고전으로는 『명리약언』, 『자평진전』, 『적천수천미』

가 대표적이다. 진소암(陳素庵)이 쓴 『명리약언(命理約言)』은 송·명대 여러 가지 명리 이론들을 정리하고 정제시켜 놓았고 명리학의 변화를 이끌어내며 가교 역할을 한 고전이다. 심효첨(沈孝瞻)이 쓴 『자평진전(子平眞詮)』은 서자평이 제안한 이론이기는 하지만 월령을 용신으로 삼는 격국용신을 A~Z까지 설명하고 체계화시켜 놓은 월령 용신의 해설서이다. 임철초(任鐵樵)가 쓴 『적천수천미(滴天髓闡微)』는 원말 명초에 유백온이 이론을 수집하고 주석했던 『적천수』에 다시 한번 증주를 시도하면서 자신의 변격이론을 너욱 체계화한 고전이다.

이 3권의 청대 명리 고전을 번역하는 프로젝트는 『적천수천미』를 시작으로 『명리약언』의 출간으로 이어졌고, 이번에 마지막으로 『자평진전』을 출간하게 되었다.

이 책은 청대 건륭(乾隆) 4년에 진사를 지냈던 심효첨(沈孝瞻)이 지은 명리서 『자평진전』을 번역한 것이다. 심효첨의 본명은 심역번(沈燡燔)이었으며 절강 산음 사람이었기에 호를 산음(山陰)이라고 붙여 사용하였다.

『자평진전』은 격국론에 있어서 다른 여타의 명리서에 비해 상대적으로 논리적인 체계를 완성해 놓은 책이다. 『자평진전』의 월령 용신과 상신을 통한 간명법은 신강신약 억부용신 간명법과 함께 명리학의 중심을 관통하는 2대 간명법을 완성한다.

그런데 불행인지 다행인지 조후용신과 억부용신 간명법을 주로 사용하던 서락오에 의해 『자평진전』은 평주되었고 『자평진전평주』라는 책으로 근대에 세상에 널리 보급되게 되었다. 그런 과정에서 『자평진전』을 쓴 심효첨의 격용상신 간명법은 독자들이 서락오의 주석문을 함께 읽어 내려감으로써 이해에 혼선을 겪는 상황을 자주 겪게 된다. 최근에 들어서 이런 연유로 중국과 한국의 명리학계에서는 『자평진전평주』에서 서락오의 평주를 삭제하고 심효첨의 『자평진전』 전39편만을 재정리하여 출판하는 경향을 보이고 있다.

1776년 첫 출판 당시 호혼탁(胡焜倬)이 써 놓은 서문에 보면 '자평수록(子平手錄) 삼십구편(三十九篇)'이라고 기록되어 있다. 그런데 현재 가장 널리 읽히는 서락오 평주판에는 서락오가 필요에 따라 새로운 편장을 추가해 놓았기 때문에 전52편으로 늘어나 있고, 1895년 간행된 조전여(趙展如) 판본은 전45편, 1923년 간행된 중화민국12년 판본은 전47편으로 구성되어 있다. 중화민국12년 판본은 8가지 정격을 논하는 편과 그 운을 논하는 편이 각각 2개씩으로 나뉘어 있기에 8개가 늘어난 점을 제외하면 전39편 구성에 가장 근접하다.

한편 조전여 판본과 중화민국12년 판본은 '논음양생사(論陰陽生死)'와 '논음양생극(論陰陽生剋)'이 서로 순서가 바뀌어 있고, 조전여 판본에는 '논십간배합성정(論十干配合性情)'과 '논십간합이불합(論十干合而不合)'이 합본되어 있고, '논희기지간유별(論喜忌支干有別)'이 빠져있다.

『자평진전』의 번역본은 현재 10여 종이 출시되어 있고, 역자 혹은 주석자들이 『자평진전』에 쓰여진 심효첨의 의중을 최대한 독자에게 잘 전달하고자 노력한다. 한자로 기록된 많은 명리 서적들의 번역은 한문과 명리학 소양을 동시에 갖춘 이들에 의해 이루어져 왔다. 고전의 번역들은 하나의 원문에 대해서 수십 회에서 수백 회에 이르는 번역작업이 반복적으로 이루어지는데, 예를 들어 『논어』의 번역본의 경우 천 종 이상 출간 및 판매되고 있는 것을 쉽게 발견할 수 있다. 국내의 대중들이 사용하는 현대어의 변화에 따른 수정 번역과 계속되는 이론 연구와 내포된 의미에 대한 긍정적 논쟁을 통해 주해와 번역이 다시금 이루어지기 때문이다.

이 책 『산음(山陰) 자평진전(子平眞詮)』 번역본은 중화민국12년 판본의 편장 순서를 따르고 글자가 다르거나 누락된 부분은 조전여 판본 및 서락오 평주판을 참조하였다.

심효첨의 명리 이론 설명은 열거식 배열이 많기 때문에 문장이 계속 이어지면 독자들이 내용의 맥락을 잃어버리고 혼선에 빠지기 쉬운 구조를 가지고 있기 때문에 이 책 『산음 자평진전』은 심효첨의 열거식 배열을 독자들이 최대한 쉽게 이해할 수 있도록 각 문단별로 소제목을 달아놓았고, 계속 이어지며 열거되는 문장은 숫자 순번을 표시하여 독서의 혼선을 줄이고자 하였다.

그렇다 하더라도 심효첨의 명리이론에 대한 의중에서는 절대 벗어나지 않기 위하여 노력하였고 한자 원문을 문단별로 선행 표기하여 찾아보기 쉽게 하였다. 주해를 추가하지 않고 순수하게 심효첨의 목소리만을 전달하고자 하였으며 명리용어를 제외한 서술어는 최대한 쉬운 현대어를 사용하고자 하였다.

꼭 필요한 추가 이론 정리가 필요한 편장에서는 그 장이 끝나는 지점에 '참고자료'라는 별첨으로 내용을 구분하여 기록하였다. 사주명조의 사례가 심효첨의 이야기를 이해하는 데 도움이 될 지점에서는 명조 1~2개를 별도로 삽입하여 독서의 이해도를 높였다.

『자평진전』은 월령을 기준으로 천간에 투출된 기(氣)가 명조 주인의 용신이자 체(體)가 되며, 그 체(體)를 필요에 따라 생조하거나 억제하는 상신의 희기를 통해 운을 살피는 격국법과 취운법을 기본으로 삼는 명리 이론서이다. 명리 고전에 대한 독서를 시작하려는 명리학도에게 그리고 격국과 용신에 대한 이해를 높이고 더 깊이 있게 연구하려는 분들에게 『자평진전』은 반드시 읽어야 하는 필독서라는 점에는 의문의 여지가 없.

이 번역서 『산음 자평진전』이 심효첨의 명리 이론과 설명을 이해하는 데 조금이나마 더 도움이 될 수 있기를 희망하며, 이 지면을 통해 이 책이 세상에 나오기까지 도움을 주신 많은 분들께 감사의 마음을 전한다.

2021년 1월

김기승·나혁진

차례

| 서문 | ·· 24

제1장 십간십이지 [論十干十二支] ·· 29

   1. 태극(太極)·음양(陰陽)·사상(四象)·오행(五行) ··· 30
   2. 십간(十干)의 음양, 기(氣)와 질(質) ··· 31
   3. 천간지지의 음양 관계, 상(象)과 형(形) ··· 32
   4. 천간지지의 조합 관계, 월건(月建) ··· 33
   5. 십간십이지 이론의 중요성 ··· 35

제2장 음양생극 [論陰陽生剋] ·· 37

   1. 상생(相生)과 상극(相剋)의 원리 ··· 38
   2. 오행의 음양에 따른 생극(生剋) 원리 ··· 40
   3. 상극(相剋)을 기초로 한 십성(十星) 원리 ··· 41

제3장 십이운성 [論陰陽生死] ·· 45

   1. 생왕묘절(生旺墓絕) ··· 46
   2. 양간순행(陽干順行), 음간역행(陰干逆行)의 원리 ··· 46
   3. 생왕묘절이 십이운성으로 세분화 ··· 49
   4. 십이운성(十二運星)의 의미 ··· 49
   5. 십이운성(十二運星)의 활용 ··· 51

제4장 십간합화 [論十干配合性情] ·· 55

   1. 십간합화(十干合化)의 의미 ··· 56
   2. 십간합화의 성정 - 4희신의 경우 ··· 58

3. 십간합화의 성정 - 4기신의 경우 ··· 60

4. 십간합화의 성정 - 육친의 예 ··· 62

제5장 합이불합 [論十干合而不合] ·············· 65

1. 십간합화의 예외 ··· 66
2. 가로막혀 合而不合 되는 경우 ··· 66
3. 너무 멀어서 合而不合 되는 경우 ··· 68
4. 합을 하여 상함이 없어지는 경우 ··· 69
5. 합을 하기는 하나 합으로 논하지 않는 경우 ··· 71
6. 쟁합(爭合)·투합(妬合)이란 용어 및 예외 ··· 74
7. 십간합에 대한 오류 ··· 76

제6장 득시실시 [論十干得時不旺失時不弱] ·············· 79

1. 득시(得時)·실시(失時)에 대한 정확한 이해 ··· 80
2. 득시실시 못지않게 병존오행이 중요한 이유 ··· 81
3. 통근(通根)의 규칙 ··· 82
4. 득시실시에 대한 오류 ··· 84

제7장 형충회합 [論刑沖會合解法] ·············· 87

1. 형충회합(刑沖會合)의 정의 ··· 88
2. 會合으로 刑沖을 해소하는 경우 ··· 89
3. 會合으로 2:1 刑沖이 작용하는 경우 ··· 91
4. 會合으로 刑沖을 해소하지 못하는 경우 ··· 92
5. 刑沖으로 刑沖을 해소하는 경우 ··· 94

제8장 용신기초편 [論用神] ·············· 97

1. 자평진전에서 용신이란? ··· 98

2. 순용(順用)과 역용(逆用) ... 99
3. 용신과 월령 그리고 권위(權衛: 균형) ... 100
4. 월령(격국)을 간과하는 경우 생기는 오류 ... 101
5. 용신 규칙의 예외 ... 103

제9장 용신성패편 [論用神成敗救應]   107

1. 월령용신 그 다음은 성패(成敗) ... 108
2. 성격(成格)이란? ... 108
3. 패격(敗格)이란? ... 113
4. 성중유패(成中有敗)란? ... 117
5. 패중유성(敗中有成)이란? ... 119
6. 용신(用神)과 성패(成敗)의 중요성 ... 122

제10장 용신변화편 [論用神變化]   123

1. 용신변화란 지장간의 투출을 의미한다 ... 124
2. 격국용신 변화의 예시 ... 125
3. 용신변화가 좋은 경우 ... 126
4. 용신변화가 좋지 않은 경우 ... 128
5. 용신변화가 겸격(兼格)되거나 유지되는 경우 ... 129
6. 용신과 변화의 중요성 ... 132

제11장 겸격순잡편 [論用神純雜]   137

1. 용신변화는 순잡(純雜)으로 나뉜다 ... 138
2. 겸격(兼格)이 순수(純粹)한 경우 ... 138
3. 겸격(兼格)이 혼잡(混雜)한 경우 ... 140
4. 변화와 순잡의 중요성 ... 141

제12장 격국고저편 [論用神格局高低] ············ 143

1. 격국 고저(高低)의 이치 ··· 144
2. 유정(有情) - 合去 등으로 용신이 淸하게 되는 사주 ··· 145
3. 유력(有力) - 일주, 제1용신, 제2용신 모두 强한 사주 ··· 146
4. 격국고저 - 상급(上級) ··· 147
5. 격국고저 - 중급(中級) ··· 149
6. 격국고저 - 하급(下級) ··· 150
7. 격국고저 판단의 어려움 ··· 152

제13장 성패변화편 [論用神因成得敗因敗得成] ············ 155

1. 격국 성패(成敗)의 변화 ··· 156
2. 성격이 패격이 되는 경우 ··· 156
3. 패격이 성격이 되는 경우 ··· 158
4. 변환무궁(變幻無窮)과 불역지론(不易之論) ··· 160

제14장 기후득실편 [論用神配氣候得失] ············ 161

1. 논명(論命)에 기후(氣候)를 참고 ··· 162
2. 인수격(印綬格)의 조후에 따른 취용 ··· 163
3. 상관격(傷官格)의 조후에 따른 취용 ··· 164
4. 목화통명(木火通明), 금수상함(金水相涵)에서의 조후 ··· 166
5. 목화상관(木火傷官)이 水를 쓰는 경우 ··· 168

제15장 상신편 [論相神緊要] ············ 171

1. 상신(相神)의 정의 ··· 172
2. 상신은 용신이 성격을 이루게 한다 ··· 173
3. 회합으로 격을 이루면 이 또한 상신이다 ··· 174
4. 상신이 상하면 그 격은 패격이다 ··· 176

5. 상신 설정의 난해함 … 177

제16장 잡기편 [論雜氣如何取用] … 179

1. 잡기(雜氣)의 정의 … 180
2. 잡기에서의 투간(透干)과 회합(會合) … 181
3. 잡기에서의 유정(有情) … 182
4. 잡기에서의 무정(無情) … 183
5. 잡기에서 유정(有情)이 무정(無情)으로 변하는 경우 … 185
6. 잡기에서 무정(無情)이 유정(有情)으로 변하는 경우 … 187

제17장 묘고형충편 [論墓庫刑沖之說] … 189

1. 沖에 의한 개고설(開庫說) 부정 … 190
2. 사고(四庫)의 沖은 土가 동(動)함 … 191
3. 입고설(入庫說)의 오류 … 194
4. 사묘(四墓) 土의 沖은 自爲沖, 動之沖 … 195
5. 사묘(四墓) 형충을 꺼리지는 않으나 필수는 아님 … 197

제18장 사길신 파격편 [論四吉神能破格] … 199

1. 사길신이 격(格)을 깨버리는 경우 … 200
2. 좋은 약도 쓰임이 나쁘면 해가 됨 … 201

제19장 사흉신 성격편 [論四凶神能成格] … 203

1. 사흉신이 격(格)을 완성하는 경우 … 204
2. 나쁜 창극도 쓰임이 적절하면 득이 됨 … 205

제20장 선후분길흉편 [論生剋先後分吉凶] … 207

1. 글자가 놓인 年月日時 선후(先後)에 따라 길흉이 갈림 … 208

2. 정관격에서 재성과 상관의 선후(先後) ··· 208

3. 인수격에서 재성과 인성의 선후(先後) ··· 210

4. 식신격에서 재성과 효신의 선후(先後) ··· 211

5. 칠살격에서 재성과 식신의 선후(先後) ··· 212

6. 선후(先後)에 따른 合의 有無 ··· 213

7. 가로막힘으로 인한 格의 성패 ··· 215

8. 선후(先後)에 따른 가로막힘의 有無 ··· 216

9. 선후에 따른 길흉이 다양한 만큼 심사숙고 필요 ··· 218

제21장 신살무관론 [論星辰無關格局] 219

1. 성신(星辰: 신살)의 1차원적 길흉 논리 부정 ··· 220

2. 고서에 쓰인 록(祿), 귀(貴)의 잘못된 이해 ··· 221

3. 여명에서 귀(貴)는 관(官)을 상징 ··· 223

4. 신살(神煞)은 격국(格局)과는 무관 ··· 224

제22장 외격무용론 [論外格用舍] 227

1. 외격(外格)의 정의 ··· 228

2. 양인, 건록에 쓰이는 외격(外格) ··· 228

3. 외격 사용 조건인 월령무용(月令無用)에 대한 오해 ··· 230

제23장 궁위십성육친론 [論宮分用神配六親] 231

1. 육친과 팔자 ··· 232

2. 궁위에 배속되는 육친 ··· 232

3. 십성에 배속되는 육친 ··· 233

4. 육친과 궁위 십성 응용 ··· 234

제24장 처자론 [論妻子] 235

1. 처(妻)와 재(財), 자(子)와 관살(官煞) ... 236
2. 처궁(妻宮)과 월령용신의 배합 ... 237
3. 처궁(妻宮)과 처성(妻星)의 조합 간명 ... 238
4. 자궁(子宮)과 자성(子星), 그리고 장생목욕가 ... 240
5. 장생(長生)의 논법은 음양 동생동사(同生同死) ... 241
6. 자궁(子宮)과 자성(子星)의 조합 간명 ... 242

제25장 행운론 [論行運] 245

1. 취운은 팔자와 배합해 행운의 희기를 살피는 것 ... 246
2. 희신운에 대한 예시 ... 247
3. 기신운에 대한 예시 ... 248
4. 희신인 것 같은데 사실은 기신인 경우 ... 249
5. 기신인 것 같은데 사실은 희신인 경우 ... 250
6. 천간은 쓰이고 지지는 쓰이지 않는 경우 ... 250
7. 지지는 쓰이고 천간은 쓰이지 않는 경우 ... 251
8. 천간에 동일한 오행이 오지만 다르게 쓰이는 경우 ... 251
9. 지지에 동일한 오행이 오지만 다르게 쓰이는 경우 ... 252
10. 똑같은 상충이지만 완급이 나뉘는 경우 ... 253
11. 똑같은 상충이지만 경중이 나뉘는 경우 ... 253
12. 충(沖)을 만났으나 불충(不沖)인 경우 ... 254
13. 하나의 충(沖)이 두 개의 충(沖)을 일으키는 경우 ... 254

제26장 행운성격변격론 [論行運成格變格] 257

1. 운에서 격이 다시 성(成)하기도 변(變)하기도 함 ... 258
2. 운에서 격을 다시 이루는 경우 ... 258
3. 운에서 격이 다시 변하는 경우 ... 259
4. 운에서 격을 이루어도 기쁘지 않은 경우 ... 260

5. 운에서 격이 변하여도 꺼리지 않은 경우 ··· 261
  6. 취운법의 중요성 ··· 261

제27장 간지유별론 [論喜忌支干有別] ··· 263

  1. 천간과 지지는 유별(有別) ··· 264
  2. 간지유별(干支有別)에 대한 예시 ··· 264
  3. 회합(會合)의 유무에 따른 지지의 동정(動靜) ··· 267

제28장 지지봉운투청론 [論支中喜忌逢運透淸] ··· 269

  1. 지지의 봉운투청(逢運透淸)이란? ··· 270
  2. 운에서 만난 회합(會合)과 투청(透淸) ··· 271
  3. 취운법의 기본 원리 ··· 273

제29장 고전격국 오류 [論時說拘泥格局] ··· 275

  1. 외격 혹은 잡격에 집착하지 말라 ··· 276
  2. 전식격(專食格)의 오류 ··· 276
  3. 귀록격(歸祿格)의 오류 ··· 277
  4. 조양격(朝陽格)의 오류 ··· 278
  5. 시상일위귀격(時上一位貴格)의 오류 ··· 279
  6. 형합격(刑合格)의 오류 ··· 280
  7. 공귀격(拱貴格)의 오류 ··· 280
  8. 서귀격(鼠貴格)의 오류 ··· 282

제30장 와전이론 오류 [論時說以訛傳訛] ··· 283

  1. 명리 이단(異端)의 와전된 여러 이론 ··· 284
  2. 와전이론이 생겨난 이유 ··· 285
  3. 격국 오류에 대한 사례 ··· 286

4. 와전이론에 미혹됨을 경고 ··· 287

제31장 정관격 [論正官] ········· 289

1. 정관(正官)의 특징 ··· 290
2. 정관격의 대귀격(大貴格) 조건 : 재인병투(財印並透) ··· 291
3. 정관이 합화인수(合化印綬)된 경우 ··· 293
4. 정관격의 패중유성(敗中有成) ··· 294
5. 정관격의 무정유정(無情有情) ··· 296
6. 지지형충(地支刑沖) 회합가해(會合可解) ··· 298

제32장 정관격 취운법 [論正官取運] ········· 299

1. 취운법 이론상의 한계 ··· 300
2. 정관용재인(正官用財印) ··· 300
3. 정관용재(正官用財) ··· 302
4. 정관패인(正官佩印) ··· 303
5. 정관대식상(正官帶食傷) : 용인제(用印制) ··· 304
6. 정관대살(正官帶煞) : 비겁합살, 상관합살 ··· 306
7. 취용(取用)과 취운(取運)의 어려움 ··· 308

제33장 재격 [論財] ········· 309

1. 재성(財星)의 특징 ··· 310
2. 재격의 귀격(貴格) 조건 : 재왕생관(財旺生官) ··· 310
3. 재왕생관(財旺生官)의 조건 ··· 312
4. 재용식생(財用食生)의 조건 ··· 312
5. 재격패인(財格佩印)의 조건 ··· 313
6. 재용식인(財用食印)의 조건 ··· 315
7. 재용상관(財用傷官)의 조건 ··· 317
8. 재대칠살(財帶七煞)의 조건 ··· 318

9. 재용살인(財用煞印)의 조건 … 320

10. 壬癸 일간 재격의 조건 … 321

11. 겁인태중(劫刃太重) 재격의 조건 … 322

제34장 재격 취운법 [論財取運] … 325

1. 재생관(財生官) … 326
2. 재용식생(財用食生) … 327
3. 재격패인(財格佩印) … 329
4. 재용식인(財用食印) … 330
5. 재대상관(財帶傷官) … 331
6. 재대칠살(財帶七煞) … 332
7. 재용살인(財用煞印) … 333

제35장 인수격 [論印] … 335

1. 인성(印星)의 특징과 인수용관(印綬用官) … 336
2. 인수용관(印綬用官) 대식상(帶食傷)의 경우 … 337
3. 인용식상(印用食傷)의 조건 … 339
4. 인용칠살(印用七煞)의 조건 … 340
5. 인용칠살(印用七煞) 대식상(帶食傷)의 경우 … 341
6. 인다용재(印多用財)의 조건 … 342
7. 인다용재(印多用財) 대식상(帶食傷)의 경우 … 344
8. 인겸투관살(印兼透官煞)의 경우 … 345
9. 삼합(三合)으로 체(體)가 변하는 경우 … 347
10. 인용칠살(印用七煞) 대겁재(帶劫財)의 경우 … 348

제36장 인수격 취운법 [論印取運] … 349

1. 인수용관(印綬用官) … 350
2. 인용식상(印用食傷) … 351

3. 인용칠살(印用七煞) … 353

4. 인다우재(印多遇財), 관살경투(官煞競透), 인용식상(印用食傷) … 355

제37장 식신격 [論食神] ……… 357

1. 식신(食神)의 특징과 식신생재(食神生財) … 358

2. 장식노상(藏食露傷), 편정첩출(偏正疊出) … 359

3. 하목용재(夏木用財) … 360

4. 식용살인(食用煞印) … 361

5. 금수식신용살(金水食神用煞), 하목용인(夏木用印) … 362

6. 단용식신(單用食神) … 364

7. 인수탈식(印綬奪食), 관살경투(官煞競透) … 364

8. 식신합살(食神合煞) … 365

9. 식신투살(食神透煞) … 365

제38장 식신격 취운법 [論食神取運] ……… 367

1. 식신생재(食神生財) … 368

2. 식용살인(食用煞印) … 369

3. 식신대살(食神帶煞) … 370

4. 식신대인(食神帶印) … 371

제39장 편관격 [論偏官] ……… 373

1. 칠살(七煞)의 특징 … 374

2. 살용식제(煞用食制)의 조건 … 375

3. 살용식제(煞用食制) : 재성과 인성의 역할 … 376

4. 살용인수(煞用印綬)의 조건 1 … 377

5. 살용인수(煞用印綬)의 조건 2 … 378

6. 칠살용재(七煞用財)의 조건 1 … 379

7. 칠살용재(七煞用財)의 조건 2 … 380

8. 칠살용재(七煞用財)의 조건 3 … 381

9. 살대정관(煞帶正官)의 조건 … 381

10. 살무식제(煞無食制)의 경우 … 383

11. 기명종살격(棄命從煞格)의 경우 … 384

제40장 편관격 취운법 [論偏官取運] …………………… 385

1. 살용식제(煞用食制) … 386

2. 살용인수(煞用印綬) … 388

3. 살용상관(煞用傷官) … 389

4. 칠살용재(七煞用財) … 390

5. 살대정관(煞帶正官) … 391

6. 살무식제(煞無食制) … 393

제41장 상관격 [論傷官] ……………………………………… 395

1. 상관(傷官)의 특징 … 396

2. 상관용재(傷官用財)의 조건 … 397

3. 상관용재(傷官用財) : 화상위재(化傷爲財) … 398

4. 상관용재(傷官用財) : 재상유정(財傷有情) … 399

5. 상관패인(傷官佩印)의 조건 … 400

6. 상관용재인(傷官用財印)의 조건 … 401

7. 상관용살인(傷官而用煞印)의 조건 … 403

8. 상관용관(傷官用官) : 금수상관(金水傷官) … 404

9. 상관용관(傷官用官) : 동금용관(冬金用官) … 406

10. 상관용관(傷官用官) : 화상위재(化傷爲財) … 407

11. 상관용관(傷官用官) : 관살병투(官煞並透) … 408

제42장 상관격 취운법 [論傷官取運] ………………………… 409

1. 상관용재(傷官用財) … 410

2. 상관패인(傷官佩印) … 411

3. 상관용재인(傷官用財印) … 412

4. 상관용살인(傷官而用煞印) … 414

5. 상관대살(傷官帶煞) … 415

6. 상관용관(傷官用官) … 416

제43장 양인격 [論陽刃] … 419

1. 양인(陽刃)의 특징과 용관용살(用官用煞) … 420

2. 용관(用官)과 용살(用煞)의 차이점 … 421

3. 관살제인(官煞制刃)의 격국고저 … 422

4. 관살제인(官煞制刃) 대식상(帶食傷) … 423

5. 병생오월(丙生午月), 무생오월(戊生午月), 재살병로(財煞並露) … 426

6. 양인용재(羊刃用財) … 427

제44장 양인격 취운법 [論羊刃取運] … 429

1. 양인용관(羊刃用官) … 430

2. 양인용살(羊刃用煞) … 431

3. 양인관살병출(羊刃官煞並出) … 432

제45장 건록월겁격 [論建祿月劫] … 435

1. 건록(建祿)과 월겁(月劫)은 동일격(同一格) … 436

2. 록겁용관(祿劫用官) : 인호희재(印護喜財) … 436

3. 관대재인(官帶財印) : 신강삼기(身强三奇) … 438

4. 록겁용재(祿劫用財) : 대식상(帶食傷) … 439

5. 화겁위재(化劫爲財), 화겁위생(化劫爲生) … 440

6. 록겁용살(祿劫用煞) : 대식제(帶食制) … 442

7. 록겁용살(祿劫用煞) : 대재(帶財) … 443

8. 록겁용식상(祿劫用食傷)의 경우 … 444

9. 관살경출(官煞競出)의 경우 ··· 445

10. 양관경출(兩官競出)의 경우 ··· 446

11. 고관무보(孤官無輔)의 경우 ··· 447

12. 록겁용재(祿劫用財) : 무식상(無食傷) ··· 448

13. 관살태중(官煞太重)의 경우 ··· 448

제46장 건록월겁격 취운법 [論建祿月劫取運] ··· 449

1. 록겁용관(祿劫用官) : 인호희재(印護喜財) ··· 450

2. 록겁용관(祿劫用官) : 재생희인(財生喜印) ··· 451

3. 록겁용재(祿劫用財) : 대식상(帶食傷) ··· 452

4. 록겁용살(祿劫用煞) : 대식제(帶食制) ··· 454

5. 록겁용살(祿劫用煞) : 대재(帶財) ··· 455

6. 록겁용식상(祿劫用食傷) ··· 456

7. 록겁관살병출(祿劫官煞並出) ··· 458

제47장 잡격 [論雜格] ··· 459

1. 잡격(雜格)이란? ··· 460

2. 일방수기격(一方秀氣格) : 염상, 윤하, 종혁, 가색, 곡직 ··· 461

3. 종화취격(從化取格) : 화기격 ··· 462

4. 도충격(倒沖格) ··· 463

5. 조양격(朝陽格) ··· 465

6. 합록격(合祿格) ··· 466

7. 기명종재(棄命從財), 기명종살(棄命從煞) ··· 468

8. 정란격(井欄格) ··· 470

9. 형합격(刑合格) ··· 471

10. 요합격(遙合格) : 축요사격, 자요사격 ··· 472

11. 기타 잡격 ··· 474

12. 상관상진(傷官傷盡) ··· 476

| 서문 – 序 |

余自束髮就傳, 卽喜讀子史諸集, 暇則取子平淵海
여자속발취전 즉희독자사제집 가즉취자평연해
大全略爲流覽, 亦頗曉其意. 然無師授, 而於五行生剋之
대전약위유람 역파효기의 연무사수 이어오행생극지
理, 終若有所未得者. 後復購得三命通會星平大成諸書,
리 종약유소미득자 후부구득삼명통회성평대성제서
悉心參究, 盡夜思維, 乃恍然於命之不可不信, 而知命之
실심참구 진야사유 내황연어명지불가불신 이지명지
君子當有以順受其正.
군자당유이순수기정

나는 스스로 머리를 가지런히 하고 학업에 정진할 때 제자백가와 역사서를 즐겨 읽었는데, 한가할 때 자평의 『연해대전(淵海大全)』을 대략 훑어보았고 또 그 뜻을 조금은 깨달았다. 그러나 스승의 가르침을 받지 못하여 오행생극의 이치를 끝내 얻지는 못하였다. 후일 다시 『삼명통회(三命通會)』와 『성평대성(星平大成)』 등을 구하여 전심을 다하여 깊이 연구하고 밤낮으로 사유하였더니 이내 홀연히 운명이란 믿지 않을 수 없는 것임을 알았고, 명을 깨달은 군자는 마땅히 그 정도(正道)를 순수히 받아들여야 한다는 것도 알았다.

戊子歲余由副貢充補官學敎習, 館舍在阜城門右, 得
무 자 세 여 유 부 공 충 보 관 학 교 습   관 사 재 부 성 문 우   득

交同里章公君安, 歡若生平, 相得無間, 每値館課暇, 卽
교 동 리 장 공 군 안   환 약 생 평   상 득 무 간   매 치 관 과 가   즉

詣君安寓談三命, 彼此辯難, 闡發無餘蘊. 已而三年期滿,
예 군 안 우 담 삼 명   피 차 변 란   천 발 무 여 온   이 이 삼 년 기 만

僦居宛平沈明府署, 得讀山陰沈孝瞻先生所著子平手錄
추 거 완 평 심 명 부 서   득 독 산 음 심 효 첨 선 생 소 저 자 평 수 록

三十九篇, 不覺爽然自失, 悔前次之揣摩未至. 遂攜其書
삼 십 구 편   불 각 상 연 자 실   회 전 차 지 췌 마 미 지   수 휴 기 서

示君安, 君安慨然嘆曰, 此談子平家眞詮也.
시 군 안   군 안 개 연 탄 왈   차 담 자 평 가 진 전 야

戊子年(1768년) 내가 부공(副貢)으로 관학(官學)의 교습 과정에 보충되었을 때 관사가 부성문(阜城門, 북경 서쪽에 있는 문) 우측에 있었는데, 동리(同里)의 장공(章公) 군안(君安)과 사귀었고 인생의 둘도 없는 친구로 기쁨을 나누었다. 관학에서 학과가 없는 한가한 때에는 군안을 찾아가 머물며 삼명(三命)에 관하여 이야기를 나누었고 더 남는 것이 없을 때까지 서로 논쟁을 해가며 파헤쳤다. 이내 삼 년의 기한이 끝나고 완평 심명부 관아에서 집을 빌려 살던 때였다. 산음(山陰) 심효첨(沈孝瞻) 선생이 지으신 자평수록(子平手錄) 39편을 얻어 읽고 나서 나도 모르게 망연자실해졌는데 지금까지 갈고 닦은 것이 턱없이 모자랐음에 뉘우쳤다. 그 책을 가지고 가 군안에게 보여주었더니 군안도 나와 같이 개탄하고 탄식하며 말하기를 이 책은 진정 자평가(子平家)의 진전(眞詮)이로구나 하였다.

先生諱燡燔, 成乾隆己未進士, 天資穎悟, 學業淵邃, 其
선생휘역번 성건륭기미진사 천자영오 학업연수 기
於造化精微, 固神而明之, 變化從心者矣. 觀其論用神之
어조화정미 고신이명지 변화종심자의 관기논용신지
成敗得失, 又用神之因成得敗因敗得成, 用神之必兼看於
성패득실 우용신지인성득패인패득성 용신지필겸간어
忌神. 與用神先後生剋之別, 並用神之透與會, 有情無情
기신 여용신선후생극지별 병용신지투여회 유정무정
有力無力之辨, 疑似毫芒, 至詳且悉. 是先生一生心血,
유력무력지변 의사호망 지상차실 시선생일생심혈
全注於是, 是安可以湮沒哉.
전주어시 시안가이인몰재

선생의 본명은 역번(燡燔)이셨고 건륭 己未年(1739년)에 진사에 합격하였다. 타고난 자질이 총명하고, 학업이 심오하여 조화(造化)가 정미하고, 고신(固神; 강인한 심령)이 분명하고 변화에는 마음을 따르는 분이셨다.

그의 논리를 살펴보면, 용신의 성패와 득실을 살피고, 용신의 성중유패와 패중유성을 살피고, 용신은 반드시 기신과 함께 살펴야 한다고 하였다. 또 용신이 선후에 따라 생극(生剋)이 달라진다 하였고, 용신이 투간하거나 회합하고, 유정무정과 유력무력에 따라 구분하는 등 의심스러운 것은 모두 지극히 상세하고 빠짐없이 살펴두셨다. 이 책은 선생이 평생 심혈을 기울인 것이고 전부를 여기에 쏟아부은 것인데 어찌 묻혀 버릴 수 있겠는가?

君安爰謀付剞劂, 爲天下談命者, 立至當不易之準, 而一
군 안 원 모 부 기 궐   위 천 하 담 명 자   입 지 당 불 역 지 준   이 일

切影響游移管窺蠡測之智, 俱可以不惑. 此亦談命家之
체 영 향 유 이 관 규 여 측 지 지   구 가 이 불 혹   차 역 담 명 가 지

幸也, 且不惟談命家之幸, 抑亦天下士君子之幸, 何則?
행 야   차 불 유 담 명 가 지 행   억 역 천 하 사 군 자 지 행   하 즉

人能知命, 則營競之心可以息, 非分之想可以屏, 凡一切
인 능 지 명   즉 영 경 지 심 가 이 식   비 분 지 상 가 이 병   범 일 체

富貴窮通壽夭之遭, 皆聽之於天, 而循循焉各安於義命,
부 귀 궁 통 수 요 지 조   개 청 지 어 천   이 순 순 언 각 안 어 의 명

以共勉于聖賢之路, 豈非士君子之厚幸哉.
이 공 면 우 성 현 지 로   기 비 사 군 자 지 후 행 재

군안(君安)은 인쇄를 위해 목판에 새길 방법을 모색하였으니, 이는 세상 모든 명리하는 이들에게 분명하고 바뀌지 않는 기준을 세워줌으로써 일체의 모든 영향에 왔다갔다 하는 관규여측(管窺蠡測)의 좁은 식견으로부터 더는 혹하지 않을 수 있도록 하고자 함이었다. 이는 분명 담명가(談命家)들에게는 크나큰 행운이며, 담명가의 행운을 제하더라도 세상 모든 사군자(士君子)들에게도 행운인 것이다. 왜 그러한가? 사람이 命을 안다면 이익을 위해 경쟁하는 심리를 내려놓을 수 있고 분수에 맞지 않는 생각을 막을 수도 있다. 무릇 부귀를 얻고 수요(壽夭)를 만나는 세상의 모든 일이 하늘의 뜻임을 알면 命이라는 의미에 평안해질 수 있을 것이다. 이로써 성현의 길에 더욱 힘을 쏟을 것이니 어찌 사군자(士君子)들에게도 크나큰 행운이 아니겠는가?

觀於此而君安之不沒人善, 公諸同好, 其功不亦多乎哉?
관 어 차 이 군 안 지 불 몰 인 선   공 제 동 호   기 공 불 역 다 호 재

爰樂序其緣起.
원 낙 서 기 연 기

이런 관점에서 군안(君安)은 타인의 좋은 점을 묻어버리지 아니하고 모든 동호인에게 공개하였으니 그 공이 크다 하지 않겠는가? 이에 즐거운 마음으로 이 책이 나오게 된 연유를 서문으로 남긴다.

乾隆四十一年歲在丙申初夏, 同里後學胡焜倬雲甫,
건 륭 사 십 일 년 세 재 병 신 초 하   동 리 후 학 호 혼 탁 운 보

謹識.
근 식

건륭41년(1776년) 丙申年 초여름, 동리 후학 '호혼탁' 운보가 삼가 아뢴다.

제1장 십간십이지 【論十干十二支】

子平眞詮

1. 태극(太極)·음양(陰陽)·사상(四象)·오행(五行)

天地之間, 一氣而已. 惟有動靜, 遂分陰陽. 有老少, 遂分
천지지간　일기이이　유유동정　수분음양　유노소　수분
四象. 老者極動極靜之時, 是爲太陽太陰; 少者初動初靜
사상　노자극동극정지시　시위태양태음　소자초동초정
之際, 是爲少陰少陽. 有是四象, 而五行具于其中矣. 水
지제　시위소음소양　유시사상　이오행구우기중의　수
者, 太陰也; 火者, 太陽也; 木者, 少陽也; 金者, 少陰也;
자　태음야　화자　태양야　목자　소양야　금자　소음야
土者, 陰陽老少·木火金水, 沖氣所結也.
토자　음양노소　목화금수　충기소결야

태초에 하늘과 땅 사이에는 하나의 기(氣)가 있을 뿐이었다. 오직 움직임[動]과 정지됨[靜]만이 존재하니 마침내 나뉘어 음양(陰陽)이 되었다. 음양에는 각각 노소(老少)가 있으니 또 나뉘어 사상(四象)이 되었다. 노(老)라고 하는 것은 동(動)함이 극에 이르고 정(靜)함이 극에 이른 상태를 말하는 것으로 이를 가리켜 태양, 태음이라 불렀다. 소(少)라고 하는 것은 동(動)함이 시작하고 정(靜)함이 시작하는 상태를 말하는 것으로 이를 가리켜 소음, 소양이라 불렀다. 이것이 사상(四象)이고 그 가운데 오행(五行)이 놓이게 된다. ① 水는 태음(太陰)이고, ② 火는 태양(太陽)이고, ③ 木은 소양(少陽)이고, ④ 金은 소음(少陰)이다. ⑤ 土는 음양노소·木火金水의 기운이 충(沖)하고 교차된 기운이다.

2. 십간(十干)의 음양, 기(氣)와 질(質)

有是五行, 何爲又有十干又有十二支乎? 蓋有陰陽, 因生
유시오행 하위우유십간우유십이지호 개유음양 인생

五行, 而五行之中, 各有陰陽. 卽以木論, 甲乙者, 木之陰
오행 이오행지중 각유음양 즉이목론 갑을자 목지음

陽也. 甲者, 乙之氣; 乙者, 甲之質. 在天爲生氣, 而流行
양야 갑자 을지기 을자 갑지질 재천위생기 이유행

於萬物者, 甲也; 在地爲萬物, 而承茲生氣者, 乙也. 又細
어만물자 갑야 재지위만물 이승자생기자 을야 우세

分之, 生氣之散布者, 甲之甲; 而生氣之凝成者, 甲之乙;
분지 생기지산포자 갑지갑 이생기지응성자 갑지을

萬物之所以有是枝葉者, 乙之甲; 而萬木之枝枝葉葉者,
만물지소이유시지엽자 을지갑 이만목지지지엽엽자

乙之乙也. 方其爲甲, 而乙之氣已備; 及其爲乙, 而甲之
을지을야 방기위갑 이을지기이비 급기위을 이갑지

質乃堅. 有是甲乙, 而木之陰陽具矣.
질내견 유시갑을 이목지음양구의

이미 오행이 있는데 어찌 또 십간이 있고 또 십이지가 있단 말인가? 음양을 시작으로 해서 오행이 생겨난 것이니, 오행 속에는 각각 음양이 내포되어 있다. 예를 들어 木을 살펴보면 甲乙로 나뉘니 이것이 木의 음양이다. 甲은 乙의 기(氣)가 되고, 乙은 甲의 질(質)이 된다. 하늘에 존재하며 생기(生氣)가 되어 만물에 흐르고 있는 것은 甲이요, 땅에 존재하며 만물(萬物)이 되어 생기를 받고 있는 것은 乙이다.

좀 더 세분하여 나눠보면, ① 생기가 산포되는 것은 甲 중 甲이요, ② 생기가 응축되는 것은 甲 중 乙이고, ③ 만물에서 지엽이 나오는 바로 그곳은 乙 중 甲이요, ④ 만물에서 나오는 바로 그 지엽 자체는 乙 중 乙이다. 甲이 되는 순간에 乙의 기(氣)가 미리 준비되는 것이고, 乙이 되는 순간에 甲의 질(質)이 이내 견고해지는 것이다. 이렇게 甲乙이 존재하고 木의 음양을 담고 있는 것이다.

3. 천간지지의 음양 관계, 상(象)과 형(形)

何以復有寅卯, 寅卯者, 又與甲乙分陰陽, 天地而言之者
하 이 부 유 인 묘   인 묘 자   우 여 갑 을 분 음 양   천 지 이 언 지 자
也. 以甲乙而分陰陽, 則甲爲陽, 乙爲陰, 木之行於天而
야   이 갑 을 이 분 음 양   즉 갑 위 양   을 위 음   목 지 행 어 천 이
爲陰陽者也. 以寅卯而分陰陽, 則寅爲陽, 卯爲陰, 木之
위 음 양 자 야   이 인 묘 이 분 음 양   즉 인 위 양   묘 위 음   목 지
存乎地而爲陰陽者也. 以甲乙寅卯而統分陰陽, 則甲乙爲
존 호 지 이 위 음 양 자 야   이 갑 을 인 묘 이 통 분 음 양   즉 갑 을 위
陽, 寅卯爲陰, 木之在天成象, 而在地成形者也. 甲乙行
양   인 묘 위 음   목 지 재 천 성 상   이 재 지 성 형 자 야   갑 을 행
乎天, 而寅卯受之; 寅卯存乎地, 而甲乙施焉. 是故甲乙
호 천   이 인 묘 수 지   인 묘 존 호 지   이 갑 을 시 언   시 고 갑 을
如官長, 寅卯如該管地方. 此其甲祿於寅, 乙祿於卯, 如
여 관 장   인 묘 여 해 관 지 방   차 기 갑 록 어 인   을 록 어 묘   여
府官之在郡, 縣官之在邑, 而各司一月之令也.
부 관 지 재 군   현 관 지 재 읍   이 각 사 일 월 지 령 야

그런데 어찌하여 木에는 寅卯가 또 있는가? 寅卯는 甲乙과 더불어 음양으로 나뉘고 천간과 지지로 구분하여 말하는 것이다. 甲乙을 음양으로 나누면 甲은 양이요, 乙은 음이다. 甲乙은 하늘에서 운행하는 木의 음양인 것이다. 寅卯를 음양으로 나누면 寅은 양이요, 卯는 음이다. 寅卯는 땅에 존재하는 木의 음양인 것이다.

　甲乙寅卯를 통합하여 음양으로 나누면 甲乙이 양이요, 寅卯는 음인 셈인데, 甲乙은 하늘에서 상(象)을 이루고, 寅卯는 땅에서 형(形)을 이루는 것이다. 甲乙은 하늘에서 운행하며 寅卯에게 그것을 수용케 하고, 寅卯는 땅에 존재하며 甲乙이 이를 시행할 수 있게 한다. 甲乙은 관청[官]의 장관[長]과 같고, 寅卯는 그가 관할하는 지방 땅에 해당한다. 이로써 甲의 록(祿)은 寅이며, 乙의 록(祿)은 卯인데, 부관(府官)은 군에 있고 현관(縣官)은 읍에 있으면서 한 달마다 명령을 내려보내는 것과 같다.

4. 천간지지의 조합 관계, 월건(月建)

甲乙在天, 故動而不居. 建寅之月, 豈必常甲, 建卯之月,
갑을재천　고동이불거　건인지월　기필상갑　건묘지월
豈必常乙. 寅卯在地, 故止而不遷. 甲雖遞易, 月必建寅;
기필상을　인묘재지　고지이불천　갑수체역　월필건인
乙雖遞易, 月必建卯. 以氣而論, 甲旺於乙; 以質而論, 乙
을수체역　월필건묘　이기이론　갑왕어을　이질이론　을

堅於甲. 而俗書謬論, 以甲爲大林, 盛而宜斲, 乙爲微苗,
견 어 갑 이 속 서 류 론 이 갑 위 대 림 성 이 의 착 을 위 미 묘

脆而莫傷, 可爲不知陰陽之理者矣.
취 이 막 상 가 이 부 지 음 양 지 리 자 의

　　甲乙은 천간에 있으니 움직이는 것이지 머무는 것이 아니다. 寅을 건록으로 세운 달은 필시 항상 甲을 천간에 세워야 하며, 卯를 건록으로 세운 달은 항상 乙을 천간에 세워야 한다. 寅卯는 지지에 있으니 고정된 것이지 옮겨 다니는 것이 아니다. 甲이 비록 순차적으로 바뀌더라도 月은 반드시 寅 위에 서게 되고, 乙이 비록 순차적으로 바뀌더라도 月은 반드시 卯 위에 서게 된다. 기(氣)를 가지고 논하면 甲이 乙보다 왕성하고, 질(質)을 가지고 논하면 乙이 甲보다 견고한 것이다. 속서에 전하는 오류를 살펴보면 甲은 큰 숲[大林]이니 무성하므로 마땅히 베어내야 좋고, 乙은 작은 새싹[微苗]이니 연약하므로 상하지 않아야 한다고 하였는데, 이는 음양의 이치를 모르고 하는 이야기일 뿐이다.

5. 십간십이지 이론의 중요성

以木類推, 餘者可知, 惟土爲木火金水沖氣, 故寄旺於四
이목유추 여자가지 유토위목화금수충기 고기왕어사
時, 而陰陽氣質之理, 亦同此論. 欲學命者, 必先須知干
시   이음양기질지리   역동차론   욕학명자 필선수지간
支之說, 然後可以入門.
지지설 연후가이입문

앞서 木을 살펴본 것과 같이 유추하면 나머지 것도 다 알 수 있으며, 다만 土는 木火金水가 충(沖)한 기운으로 사계절 끝에서 왕(旺)하지만, 음양(陰陽)과 기질(氣質)의 원리는 역시 같은 것이다. 명(命)을 배우고자 하는 사람은 우선 간지의 이론을 익히고 난 연후에 명리학에 입문할 수 있을 것이다.

제2장 음양생극

【論陰陽生剋】

1. 상생(相生)과 상극(相剋)의 원리

四時之運, 相生而成, 故木生火, 火生土, 土生金, 金生水,
사시지운 상생이성 고목생화 화생토 토생금 금생수

復生木, 卽相生之序, 循環迭運, 而時行不匱. 然而有生
복생목 즉상생지서 순환질운 이시행불궤 연이유생

又必有剋, 生而不剋, 則四時亦不成矣. 剋者, 所以節而
우필유극 생이불극 즉사시역불성의 극자 소이절이

止之, 使之收斂, 以爲發洩之基, 故曰天地節而四時成.
지지 사지수렴 이위발설지기 고왈천지절이사시성

卽以木論, 木盛于夏, 殺于秋, 而殺于秋, 以使外之發洩
즉이목론 목성우하 살우추 이살우추 이사외지발설

者藏收于內, 是殺者正所以爲生也. 大易以收斂爲性情之
자장수우내 시살자정소이위생야 대역이수렴위성정지

實, 以兌爲萬物所說, 至哉言乎. 譬如人之養身, 固以飮
실 이태위만물소설 지재언호 비여인지양신 고이음

食爲生, 然使時時飮食, 而不使稍饑以待將來, 人壽其能
식위생 연사시시음식 이불사초기이대장래 인수기능

久乎? 是以四時之運, 生與剋同用, 剋與生同功.
구호 시이사시지운 생여극동용 극여생동공

사계절의 흐름은 오행의 상생(相生)으로 이루어진다. 상생이란, ① 木이 火를 생하고, ② 火가 土를 생하고, ③ 土가 金을 생하고, ④ 金이 水를 생하고, ⑤ 돌아서 水가 木을 생하니, 이것이 상생의 순서이고, 순환하며 끊임없이 돌고 도니 시간의 흐름은 끝나지 않는 법이다.

그러나 상생(相生)이 있으면 반드시 상극(相剋)이 있는 법이니 상생만 있고 상극이 없었다면 사계절 또한 형성되지 않았을 것이다. 상극(相剋)이란, 상생을 끊어지게 하고 멈추게 하는 것으로 그것을 수렴하게 하고 발설하게 하는 역할을 하는데, 옛말(주역)에 이르기를 "천지가 끊어지니 사계절이 완성되었다."1)는 말은 그런 의미이다.

예를 들어 木을 가지고 논해 보면, 나무는 여름에는 무성하다가 가을에는 시들어 죽는데, 가을에 죽는다는 말은 외부에 발설되어 있던 것이 내부로 숨고 수렴된다는 뜻이니, 이에 살(殺)이란 다른 의미로는 생(生)이 되는 것이다. 대역(大易)2)에 이르기를 "수렴(收斂)은 만물 성정의 결실이고, 태(兌)3)는 만물이 기뻐하는 자리가 된다." 하였으니 지극한 이치가 아니겠는가.

사람의 몸을 보양하는 것에 비유하자면, 오로지 마시고 먹는 것이 생(生)이 된다 하여, 항상 마시고 먹게만 할 뿐 다음을 기다리고 조금 배고프게 하지 않는다면 인간의 수명이 어찌 길어질 수 있겠는가? 사계절의 운행도 이와 같아서 生과 剋이 함께 쓰이고, 剋과 生의 함께한 공로인 것이다.

---

1) 주역(周易) 수택절괘(水澤節卦) : 天地節而四時成 節以制度 不傷財 不害民
2) 주역(周易)의 해설서, 易을 大易이라고 칭하는 학자도 많지만 이어 나온 내용이 십익(十翼)의 설괘전(說卦傳)에 나오는 말이므로 십익 혹은 주역 해설서를 칭하는 말이다.
3) 태(兌)는 주역 및 후천팔괘에서 택(澤), 금(金), 소음(少陰), 서쪽(西), 가을(秋)을 의미한다.

2. 오행의 음양에 따른 생극(生剋) 원리

然以五行而統論之, 則水木相生, 金木相剋, 以五行之陰
연이오행이통론지   즉수목상생   금목상극   이오행지음
陽分配之), 則生剋之中, 又有異同. 此所以水同生木, 而
양분배지   즉생극지중   우유이동   차소이수동생목 이
印有偏正, 金同剋木, 而局有官煞也. 印綬之中, 偏正相
인유편정   금동극목   이국유관살야   인수지중   편정상
似, 陰陽生剋之殊, 可置勿論; 而相剋之內, 一官一煞, 淑
사   음양생극지수   가치물론   이상극지내   일관일살 숙
慝判然, 其理不可不細詳也.
특판연   기리불가불세상야

오행을 가지고 생극(生剋)을 종합적으로 살펴보면 水木은 상생하는 관계요, 金木은 상극하는 관계인데, 오행을 음양으로 또 나눠보면 생극의 관계 가운데 음양의 차이가 또 존재한다. 똑같은 水가 木을 생하는데 인성(印星)으로서 거기에 정인과 편인이 있고, 똑같은 金이 木을 극하는데 관(官)의 형세로서 거기에 정관과 칠살이 있다. 인수(印綬) 가운데 정인과 편인이 서로 닮았지만, 음양 생극이 다르므로 같이 놓을 수는 있으나 똑같이 논하면 안 되며, 상극의 관계에 있어서 정관(正官)과 칠살(七煞)은 착하고 악함이 판이하게 다르니, 이러한 이치를 자세히 알지 못하면 아니 된다.

3. 상극(相剋)을 기초로 한 십성(十星) 원리

卽以甲乙庚辛言之. 甲者陽木也, 木之生氣也; 乙者陰木
즉이갑을경신언지 갑자양목야 목지생기야 을자음목

也, 木之形質也. 庚者陽金也, 秋天肅殺之氣也; 辛者陰
야 목지형질야 경자양금야 추천숙살지기야 신자음

金也, 人間五金之質也. 木之生氣, 寄于木而行于天, 故
금야 인간오금지질야 목지생기 기우목이행우천 고

逢秋天肅殺之氣, 而銷剋殆盡, 而金鐵刀斧, 反不能傷.
봉추천숙살지기 이소극태진 이금철도부 반불능상

木之形質, 遇金鐵刀斧而斬伐無餘, 而肅殺之氣, 只可外
목지형질 우금철도부이참벌무여 이숙살지기 지가외

掃落葉, 而根底愈固. 此所以甲以庚爲殺, 以辛爲官, 而
소낙엽 이근저유고 차소이갑이경위살 이신위관 이

乙則反是也, 庚官而辛煞也. 又以丙丁庚辛言之. 丙者陽
을즉반시야 경관이신살야 우이병정경신언지 병자양

火也, 融和之氣也; 丁者陰火也, 薪傳之火也. 秋天肅殺
화야 융화지기야 정자음화야 신전지화야 추천숙살

之氣, 逢陽和而剋去, 而人間之金, 不畏陽和, 此庚以丙
지기 봉양화이극거 이인간지금 불외양화 차경이병

爲煞, 而辛以丙爲官也. 人間金鐵之質, 逢薪傳之火而立
위살 이신이병위관야 인간금철지질 봉신전지화이입

化, 而肅殺之氣, 不畏薪傳之火. 此所以辛以丁爲煞, 而
화 이숙살지기 불외신전지화 차소이신이정위살 이

庚以丁爲官也. 卽此以推, 而餘者之相剋可知矣.
경이정위관야 즉차이추 이여자지상극가지의

甲乙庚辛을 가지고 설명을 해 보면, ① 甲은 양의 木이요, 목지생기(木之生氣)이고, ② 乙은 음의 木이요, 목지형질(木之形質)이다. ③ 庚은 양의 金이요, 가을 하늘의 숙살지기(肅殺之氣)이고, ④ 辛은 음의 金이요, 인간 세상의 오금지질(五金之質)이다. 목지생기(木之生氣)인 甲木은 木에 기탁(寄託)한 채 세상에 흐르는 기운이니, 이 기운이 가을 하늘의 숙살지기(肅殺之氣)를 만나면 잘려나가고 극을 당해서 거의 남지 않게 되지만, 무쇠 칼과 무쇠 도끼[五金之質]로는 이 기운을 상하게 할 수 없다. 목지형질(木之形質)인 乙木은 무쇠 칼과 무쇠 도끼[五金之質]를 만나면 베이고 찍혀서 남는 게 없을 터이나, 숙살지기(肅殺之氣)를 만나면 외향적으로는 낙엽이 떨어져 없어진 듯 보일지라도 뿌리 아래로는 더욱더 견고해지는 법이다.4) 이런 이유로 甲에게 있어 庚은 칠살이 되며, 辛은 정관이 된다. 반대로 乙에게 있어서 庚은 정관이 되며, 辛은 칠살이 된다.

丙丁庚辛을 가지고 설명을 해 보면, ⑤ 丙은 양의 火요, 융화지기(融和之氣)이고, ⑥ 丁은 음의 火요, 신전지화(薪傳之火)이다. 가을하늘의 숙살지기(肅殺之氣)인 庚金은 따뜻하고 부드러운 기운[融和之氣]을 만나면 극을 당해 사라지겠지만, 인간 세상의 金[五金之質]인 辛金은 융화지기(融和之氣)를 두려워하지 않는 법이니, 庚에게 있어 丙은 칠살이 되고 辛에게 있어 丙은 정관이 된다. 인간 세상의 쇠와 철로 만든 물건들[五金之質]인 辛金은 신전지화(薪傳之火)를 만나면 바로 녹고

---

4) 庚剋乙을 묘사한 내용인데 乙庚合金하는 의미도 담고 있다.

변해 버리지만, 숙살지기(肅殺之氣)인 庚金은 신전지화(薪傳之火)를 두려워하지 않는 법이다. 그래서 辛에게 있어 丁은 칠살이 되고 庚에게 있어 丁은 정관이 된다. 이런 식으로 유추를 하면 나머지 상극(相剋)에 대해서도 알 수 있을 것이다.[5]

---

5) 甲 : 木之生氣 - 목지생기, 목에 흐르는 생명의 기운
　乙 : 木之形質 - 목지형질, 나무의 잎 등 실제 목
　丙 : 融和之氣 - 융화지기, 녹아내리는 따뜻한 기운
　丁 : 薪傳之火 - 신전지화, 땔감에 옮겨붙은 불
　戊 : 旣中且正 - 기중차정, 중앙에 있으며 바른 기운
　己 : 卑濕之土 - 비습지토, 낮고 습기를 가진 토
　庚 : 肅殺之氣 - 숙살지기, 스산한 찬 가을의 기운
　辛 : 五金之質 - 오금지질, 금·은·동·철·주석 5금속
　壬 : 天河之氣 - 천하지기, 하늘에 흐르는 물의 기운
　癸 : 純陰之水 - 순음지수, 깨끗하고 차가운 물

子平眞詮

제3장
십이운성
【論陰陽生死】

1. 생왕묘절(生旺墓絶)

五行干支之說, 已詳論於干支篇. 干動而不息, 支靜而有
_{오행간지지설 이상논어간지편 간동이불식 지정이유}
常. 以每干流行于十二支之月, 而生旺墓絶繋焉.
_{상 이매간유행우십이지지월 이생왕묘절계언}

오행과 간지에 관한 내용은 앞서 십간십이지에서 자세히 설명하였다. 천간은 동적이라 쉬지 않고 움직이며, 지지는 정적이라 가만히 유지하려는 성질을 갖는다. 그래서 각 천간들은 12지지로 구성된 月 위를 흐르고 생왕묘절(生旺墓絶)의 계열을 따르게 된다.

2. 양간순행(陽干順行), 음간역행(陰干逆行)의 원리

陽主聚以進爲進, 故主順; 陰主散以退爲退, 故主逆. 此
_{양주취이진위진 고주순 음주산이퇴위퇴 고주역 차}
長生沐浴等項, 所以有陽順陰逆之殊也. 四時之運, 成功
_{장생목욕등항 소이유양순음역지수야 사시지운 성공}
者去待用者進, 故每干流行于十二支之月, 而生旺墓絶,
_{자거대용자진 고매간유행우십이지지월 이생왕묘절}
又有一定. 陽之所生, 即陰之所死, 彼此互換, 自然之運
_{우유일정 양지소생 즉음지소사 피차호환 자연지운}
也. 即以甲乙論, 甲爲木之陽, 天之生氣流行萬木者, 是
_{야 즉이갑을론 갑위목지양 천지생기유행만목자 시}

故生于亥而死于午. 乙爲木之陰, 木之枝枝葉葉, 受天生
고생우해이사우오　을위목지음　목지지지엽엽　수천생

氣者, 是故生于午而死于亥. 夫木當亥月, 正枝葉剝落,
기자　시고생우오이사우해　부목당해월　정지엽박락

而內之生氣, 已收藏飽足, 可以爲來春發洩之機, 此其所
이내지생기　이수장포족　가이위래춘발설지기　차기소

以生于亥也. 木當午月, 正枝葉繁盛之候, 而甲何以死?
이생우해야　목당오월　정지엽번성지후　이갑하이사

却不知外雖繁盛, 而內之生氣發洩已盡, 此其所以死于午
각부지외수번성　이내지생기발설이진　차기소이사우오

也. 乙木反是, 午月枝葉繁盛, 卽爲之生; 亥月枝葉剝落,
야　을목반시　오월지엽번성　즉위지생　해월지엽박락

卽爲之死. 以質而論, 自與氣殊也. 以甲乙爲例, 餘可知矣.
즉위지사　이질이론　자여기수야　이갑을위례　여가지의

양(陽)은 모여서 앞으로 나아가는 속성이 있으므로 주로 순행(順行)을 하고, 음(陰)은 흩어지고 뒤로 물러나는 속성이 있으므로 주로 역행(逆行)을 한다. 그래서 장생, 목욕 등 십이운성(十二運星)에서 '양은 순행하고 음은 역행한다.'는 원칙이 있는 것이다. 사계절의 흐름에 있어서 이미 이룬 것은 물러나고 대신 쓸 것은 나아가니, 12지지로 구성된 月에 반복해 흐르는 기운은 생왕묘절(生旺墓絶)로 그 일정함이 있는 것이다. 양(陽)이 태어나는 곳은 바로 음(陰)이 죽는 곳이 되니, 서로 바뀌며 순환하는 것은 당연한 자연의 흐름이다.

甲乙을 가지고 설명을 해 보면,

① 甲은 양의 木이고, 하늘의 생기이니 세상의 모든 나무에 흐르는

기운이다. 그래서 甲은 亥에서 태어나고 午에서 죽는다 하였다.

② 乙은 음의 목이고, 나무의 가지와 잎이니 하늘의 생기를 받는 실체이다. 그래서 乙은 午에서 태어나고 亥에서 죽는다 하였다.

무릇 木은 亥月이 되면 가지가 벗겨지고 나뭇잎이 떨어지지만, 내면의 생기는 보존되어 가득하기 때문에 이듬해 봄이 오면 그 기운을 밖으로 드러낼 기회를 다시 가질 수 있는 것이다. 이런 까닭에 甲이 亥에서 태어난다고 했던 것이다. 木에게 있어 午月은 가지와 잎이 무성해지는 계절인데 어찌 甲은 午에서 죽는다 하였는지 의문스러울 것이다. 도리어 이는 바깥은 비록 번성해 보이지만 안에서는 그 생기가 발설되어 이미 다 소진된 상태라는 것을 알지 못해서 그런 것이다. 이런 까닭에 甲이 午에서 죽는다고 했던 것이다. 乙木은 그 반대인데, 午月에는 가지와 나뭇잎이 번성하니 곧 그것이 생(生)이 되며, 亥月에는 가지와 나뭇잎이 벗겨지고 떨어지니 곧 그것이 사(死)가 되는 셈이다.

양간순행, 음간역행의 원리를 질(質)의 개념을 가지고 생각해 보면 질(質)과 기(氣)가 다르기 때문이다. 甲乙로만 예를 들어 보았으나 나머지도 모두 알아갈 수 있을 것이다.

3. 생왕묘절이 십이운성으로 세분화

支有十二月, 故每干自長生至胎養, 亦分十二位. 氣之由
지유십이월 고매간자장생지태양 역분십이위 기지유

盛而衰, 衰而復盛, 逐節細分, 遂成十二. 而長生沐浴等
성이쇠 쇠이부성 축절세분 수성십이 이장생목욕등

名, 則假借形容之詞也.
명   즉가차형용지사야

지지가 원래 12개월로 나뉘어져 있으니, 각 천간은 이를 장생(長生)에서 태(胎)와 양(養)에 이르기까지 12단계의 명칭으로 구분하게 된다. 기운이 왕성해졌다가 쇠약해지고, 쇠약해졌다가 다시 왕성해지는데 이 흐름은 전차 몇 마디[生旺墓絶]로 세분되었다가 마침내는 12단계[十二運星]로 나뉘게 되었다. 이런 과정에서 장생(長生), 목욕(沐浴) 등의 이름을 붙인 것은 이러한 12단계를 형용하기 위해 차용한 명칭인 것이다.

4. 십이운성(十二運星)의 의미

長生者, 猶人之初生也. 沐浴者, 猶人旣生之後, 而沐浴
장생자 유인지초생야 목욕자 유인기생지후 이목욕

以去垢也, 如果核旣爲苗, 則前之靑殼, 洗而去之矣. 冠
이거구야 여과핵기위묘 즉전지청각 세이거지의 관

帶者, 形氣漸長, 猶人之年長而冠帶也. 臨官者, 由長而
대자 형기점장 유인지년장이관대야 임관자 유장이

壯, 猶人之可以出仕也. 帝旺者, 壯盛之極, 猶人之可以
장 유인지가이출사야 제왕자 장성지극 유인지가이

輔帝而大有爲也. 衰者, 盛極而衰, 物之初變也. 病者, 衰
보제이대유위야 쇠자 성극이쇠 물지초변야 병자 쇠

之甚也. 死者, 氣之盡而無餘也. 墓者, 造化收藏, 猶人之
지심야 사자 기지진이무여야 묘자 조화수장 유인지

埋于土者也. 絶者, 前之氣已絶而後氣將續也. 胎者, 後
매우토자야 절자 전지기이절이후기장속야 태자 후

之氣續而結聚成胎也. 養者, 如人養胎母腹也. 自是而後,
지기속이결취성태야 양자 여인양태모복야 자시이후

長生循環無端矣.
장생순환무단의

① 장생(長生)이란 마치 사람이 처음 태어나는 것과 같다. [生]

② 목욕(沐浴)이란 사람이 태어난 후 목욕을 하여 때를 벗기는 것과 같다. 다른 비유로 씨앗에서 처음 싹이 나고 그 싹의 머리에는 푸르른 껍질이 있는데 그것이 씻겨 나가는 것과 같다고도 한다. [浴]

③ 관대(冠帶)는 외형과 기운이 점차 자라는 것으로 마치 사람이 나이를 먹어 관과 띠를 차려 입는 것과 같다. [帶]

④ 임관(臨官)은 커가면서 더욱 건장해지는 것으로 마치 사람이 벼슬길로 나아갈 수 있는 것과 같다. [祿]

⑤ 제왕(帝旺)은 건장하고 왕성함이 최고에 달한 것으로 마치 사람

이 황제를 보필하며 큰일을 도모할 수 있는 것과 같다. [旺]

⑥ 쇠(衰)는 왕성함이 극에 달하고 나면 쇠하는 이치로 사물이 처음으로 변하기 시작하는 상태이다. [衰]

⑦ 병(病)은 쇠하는 것이 심해지는 상태이다. [病]

⑧ 사(死)는 기운이 다 소진되어 아무것도 남지 않은 상태이다. [死]

⑨ 묘(墓)는 자연의 창조물이 거두어 묻히는 것으로 마치 사람이 죽어 땅에 묻히는 것과 같다. [墓]

⑩ 절(絶)은 앞의 기운은 이미 끊어졌고 다음 기운을 북돋아 이으려는 상태이다. [絶]

⑪ 태(胎)는 다음 기운으로 이어져 맺고 모여서 다시 잉태를 이룬 것이다. [胎]

⑫ 양(養)은 사람에 비유하면 어머니 뱃속에서 양육되는 것과 같다. 당연히 그 뒤에는 장생(長生)으로 순환하니 끊기지 아니한다. [養]

5. 십이운성(十二運星)의 활용

人之日主, 不必生逢祿旺, 卽月非囚, 而年日時中, 得長
인지일주　불필생봉녹왕　즉월비수　이년일시중　득장
生祿旺, 便不爲弱, 就使逢庫, 亦爲有根. 時說謂投庫而
생녹왕　편불위약　취사봉고　역위유근　시설위투고이
必冲者, 俗書之謬也, 但陽長生有力, 而陰長生不甚有力,
필충자　속서지류야　단양장생유력　이음장생불심유력

然亦不弱, 若是逢庫, 則陽爲有根, 而陰爲無用. 蓋陽大
연역불약 약시봉고 즉양위유근 이음위무용 개양대

陰小, 陽得兼陰, 陰不能兼陽, 自然之理也.
음소 양득겸음 음불능겸양 자연지리야

사람의 일주(日主)가 반드시 생월(生月)에 녹[臨官]이나 왕[帝旺]을 만나야 하는 것은 아니니, 즉 월령이 휴수(休囚)[6]라 할지라도 年·日·時 가운데 장생(長生)이나 녹[臨官]이나 왕[帝旺]을 얻으면 곧 신약하다고는 하지 않으며, 또한 고(庫)를 만났다 하더라도 역시 뿌리가 될 수 있는 것이다.

때때로 고(庫)에 암장되어 있는 것은 반드시 沖을 만나야 한다는 말이 있는데 이는 속서(俗書)의 오류이다. 단지 양간의 장생은 유력하나 음간의 장생은 몹시 유력한 것은 아니고 단지 약하지 않을 뿐이며, 또한 고(庫)를 만나면 양간은 통근을 하나 음간은 무용한 것도 그러하다. 대체로 양은 크고 음은 작으니 양은 음을 겸할 수 있지만, 음은 양을 겸할 수 없는 것이 자연의 이치이다.

---

6) 왕상휴수(旺相休囚)와 생왕묘절(生旺墓絶)은 그 의미가 대략 비슷하지만 적용하는 방법은 다르다. 왕상휴수는 오행을 월령에 귀속시켜 희기를 가리는 방법으로 甲乙은 월령이 水木이면 왕상이 되고 火土이면 휴수가 된다. 생왕묘절은 생왕사절이라고도 부르며 십이운성의 전단계로 크게 구분한 것이고 각 천간이 지지와 짝짓고 매여 흐르는 기(氣)의 운행을 살피는 방법이다.

참고자료

1) 십이운성표(十二運星表)

日干 運星	甲	乙	丙	丁	戊	己	庚	辛	壬	癸
長生	亥	午	寅	酉	寅	酉	巳	子	申	卯
沐浴	子	巳	卯	申	卯	申	午	亥	酉	寅
冠帶	丑	辰	辰	未	辰	未	未	戌	戌	丑
臨官	寅	卯	巳	午	巳	午	申	酉	亥	子
帝旺	卯	寅	午	巳	午	巳	酉	申	子	亥
衰	辰	丑	未	辰	未	辰	戌	未	丑	戌
病	巳	子	申	卯	申	卯	亥	午	寅	酉
死	午	亥	酉	寅	酉	寅	子	巳	卯	申
墓	未	戌	戌	丑	戌	丑	丑	辰	辰	未
絶	申	酉	亥	子	亥	子	寅	卯	巳	午
胎	酉	申	子	亥	子	亥	卯	寅	午	巳
養	戌	未	丑	戌	丑	戌	辰	丑	未	辰

* 『자평진전』의 저자 심효첨은 십이운성의 흐름에 天干을 기준으로 하며 음생양사(陰生陽死) 원리에 근거하여 논리를 펴고 있다.
* 음양 동생동사(同生同死)는 다음 페이지의 십이신살 비교표를 참고하고 年支 三合五行 혹은 納音五行과 연관이 있다고 볼 수 있다.

2) 십이운성과 십이신살 비교표

구분 12신살	유사어	十二運星	木氣 亥·卯·未	火氣 寅·午·戌	金氣 巳·酉·丑	水氣 辛·子·辰
地殺	지살	長生	亥	寅	巳	申
年殺	도화살	沐浴	子	卯	午	酉
月殺	고초살	冠帶	丑	辰	未	戌
亡身	건록	臨官	寅	巳	申	亥
將星	양인	帝旺	卯	午	酉	子
攀鞍	반안살	衰	辰	未	戌	丑
驛馬	역마살	病	巳	申	亥	寅
六害	육해살	死	午	酉	子	卯
華蓋	고(庫)	墓	未	戌	丑	辰
劫殺	겁살	絶	申	亥	寅	巳
災殺	수옥살	胎	酉	子	卯	午
天殺	천살	養	戌	丑	辰	未

* 월살 : 고초살이라고도 하며 육해살과 더불어 건강을 살필 때 사용한다.

제4장

십간합화

【論十干配合性情】

子平眞詮

1. 십간합화(十干合化)의 의미

合化之義, 以十干陰陽相配而成. 河圖之數, 以一二三四
합화지의 이십간음양상배이성 하도지수 이일이삼사
五配六七八九十, 先天之道也. 故始於太陰之水, 而終於
오배육칠팔구십 선천지도야 고시어태음지수 이종어
沖氣之土, 以氣而語其生之序也. 蓋未有五行之先, 必先
충기지토 이기이어기생지서야 개미유오행지선 필선
有陰陽老少, 而後沖氣, 故生以土. 終之旣有五行, 則萬
유음양노소 이후충기 고생이토 종지기유오행 즉만
物又生于土, 而水火木金, 亦寄質焉, 故以土先之. 是以
물우생우토 이수화목금 역기질언 고이토선지 시이
甲己相合之始, 則化爲土; 土則生金, 故乙庚化金次之;
갑기상합지시 즉화위토 토즉생금 고을경화금차지
金生水, 故丙辛化水又次之; 水生木, 故丁壬化木又次
금생수 고병신화수우차지 수생목 고정임화목우차
之; 木生火, 故戊癸化火又次之, 而五行遍焉. 先之以土,
지 목생화 고무계화화우차지 이오행편언 선지이토
相生之序, 自然如此. 此十干合化之義也.
상생지서 자연여차 차십간합화지의야

십간이 합(合)되면서 화(化)하는 것은 십간의 음과 양이 서로 짝을 지으며 발생하는 것이다. 하도(河圖)의 수(數)는 1, 2, 3, 4, 5와 6, 7, 8, 9, 10이 배합되어 있고 이를 선천(先天)의 도(道)라 한다. 이는 태음(太陰)인 水(1, 6)에서 시작하여 충기(沖氣)인 土(5, 10)에서 끝나는 것으

로 기(氣)를 가지고 그 탄생의 순서를 표현한 것이다.⁷⁾

무릇 태초에는 오행(五行)이 있기 전에 필시 먼저 음양(陰陽)과 노소(老少)가 있었고 그 이후에 충기(沖氣)가 발생하니 그런 연유로 土가 나중에 생긴 것이다. 종국에는 세상에 이미 오행이 존재하고 만물은 다시 土에서 생겨나는 것이니 水火木金은 그 질(質)에 기인하게 되고 반대로 土가 그들을 앞서 이끌게 된다. 이런 원리로,

① 甲己가 합(合)함이 첫 번째가 되고 마지막이었던 土로 화(化)한다.

② 土는 金을 생하니 乙庚이 합(合)하여 金으로 화(化)하는 것이 그 다음이고,

③ 金은 水를 생하니 丙辛이 합(合)하여 水로 화(化)하는 것이 그 다음이고,

④ 水는 木을 생하니 丁壬이 합(合)하여 木으로 화(化)하는 것이 그 다음이고,

⑤ 木은 火를 생하니 戊癸가 합(合)하여 火로 화(化)하는 것이 그 다음이다. 이런 방식으로 오행은 널리 확산되게 된다.

이런 식으로 土가 앞서 이끌어 가는 것이 상생의 순서가 되며 자연의 이치와 일치한다. 이것이 십간합화(十干合化)의 의미이다.

---

7) 하도(河圖)의 수(數) : 水(1, 6) - 火(2, 7) - 木(3, 8) - 金(4, 9) - 土(5, 10)

2. 십간합화의 성정 – 4희신의 경우

其性情何也? 蓋旣有配合, 必有向背. 如甲用辛官, 透丙
기성정하야   개기유배합   필유향배   여갑용신관   투병

作合, 而官非其官. 甲用癸印, 透戊作合, 而印非其印. 甲
작합   이관비기관   갑용계인   투무작합   이인비기인   갑

用己財, 己與別位之甲作合, 而財非其財; 如年己月甲,
용기재   기여별위지갑작합   이재비기재   여년기월갑

年上之財, 被月合去, 而日主之甲乙無分[8]; 年甲月己, 月
년상지재   피월합거   이일주지갑을무분   년갑월기   월

上之財, 被年合去, 而日主之甲乙不與是也. 甲用丙食,
상지재   피년합거   이일주지갑을불여시야   갑용병식

與辛作合, 而非其食. 此四喜神因合而無用者也.
여신작합   이비기식   차사희신인합이무용자야

그렇다면 그 성정(性情)은 어떠한가? 대체로 이미 배합, 즉 합화가 일어났다면 필시 향배(向背)[9]가 있을 것이다. 예를 들어,

① 甲이 辛 정관(官)을 사용하려 할 때, 丙이 투출하여 합을 이룬다면 이때 그 정관은 정관이 아닌 것이다. [丙辛合水]

② 甲이 癸 인성(印)을 사용하려 할 때, 戊가 투출하여 합을 이룬다

---

8) 〈자평진전〉 중화민국12년판 원문에는 日主之甲己無分이라 기록되어 있으나 다음 문장에 반복되는 내용 그리고 서락오평주판 원문에 수정된 점 등을 참고하여 日主之甲乙無分의 오기라고 판단함.

9) 어떤 일이 되어가는 추세나 어떤 일에 대한 태도를 이르는 말. 이 글에서는 좋은 점과 나쁜 점, 즉 길(吉)과 흉(凶)이 있다는 의미이다.

면 이때 그 인성은 인성이 아닌 것이다. [戊癸合火]

③ 甲이 己 재성(財)을 사용하려 할 때, 己가 다른 위치에 있는 甲과 합을 이룬다면 이때 그 재성은 재성이 아닌 것이다. [甲己合土]

- 가령 年이 己이고 月이 甲이면 연주 위의 재성(己)은 月의 甲에게 합을 당해 없어질 것이니 일주의 甲乙은 재성의 몫이 없을 것이다.

- 한편 年이 甲이고 月이 己이면 월주 위의 재성(己)은 年의 甲에게 합을 당해 없어질 것이니 일주의 甲乙은 재성을 베풀 수 없을 것이다.[10]

④ 甲이 丙 식신(食)을 사용하려고 할 때, 辛이 합을 이룬다면 이때 그 식신은 식신이 아닌 것이다. [丙辛合水]

이렇듯 4가지 희신(정관, 인성, 재성, 식신)은 합으로 인하여 쓸모가 없게 되어 버린다.

---

10) ○ 甲 甲 己 - 財를 물려받고자 하나 월간 비견이 財를 가로막고 또한 合去하니 일간이 몫을 챙길 것이 없다고 하였다.
○ 甲 己 甲 - 財를 놓고 연간 비견과 일간이 양측에서 싸우는 형상이고 合去하니 일간이 財에 궁색하고 베풀지 않는다고 하였다.

3. 십간합화의 성정 – 4기신의 경우

又是甲逢庚爲煞, 與乙作合, 而煞不攻身. 甲逢乙爲劫,
우시갑봉경위살 여을작합 이살불공신 갑봉을위겁
與庚作合, 而乙不劫財. 甲逢丁爲傷, 與壬作合, 而丁不
여경작합 이을불겁재 갑봉정위상 여임작합 이정불
爲傷官. 甲逢壬爲梟, 與丁作合, 而壬不奪食. 此四忌神
위상관 갑봉임위효 여정작합 이임불탈식 차사기신
因合而化吉者也.
인합이화길자야

① 한편 甲이 庚 편관(煞)을 만나게 될 때, 乙이 합을 이룬다면 이때 그 칠살은 일주를 공격할 수 없다. [乙庚合金]

② 甲이 乙 겁재(劫)를 만나게 될 때, 庚이 합을 이룬다면 이때 乙은 재를 겁탈할 수 없다. [乙庚合金]

③ 甲이 丁 상관(傷)을 만나게 될 때, 壬이 합을 이룬다면 이때 丁는 상관이 될 수 없다. [丁壬合木]

④ 甲이 壬 편인(梟)을 만나게 될 때, 丁이 합을 이룬다면 이때 壬는 식신을 강제로 빼앗지 못할 것이다. [丁壬合木]

이렇듯 4가지 기신(편관, 겁재, 상관, 편인)은 합으로 인하여 길신으로 변할 수 있다.

癸丙庚乙 巳辰辰未	丙 일주가 辰月에 태어났고 癸를 투출하여 정관격이다. 乙 정인을 용신으로 써야 하나 庚이 乙을 합거하고 金으로 변하니 정인의 역할을 할 수 없다. 이 남성은 학업을 끝까지 이루지 못하였고 배관기능공으로 생활을 꾸려 나갔다. 희신의 합거로 용신을 잃어버린 셈이다.
癸癸己甲 丑亥巳辰	癸 일주가 巳月에 태어났고 己가 음양변화로 투출하여 칠살격이다. 일간이 실령하였고 재의 생을 받는 己 칠살의 투출로 흉할 법하나 연간의 甲이 己를 합거시켜 격이 맑아졌다. 초년 대운에 힘들게 공부하였으나 대운이 서북방으로 흐르자 금융업계에서 능력을 발휘하며 활동한 남성이다.

4. 십간합화의 성정 – 육친의 예

蓋有所合則有所忌, 逢吉不爲吉, 逢凶不爲凶. 卽以六親
개유소합즉유소기   봉길불위길   봉흉불위흉   즉위육친
言之, 如男以財爲妻, 而被別干合去, 財妻豈能親其夫乎?
언지   여남이재위처   이피별간합거   재처기능친기부호
女以官爲夫, 而被他干合去, 官夫豈能愛其妻乎? 此謂配
여이관위부   이피타간합거   관부기능애기처호   차위배
合之性情, 因向背而殊也.
합지성정   인향배이수야

대체로 다소 합이 있으면 어느 정도 꺼림이 있고, 길함을 만났어도 길함이 되지 못하고, 흉함을 만났어도 흉함이 되지 않는 경우가 있다.

예를 들어 육친으로 이를 설명해 보자면, 남자에게는 재성이 처가 되는데 다른 천간에 의해 합을 당하여 없어진다면 재성인 처가 어찌 그 남편과 친밀할 수 있겠는가?

여자에게는 관성이 남편이 되는데 다른 천간에 의해 합을 당하여 없어진다면 관성인 남편이 어찌 그 처를 사랑할 수 있겠는가?

이것이 배합, 즉 합화의 성정이니 이로 인해 향배가 달라질 수 있는 것이다.

乙 丙 丙 辛 未 午 申 巳	丙 일주가 申月에 태어나 재격이다. 이 남성은 연간의 辛 정재를 妻로 삼는다. 그러나 월간의 비견 丙과 정재 辛이 丙辛合을 앞서 해 버리니 일간에게 마음이 올 리가 없다. 일평생 부부사이가 소원하였다고 한다.
辛 辛 壬 丁 卯 亥 子 未	辛 일주가 子月에 태어났고 壬을 투출하여 상관격이다. 이 여성은 연간의 丁 편관이 남편이나 상관 壬과 합거하고 있다. 결혼은 하였고 아이를 낳았으나 아이가 3세 되던 해부터 별거하고 있다.

제5장 합이불합
【論十干合而不合】

子平眞詮

1. 십간합화의 예외

十干化合之義, 前篇旣明之矣, 然而亦有合而不合者,
십 간 화 합 지 의   전 편 기 명 지 의   연 이 역 유 합 이 불 합 자

何也?
하 야

십간합화에 대한 의미는 앞서 전편에서 이미 자세히 설명하였다. 그런데 또한 합하고자 하나 합하지 못하는 것이 있으니 무엇인지 살펴보도록 한다.

2. 가로막혀 合而不合 되는 경우

蓋隔于有所間也. 譬如人彼此相好, 而有人從中間之, 則
개 격 우 유 소 간 야   비 여 인 피 차 상 호   이 유 인 종 중 간 지   즉

交必不能成. 假如甲與己合, 而甲己中間, 以庚間隔之,
교 필 불 능 성   가 여 갑 여 기 합   이 갑 기 중 간   이 경 간 격 지

則甲豈能越剋我之庚而合己? 此制於勢者然也, 合而不
즉 갑 기 능 월 극 아 지 경 이 합 기   차 제 어 세 자 연 야   합 이 불

敢合也, 有若無也.
감 합 야   유 약 무 야

대개 그 십간합 사이에 가로막힘이 있는 경우이다. 사람으로 비유

하자면 서로 좋아하는 사이가 있다고 해도 그 두 사람 사이에 쫓아다니는 다른 사람이 있다면 필시 그 교재는 이루어지지 못할 것이다.

　가령 예를 들어 甲과 己가 합하고자 하나 甲과 己 사이에서 庚이 이를 가로막고 있다면 어찌 甲이 자신을 극하는 庚을 넘어서 己와 합할 수 있겠는가? 이는 그 기세가 제약받는 것은 당연한 것이니, 합하고자 하나 감히 합하지 못하는 것이고 합이 있으나 없는 것과 마찬가지이다.

壬甲庚己 申子午亥	甲 일주가 午月에 생하였으나 水가 왕하여 甲은 己土를 기뻐한다. 그러나 월간의 庚 칠살 때문에 가로막혀 甲己合이 불합이다. 그래서인지 지방공무원으로 재직하는 동안 아이들 교육문제로 부인은 서울에서 생활하며 주말부부 생활을 계속하였다.
己辛壬丙 丑丑辰午	辛 일주가 辰月 水庫 잡기에 생하였고 壬이 음양변화로 투출하여 상관격이다. 연간의 丙 정관이 辛 일간과 합하고자 하나 월간의 壬 상관이 가로막고 또 丙 정관을 극하니 무정한 사주가 되어버렸다.

3. 너무 멀어서 合而不合 되는 경우

又有隔位太遠. 如甲在年干, 己在時上, 心雖相契, 地則
우유격위태원 여갑재년간 기재시상 심수상계 지즉

相違, 如人天南地北, 不能相合一般. 然於有所制而不敢
상위 여인천남지북 불능상합일반 연어유소제이불감

合者, 亦稍有差, 合而不能合也, 半合也, 其爲禍福得十
합자 역초유차 합이불능합야 반합야 기위화복득십

之二三而已.
지이삼이이

두 번째는 십간합의 위치가 너무 멀리 떨어져 있는 경우이다. 예를 들어 甲이 연간(年干)에 있고 己가 시상(時上)에 있으면, 마음이야 강하게 인연을 맺고자 하나 지리적으로 서로 멀리 떨어져 있는 셈이고, 사람으로 비유하자면 남자[天]는 남쪽에 있고 여자[地]는 북쪽에 있는 셈이니, 서로 합일(合一)하는 것이 어려운 법이다.

그러나 앞서 살핀 가로막힘으로 제약을 받아 감히 합하지 못하는 것과는 또 다소 차이가 있는데, 합하고자 하나 온전히 합할 능력이 안 되니 반쪽짜리 합이고, 그 화(禍)나 복(福)됨도 십 분의 이, 삼정도만 될 것이다.

己丁癸甲 酉亥酉辰	甲 정인이 시간의 己와 합하고자 하나 너무 멀리 떨어져 있어 뜻과 다르게 현실적인 合을 이루지 못하였다. 시골에 사는 할머니가 손주를 자주 보고 싶어하나 자주 볼 수 없는 형국이다.
壬丙丙丁 辰子午卯	서락오 평주 사례 – 용제광(龍濟光)의 命 丙 일주가 午月에 태어나 양인격인데 양인을 제압하는 칠살 壬이 체(體)가 된다. 연간 丁이 壬과 합하려 하나 멀리 떨어져 합이 성립되지 않고 壬이 고유한 작용력을 상실하지 않았다. 그리하여 양인용살격이 된다.

4. 합을 하여 상함이 없어지는 경우

又有合而無傷於合者, 何也? 如甲生寅卯, 月時兩透辛官,
우유합이무상어합자 하야 여갑생인묘 월시양투신관

以年丙合月辛, 是爲合一留一, 官星反輕. 甲逢月刃, 庚
이년병합월신 시위합일류일 관성반경 갑봉월인 경

辛並透, 丙與辛合, 是爲合官留煞, 而煞刃依然成格, 皆
신병투 병여신합 시위합관류살 이살인의연성격 개

無傷于合也.
무상우합야

한편, 합을 하여 상함이 없어지는 경우는 무엇인가?

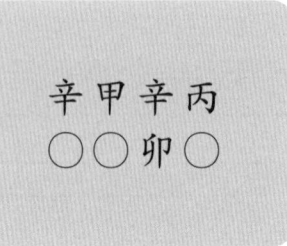

① 甲이 寅卯月에 태어났고 月과 時 양쪽에 辛 정관이 투출된 상태에서 年의 丙이 月의 辛과 합하는 경우, 하나는 합하였고 하나만 남았으니 관성의 기운이 반으로 준 셈이다.

② 甲이 月에서 卯 양인을 만났고 庚辛이 함께 투출된 상태에서 丙이 辛과 합하는 경우, 정관은 합하였고 관살만 남았으니 칠살과 양인으로 의연하게 성격(成格)을 이루게 되니, 모두 합으로 인하여 상함이 없어지는 경우이다.

5. 합을 하기는 하나 합으로 논하지 않는 경우

又有合而不以合論者, 何也? 本身之合也. 蓋五陽逢財,
우유합이불이합론자 하야 본신지합야 개오양봉재

五陰遇官[11], 俱是作合, 惟是本身十干合之, 不爲合去. 假
오음우관 구시작합 유시본신십간합지 불이합거 가

如乙用庚官, 日干之乙, 與庚作合, 是我之官, 是我合之,
여을용경관 일간지을 여경작합 시아지관 시아합지

何爲合去? 若庚在年上, 乙在月干, 則月上之乙, 先去合
하위합거 약경재년상 을재월간 즉월상지을 선거합

庚, 而日干反不能合, 是爲合去也. 又如女以官爲夫, 丁
경 이일간반불능합 시위합거야 우여여이관위부 정

日逢壬, 是我之夫, 是我合之, 正是夫妻相親, 其情愈密.
일봉임 시아지부 시아합지 정시부처상친 기정유밀

惟壬在月上, 而年丁合之, 日干之丁, 反不能合, 是以己
유임재월상 이년정합지 일간지정 반불능합 시이기

之夫, 被姉妹合去, 夫星透而不透矣.
지부 피자매합거 부성투이불투의

또한 합을 하기는 하나 합으로 논하지 않는 경우가 있으니 어떤 경우가 있는가? 본신(本身), 즉 일간과의 합이 그러하다. 대개 다섯 개의 양간(陽干)이 정재를 만나는 경우와 다섯 개의 음간(陰干)이 정관

---

11) 〈자평진전〉 중화민국12년판 원문에는 六陽逢財 六陰遇官이라 기록되어 있다. 干支를 묶어 살피면 6개의 陽干支와 陰干支로 나뉘는 것을 六陽, 六陰이라 칭한 것으로 외격 중 六陰朝陽格 등에서 용어가 사용된다. 그러나 서락오는 평주에서 五陽, 五陰으로 바꿔쓰고 있고 혼란을 줄이고자 교정함.

을 만나는 경우인데 이 경우 합이 작용하기는 하지만 일간과의 십간 합은 합하여 사라지는 것[合去]은 아니라고 보아야 한다.

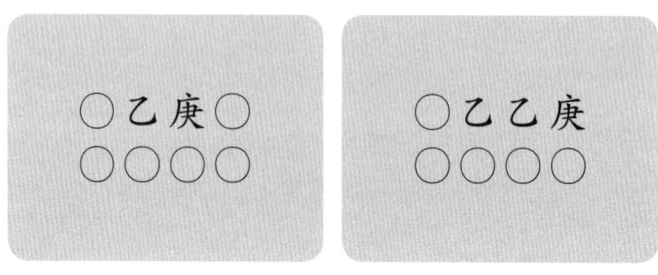

예를 들어,

① 乙이 庚 정관을 쓰려고 할 때 일간의 乙이 庚과 합하려고 작용하며 나의 정관이 나와 합하는 경우인데, 어찌 합거(合去)가 될 수 있겠는가?

② 앞의 경우에 만약 庚이 연간에 있었고 乙이 월간에 또 있다면 월간의 乙이 먼저 庚과 합하고 합거되어 사라질 것이므로 일간은 반대로 합을 할 수 없는 경우이고, 이 경우 합거(合去)는 연월간에서 되었다고 볼 수 있다.

다른 예로,

③ 여자는 정관으로 남편을 삼는데 丁 일간이 壬 정관을 만나면 나의 남편이 나와 합하는 것이니 당연히 그 부부의 사이는 매우 친밀하고, 그 정은 더욱더 가까워질 것이다.

④ 앞의 경우에 壬이 월간에 있고 연간에 丁이 있어 합이 되었다면 丁 일간은 반대로 합을 할 수 없는 상황이니, 이는 자기의 남편이 자기의 자매와 합이 되어 도망가 버리는 경우로 남편 정관이 투출하였으나 투출하지 않은 것과 다를 바가 없다.

甲辛辛丙 午酉丑寅	辛 일주가 丑月에 태어나 인수격이다. 연간의 丙 정관이 남편이 된다. 그러나 월간의 비견 辛이 먼저 丙과 합하고 합거되어 버리므로 일간 辛에게는 정관이 떠나가 버린 것과 같다. 이 여성은 초혼에는 실패하였고 재혼을 하여 다시 가정을 꾸렸다.
癸辛丙甲 巳卯子子	월간에 있는 丙 정관이 일간 辛과 합하고 있으니 나의 남편이 나와 합하는 것일 뿐 합거되어 사라지는 것은 아니다. 즉, 남편과 유정한 것이고 이 여성은 공무원 남편을 두었고 해로하였다.

6. 쟁합(爭合)·투합(妬合)이란 용어 및 예외

然又有爭合妬合之說, 何也? 如兩辛合丙, 兩丁合壬之類,
연우유쟁합투합지설 하야 여양신합병 양정합임지류

一夫不娶二妻, 一女不配二夫, 所以有爭合妬合之說. 然
일부불취이처 일녀불배이부 소이유쟁합투합지설 연

到底終有合意, 但情不專耳. 若以兩合一而隔位, 則全無
도저종유합의 단정부전이 약이양합일이격위 즉전무

爭妬. 如, 庚午·乙酉·甲子·乙亥, 兩乙合庚, 甲日隔之,
쟁투 여 경오 을유 갑자 을해 양을합경 갑일격지

此高太尉命, 仍作合煞留官, 無減福也.
차고태위명 잉작합살류관 무감복야

앞 단락 예시 ②, ④에 해당하는 것으로 또 쟁합(爭合)·투합(妬合)이라는 말이 쓰이는데 이는 무엇을 말하는가? 예를 들어 2개의 辛이 丙과 합하고자 하고, 2개의 丁이 壬과 합하고자 하는 유형을 칭하는 것이다. 한 남자가 두 부인을 취할 수 없는 법이고, 한 여자가 두 남편을 섬길 수 없는 법이니 그런 까닭에 쟁합·투합이라는 말이 생긴 것이다. 여하튼 최후에는 끝이 날지언정 합(合)할 의향은 가지고 있는 것이며, 단지 그 정(情)이 한마음으로 강하지는 못할 것이다.

예외 사항으로 만약에 2개의 천간이 1개의 천간과 합하고자 하는데 그 위치가 가로막혀 있다면 쟁투(爭妬)는 절대 일어나지 않을 것이다.

```
乙 甲 乙 庚
亥 子 酉 午
```

예를 들어 庚午 乙酉 甲子 乙亥의 경우, 2개의 乙이 庚과 합하고자 하는데 甲 일간이 그 사이를 가로막고 있다.

이 사주는 고태위(高太尉)의 명인데 합살류관(合煞留官)[12]이 되었으므로 복(福)이 감소하지는 않았을 것이다.

| 庚己甲己
午酉戌卯 | 월간의 甲 정관이 연간과 일간 2개의 己와 합하고자 한다. 쟁합이 일어나는 경우로 合할 의향은 가지고 있으나 두 개와 모두 合할 수는 없으니 정이 한 마음으로 강하지 못하고 흩어진다. 이 여성의 남편은 아내에게 정을 두지 못하고 결국에는 바람을 피웠다. |

---

[12] 연간의 庚 칠살은 월간의 乙과 합거되고, 월령 酉 정관은 남아 합살류관(合煞留官)되었다고 말한다.

7. 십간합에 대한 오류

今人不知命理, 動以本身之合, 妄論得失, 更有可笑者.
금인부지명리 동이본신지합 망론득실 갱유가소자

書云合官非爲貴取, 本是至論, 而或以本身之合爲合, 甚
서운합관비위귀취 본시지론 이혹이본신지합위합 심

或以他支之合爲合. 如辰與酉合, 卯與戌合之類, 皆作合
혹이타지지합위합 여진여유합 묘여술합지류 개작합

官, 一謬至此. 子平之傳掃地矣.
관 일류지차 자평지전소지의

요즘 사람들은 명리를 잘 알지 못하기에, 본신(일간)의 합을 사용하고 망측하게 그 득실을 논하니 너무도 가소로운 일이다. 옛 책에서 이르기를 정관이 합이 되면 귀함을 취할 수 없다 하였는데 지당한 말이다. 혹자는 본신(일간)의 합도 합으로 보아야 한다고 하고 심지어 혹자는 여타 지지의 합도 십간합이라 보아야 한다고 하였다. 예를 들어 辰酉合, 卯戌合 등의 유형으로 여기에서도 합관(合官)이 작용한다고 보았으니 또 하나의 오류일 뿐이다. 자평의 전통이 사라질 지경이다.

辛 丙 丁 己 卯 申 丑 酉	丙 일주가 丑月에 태어났고 辛이 투출하여 재격이다. 혹자는 辛 정재가 일간과 합하여 水로 변하니 재격이 성립되지 않는다고 하나 옳지 않다. 일간과의 合은 合을 하기는 하나 合으로 논하지 않으며 정재와 유정하니 성실하고 아내와 오래도록 사랑한 命이다.
乙 庚 己 庚 酉 寅 卯 戌	시간의 乙 정재가 두 개의 庚과 합하고자 하니, 쟁합(爭合) 혹은 투합(妬合)이 발생할 것처럼 보인다. 그러나 하나의 庚은 멀리 연간에 있고 가로막혀 있으므로 쟁투(爭妬)는 일어나지 않는다. 또 하나의 庚은 본인이므로 合은 合이나 合去되지는 않으니 재격은 성립된다. 이 사주는 어느 것과도 合化가 일어나지 않는 경우로 십간합에 대한 정확한 이해가 왜 필요한지를 보여주는 사례이다.

제6장 득시실시

【論十干得時不旺失時不弱】

子平眞詮

1. 득시(得時)·실시(失時)에 대한 정확한 이해

書云, 得時俱爲旺論, 失時便作衰看, 雖是至理, 亦死法
서운 득시구위왕론 실시편작쇠간 수시지리 역사법
也, 然亦可活看. 夫五行之氣, 流行四時, 雖日干各有專
야 연역가활간 부오행지기 유행사시 수일간각유전
令, 而其實專令之中, 亦有並存者在. 假若春木司令, 甲
령 이기실전령지중 역유병존자재 가약춘목사령 갑
乙雖旺, 而此時休咎之戊己, 亦未嘗絶於天地也. 特時當
을수왕 이차시휴구지무기 역미상절어천지야 특시당
退避, 不能爭先, 而其實春土何嘗不生萬物, 冬日何嘗不
퇴피 불능쟁선 이기실춘토하상불생만물 동일하상부
照萬國乎?
조만국호

옛 책에서 이르기를 득시(得時)하면 모두 왕(旺)하다고 논하고, 실시(失時)하면 곧 쇠(衰)한 것으로 보라 하였는데, 비록 이것이 마땅한 이치이긴 하나 한편으로는 죽은 법칙일 수도, 한편으로는 살아있는 간법일 수도 있는 것이다.

무릇 오행의 기운이란 사계절을 흘러 움직이는 것이니, 비록 일간 각각에 맞는 사령이 있는 것은 맞으나 그 실제 사령 중에도 역시 함께 존재하는 것이 있기 마련이다. 예를 들어 춘목(春木)이 사령일 때는 비록 甲乙이 왕(旺)하고 이 시기 휴구(休咎; 休囚)는 戊己일지라도 천지에서 끊어진 것이라 할 수 없는 것이요. 어떤 특정 시기에 마땅히 물러나 피하고 앞에 나서 다투지 않을 뿐이지, 실상은 봄의 土라고 해서 언제 만물을 생하지 않는 적이 있었으며, 겨울의 태양이라고 해서 언제 온 세상을 비추지 않은 적이 있겠는가?

2. 득시실시 못지않게 병존오행이 중요한 이유

況八字雖以月令爲重, 而旺相休咎, 年月日時, 亦有損益
황 팔 자 수 이 월 령 위 중   이 왕 상 휴 구   연 월 일 시   역 유 손 익
之權, 故生月卽不値令, 亦能年値値時, 豈可執一而論?
지 권   고 생 월 즉 불 치 령   역 능 연 치 치 시   기 가 집 일 이 론
猶如春木雖强, 金太重而木亦危. 干庚辛而支酉丑, 無火
유 여 춘 목 수 강   금 태 중 이 목 역 위   간 경 신 이 지 유 축   무 화
制而不富, 逢土生而必夭, 是以得時而不旺也. 秋木雖弱,
제 이 불 부   봉 토 생 이 필 요   시 이 득 시 이 불 왕 야   추 목 수 약
木根深而木亦强. 干甲乙而支寅卯, 遇官透而能受, 逢水
목 근 심 이 목 역 강   간 갑 을 이 지 인 묘   우 관 투 이 능 수   봉 수
生而太過, 是失時不弱也.
생 이 태 과   시 실 시 불 약 야

하물며 팔자에서는 비록 월령을 중시하여 월령의 왕상휴수를 따지지만, 年月日時에도 역시 얻고 잃는 권한이 있는 것이니, 태어난 月에서 사령을 얻지 못하였다고 할지라도 또 年에서 얻을 수도 時에서 얻을 수도 있는 것인데 어찌 하나에만 집착하여 논하려 한단 말인가?

① 봄의 木이 비록 강하지만 金이 너무 많으면 木이 위태로울 수도 있는 것과 같다. 봄의 木이 천간에 庚辛이 있고 지지에 酉丑이 있는 경우 火가 없어 이를 극제하지 못한다면 결코 부자가 될 수 없는 법이며, 土를 만나 金이 생을 받는다면 필시 요절할 것이니, 이렇게 득시(得時)하였어도 왕(旺)하지 않을 수도 있다.

② 가을의 木이 비록 약하지만 木의 통근이 깊다면 가을의 木이라도 역시 강할 수 있다. 가을의 木이 천간에 甲乙이 있고 지지에 寅卯가 있다면 투출된 관성을 만나도 능히 받아들일 수 있고, 水를 만나 木이 생까지 받는다면 지나치게 강할 수도 있으니, 이렇게 실시(失時)하였어도 약(弱)하지 않을 수도 있다.

3. 통근(通根)의 규칙

是故十干不論月令休咎, 只要四柱有根, 便能受財官食神,
시고십간불론월령휴구 지요사주유근 편능수재관식신

而當傷官七煞. 長生祿刃, 根之重者也; 墓庫餘氣, 根之
이당상관칠살 장생녹인 근지중자야 묘고여기 근지

輕者也. 得一比肩, 不如得支中一墓庫, 如甲逢未丙逢戌
경자야 득일비견 불여득지중일묘고 여갑봉미병봉술

之類. 乙逢戌丁逢丑, 不作此論, 以戌中無藏木, 丑中無
지류 을봉술정봉축 부작차론 이술중무장목 축중무

藏火也. 得二比肩, 不如得一餘氣, 如乙逢辰丁逢未之類.
장화야 득이비견 불여득일여기 여을봉진정봉미지류

得三比肩, 不如得一長生祿刃, 如甲逢亥寅卯之類. 陰長
득삼비견 불여득일장생녹인 여갑봉해인묘지류 음장

生不作此論, 如乙逢午丁逢酉之類, 然亦爲有根, 比得一
생부작차론 여을봉오정봉유지류 연역위유근 비득일

餘氣. 蓋比如朋友之相扶, 通根如室家之可住, 干多不如
여기 개비여붕우지상부 통근여실가지가주 간다불여

根重, 理果然也.
근중 이과연야

그래서 십간은 월령의 휴수(休囚)를 논하지 않더라도, 만약 사주가 통근(通根)하고 있다면 재성, 관성, 식신을 능히 수용할 수 있고 상관, 칠살을 마주 대할 수 있는 것이다. 장생(長生)과 녹인(祿刃)은 뿌리가 튼튼한 것이며, 묘고(墓庫)와 여기(餘氣)[13]는 뿌리가 약한 것이다.

① 하나의 비견을 얻은 것이 지지에서 묘고(墓庫; 1+α) 하나를 얻은 것만 못한데, 예를 들어 甲이 未를 만나고, 丙이 戌을 만나는 유형이 이에 속한다. 단, 음간의 묘고(墓庫), 乙이 戌을 만나고, 丁이 丑을 만나는 것은 그렇게 논하지 않는데 왜냐하면 戌에는 지장간에 木이 없고 丑에는 지장간에 火가 없기 때문이다.

② 두 개의 비견을 얻은 것이 지지에서 여기(餘氣; 2+α) 하나를 얻은 것만 못한데, 예를 들어 乙이 辰을 만나고, 丁이 未를 만나는 유형이 이에 속한다.

---

13) 묘고(墓庫)는 木-未, 火-戌, 金-丑, 水-辰을 말하고 여기(餘氣)는 木-辰, 火-未, 金-戌, 水-丑을 말하는 것으로 본다.

③ 세 개의 비견을 얻은 것이 지지에서 장생(長生; 3+α), 녹인(祿刃; 3+α) 하나를 얻은 것만 못한데, 예를 들어 甲이 亥·寅·卯를 만나는 유형이 이에 속한다. 단, 음간의 장생(長生)은 그렇게 강한 뿌리로는 논하지 않는데, 예를 들어 乙이 午를 만나고, 丁이 酉를 만나는 경우인데 그러나 이 또한 뿌리가 있는 것으로는 보고 하나의 여기(餘氣)를 얻은 것 정도로 간주한다.[14]

대개 비견은 친구가 서로 돕는 것과 같고, 통근은 가족이 함께 사는 것과 같으니, 천간의 비견이 많은 것이 뿌리가 튼튼한 것만 못하다는 이치는 진실로 당연한 것이다.

4. 득시실시에 대한 오류

今人不知命理, 見如夏水冬火, 不問有無通根, 便爲之弱.
금인부지명리 견여하수동화 불문유무통근 편위지약
更有陽干逢庫, 如壬逢辰, 丙坐戌之類, 不以爲水火通根
갱유양간봉고 여임봉진 병좌술지류 불이위수화통근
身庫, 甚至求刑沖以開之. 此種謬書謬論, 必宜一切掃除
신고 심지구형충이개지 차종류서류론 필의일절소제
也.
야

---

14) 심효첨은 십이운성을 음생양사(陰生陽死)로 살폈기에 음간(陰干)이 장생에 약하지만 통근한다고 말하고 있다. 하지만 통근을 오행의 生剋으로 살피는 입장이라면 이를 통근하였다고 보기 힘들 것이다. 午에는 지장간에 木이 없고, 酉에는 지장간에 火가 없기 때문이다.

요즘 사람들은 명리를 잘 알지 못하기에, 여름의 水와 겨울의 火를 보면 통근의 유무를 따지지 않고 곧바로 약하다고 해 버린다. 양간이 고(庫)를 만나는 경우, 예를 들어 壬이 辰을 만나고 丙이 戌을 깔고 앉았으면 水·火가 고(庫)에 통근한 것으로 여기지 아니하고, 오히려 형충(刑沖)을 구하여 고(庫)를 열어야 한다고도 말한다. 이런 터무니없는 책의 오류들은 반드시 모두 쓸어 없애야 마땅한 것이다.

丁甲壬辛 卯午辰丑	甲 일주가 辰月 잡기에 태어났고 壬 인수가 음양교차로 투간하여 인수격이다. 壬 편인이 辰에 통근하며 일간을 생하고, 시지 卯는 甲의 양인으로 신강한 명이다. 공인중개사로 일하는 남성이다.
辛丙丁庚 卯戌亥申	겨울 亥月에 태어난 丙火를 보고 통근의 유무를 떠나 심히 신약하다고 하면 아니된다. 丙 일주가 戌 묘고(墓庫)에 좌하여 통근하고 있음을 간과해서는 아니 된다. 고등학교 수학교사로 재직하였다.

제7장 형충회합

【論刑沖會合解法】

子平眞詮

1. 형충회합(刑沖會合)의 정의

刑者, 三刑也, 子卯巳申之類是也. 沖者, 六沖也, 子午卯
형자 삼형야 자묘사신지류시야   충자 육충야   자오묘

酉之類是也. 會者, 三會也, 申子辰之類是也. 合者, 六合
유지류시야 회자 삼회야 신자진지류시야   합자 육합

也, 子與丑合之類是也. 此皆以地支宮分而言, 斜對爲沖,
야 자여축합지류시야 차개이지지궁분이언   사대위충

擊射之意也; 三方爲會, 朋友之意也; 並對爲合, 比隣之
격사지의야   삼방위회 붕우지의야   병대위합 비린지

意也; 至於三刑取義, 姑且闕疑, 然不知其所以然, 於命
의야 지어삼형취의   고차궐의   연부지기소이연 어명

理亦無害也.
리역무해야

① 형(刑)이란, 삼형(三刑)이라고도 하며 子卯刑, 巳申刑 등이 이에 속한다.

② 충(沖)이란, 육충(六沖)이라고도 하며 子午沖, 卯酉沖 등이 이에 속한다.

③ 회(會)란, 삼회(三會)라고도 하며 申子辰 三合 등이 이에 속한다.

④ 합(合)이란, 육합(六合)이라고도 하며 子丑合 등이 이에 속한다.

이것은 모두 지지의 궁분(宮分)을 가지고 말한 것인데,

① 반대편에서 마주 보는 것끼리 충(沖)이 되며 활을 쏜다는 의미

가 있고,

② 세 방향으로 삼각을 이룬 것이 회(會)가 되며 친구의 의미가 있고,

③ 나란히 대치되는 것끼리가 합(合)이 되며 이웃의 의미가 있다.

④ 삼형(三刑)을 취하는 의미는 의심스럽지만 남겨두고 그렇게 된 까닭을 모른다 해도 명리를 살핌에 큰 무리는 없을 것이다.

2. 會合으로 刑沖을 해소하는 경우

八字支中, 刑沖俱非美事, 而三會六合, 可以解之. 假如
팔 자 지 중 형 충 구 비 미 사 이 삼 회 육 합 가 이 해 지 가 여

甲生酉月, 逢卯則沖, 而或支中有戌, 則卯與戌合而不沖;
갑 생 유 월 봉 묘 즉 충 이 혹 지 중 유 술 즉 묘 여 술 합 이 불 충

有辰, 則酉與辰合而不沖; 有亥與未, 則卯與亥未會而不
유 진 즉 유 여 진 합 이 불 충 유 해 여 미 즉 묘 여 해 미 회 이 불

沖; 有巳與丑, 則酉與巳丑會而不沖. 是會合可以解沖也.
충 유 사 여 축 즉 유 여 사 축 회 이 불 충 시 회 합 가 이 해 충 야

又如丙生子月, 逢卯則刑, 而或支中有戌, 則卯與戌合而
우 여 병 생 자 월 봉 묘 즉 형 이 혹 지 중 유 술 즉 묘 여 술 합 이

不刑; 有丑, 則子與丑合而不刑; 有亥與未, 則卯與亥未
불 형 유 축 즉 자 여 축 합 이 불 형 유 해 여 미 즉 묘 여 해 미

會而不刑; 有申與辰, 則子與申辰會而不刑. 是會合可以
회 이 불 형 유 신 여 진 즉 자 여 신 진 회 이 불 형 시 회 합 가 이

解刑也.
해 형 야

팔자의 지지에 刑沖이 함께 있으면 좋은 일이 아니지만, 三合·六合으로 刑沖이 해소될 수 있다.

예를 들어, 甲이 酉月에 태어났고 卯를 만나 沖이 되었지만,

① 지지에서 戌이 있어 卯戌合이 되면 沖이 되지 않는다.

② 辰이 있어 辰酉合이 되면 沖이 되지 않는다.

③ 亥와 未가 있어 卯와 亥未가 會를 이루면 沖이 되지 않는다.

④ 巳와 丑이 있어 酉와 巳丑이 會를 이루면 沖이 되지 않는다. 이런 식으로 會·合을 통해 沖이 해소될 수 있다.

또 丙이 子月에 태어났고 卯를 만나 刑이 되었다면,

① 지지에서 戌이 있어 卯戌合이 되면 刑이 되지 않는다.

② 丑이 있어 子丑合이 되면 刑이 되지 않는다.

③ 亥와 未가 있어 卯와 亥未가 會를 이루면 刑이 되지 않는다.

④ 申과 辰이 있어 子와 申辰이 會를 이루면 刑이 되지 않는다. 이런 식으로 會·합을 통해 刑이 해소될 수 있다.

甲庚壬壬 申辰子午	**서락오 평주 사례 – 섬서성 주석 소력자(邵力子)** 申子辰 회합으로 子午沖이 해소되었다. 壬이 투출하고 지지는 水局이라 식신격이다. 甲 재성은 힘이 약하고 午 정관과 辰 인성으로 인생을 산다. 丁未年 세운에 午未合으로 水局과 충파하여 사망하였다.

| 辛 丙 戊 乙 |
| 卯 戌 子 丑 |

丙 일주가 子月에 태어나 정관격이다. 시지에 卯가 있어 刑이 발생할 상황이었으나 卯가 戌과 육합하고 子가 丑과 육합하며 會合이 刑沖보다 우선하니 刑은 일어나지 않았다. 정관격은 인수 木을 상신(相神)으로 쓰므로 乙, 卯 인수가 상조 용신이다.

3. 會合으로 2:1 刑沖이 작용하는 경우

又有因解而反得刑沖者, 何也? 假如甲生子月, 支逢二卯
우 유 인 해 이 반 득 형 충 자 하 야   가 여 갑 생 자 월 지 봉 이 묘

相並, 二卯不刑一子, 而支又逢戌, 戌與卯合, 本爲解刑,
상 병   이 묘 불 형 일 자   이 지 우 봉 술   술 여 묘 합   본 위 해 형

而合去其一, 則一合而一刑, 是因解而反得刑沖也.
이 합 거 기 일   즉 일 합 이 일 형   시 인 해 이 반 득 형 충 야

앞서와 같이 해소되는 경우도 있지만 반대로 刑沖을 얻는 경우도 있으니 무엇이 그러한가?

예를 들어, 甲이 子月에 태어났고 지지에 2개의 卯를 동시에 만나면 2개의 卯는 1개의 子를 刑하지 못한다. 그런데 지지에서 戌이 또 하나 나타나서 卯戌合 하면 본래는 刑이 되지 못하는 듯 보였으나 그중 하나는 합거(合去)되니 하나는 合이 되고 하나는 刑이 된다. 이

런 식으로 해소된 것이었으나 오히려 刑沖을 얻는 경우도 있다.

| 壬癸壬丁
戌卯子卯 | 월령의 子가 2개의 卯를 年과 日에서 동시에 만나면 2개의 卯는 1개의 子를 刑하지 못한다. 그런데 시지에서 戌을 만나니 卯戌合으로 그중 하나는 합거되고 年의 卯와 子는 刑이 일어난다. |

| 甲甲戊乙
子午子丑 | 月과 時 2개의 子는 1개의 午를 沖하지 못한다. 그러나 연지에서 丑을 만나니 월지 子가 子丑 합하여 子午沖에서 벗어나고, 실제는 일지 午와 시지 子의 子午沖이 되살아난 격이다. |

4. 會合으로 刑沖을 해소하지 못하는 경우

又有刑沖而會合不能解者, 何也? 假如子年午月, 日坐丑
우유형충이회합불능해자 하야 가여자년오월 일좌축

位, 丑與子合, 可以解沖, 而時逢巳酉, 則丑與巳酉會, 而
위 축여자합 가이해충 이시봉사유 즉축여사유회 이

子復沖午. 子年卯月, 日坐戌位, 戌與卯合, 可以解刑, 而
자부충오 자년묘월 일좌술위 술여묘합 가이해형 이

或時逢寅午會, 則戌與寅午會, 而卯復刑子. 是會合而不
혹시봉인오회 즉술여인오회 이묘부형자 시회합이불

能解刑沖也.
능해형충야

刑沖을 會合으로 해소하지 못한다는 경우가 있는데 무엇이 그러한가? 예를 들어,

① 子年 午月이고 일주의 앞은 자리가 丑이면 子丑합하여 子午沖을 해소한다. 그런데 時에서 巳 혹은 酉를 만나면 巳丑, 酉丑으로 會를 이루니 子가 다시 午와 沖하게 된다.

② 子年 卯月이고 일주의 앞은 자리가 戌이면 卯戌합하여 子卯刑을 해소한다. 그런데 時에서 寅 혹은 午를 만나면 寅戌, 午戌로 會를 이루니 卯가 다시 子와 刑하게 된다.

이런 경우 會合으로 刑沖을 해소하지 못한다고 하는 것이다.

癸 己 壬 庚 酉 丑 午 子	子年 午月이고 일주의 앞은 자리가 丑이고 合이 沖을 앞서므로 子丑합하여 子午沖을 해소한다. 그런데 時에서 酉를 다시 만나니 (巳)酉丑으로 半合이 일어나고 子가 다시 午와 沖을 일으킨다.
甲 丁 乙 丁 辰 酉 巳 亥	서락오 평주 사례 – 조철교(趙鐵橋)의 命 年月의 亥와 巳가 巳亥沖하는 사주인데 日의 酉로 인해 巳酉(丑) 반합하여 巳亥沖을 해소하는 것 같았으나 다시 時에서 辰이 辰酉合하니 巳亥沖이 되살아났다.

5. 刑冲으로 刑冲을 해소하는 경우

更有刑冲而可以解刑冲者, 何也? 蓋四柱之中, 刑冲俱不
갱유형충이가이해형충자 하야 개사주지중 형충구불

爲美, 而刑冲用神, 尤爲破格, 不如以別位之刑冲, 解月
위미 이형충용신 우위파격 불여이별위지형충 해월

令之刑冲矣[15]. 假如丙生子月, 卯以刑子, 而支又逢酉, 則
령지형충의   가여병생자월 묘이형자 이지우봉유 즉

又與酉冲, 而不刑月令之官. 甲生酉月, 卯以冲之[16], 而時
우여유충 이불형월령지관 갑생유월 묘이충지 이시

逢子位, 則卯與子刑, 而月令官星, 冲之無力, 雖於別宮
봉자위 즉묘여자형 이월령관성 충지무력 수어별궁

刑冲之位, 六親不無刑剋, 而月官猶在, 其格不破. 是所
형충지위 육친불무형극 이월관유재 기격불파 시소

謂以刑冲而解刑冲也. 如此之類, 在人之變通而已.
위이형충이해형충야 여차지류 재인지변통이이

刑冲으로 刑冲을 해소할 수 있는 경우가 있는데 무엇이 그러한가?

대개 사주 가운데 刑冲은 원래 좋은 것이 아니지만, 용신을 형충하면 더욱더 파격이 되니 다른 위치에서 형충하는 것과 비교가 되지 않는다. 월령의 형충은 반드시 해소되어야 한다. 예를 들어,

---

15) 〈자평진전〉 중화민국12년판 원문에는 解月合之刑冲矣라 기록되어 있으나, 조전여 판본에는 月令으로 되어 있고 문맥상 月合일 수 없으므로 교정함.

16) 〈자평진전〉 중화민국12년판 원문에는 甲生酉月 卯日沖子라 기록되어 있다. 조전여 판본에는 沖之로 되어있고 문맥상 卯以沖之로 교정함.

① 丙이 子月에 태어났고 卯가 子를 刑하고 있는 경우, 지지에서 酉를 만나서 다시 酉가 卯를 冲하면 월령의 정관 子는 刑되지 않고 유지된다.

② 甲이 酉月에 태어났고 卯가 酉를 冲하고 있는 경우, 時에서 子를 만나면 子卯刑이 되어 월령의 관성이 冲 받는 것을 무력화시킨다. 비록 다른 궁(宮)에서의 刑冲으로 육친에게 刑剋이 없지는 않겠으나 월령의 정관은 여전히 살아있으니 격국이 깨진 것은 아니다.

이런 경우 刑冲으로 刑冲을 해소한다고 하는 것이다. 이와 같은 유형은 사람이 변통하여 쓰기 나름일 것이다.

庚丁丙丁 子卯午亥	서락오 평주 사례 - 친구 진군(陳君)의 命 월령 午가 시지 子로부터 冲을 당할 것으로 보이는 사주이나 일지 卯로 인하여 子卯刑을 통해 子午冲이 해소되었다. 丁 일주가 午月에 태어나 월겁격인데 어찌보면 子午冲으로 너무 신강함을 해소함이 나왔으리라.
甲甲辛癸 子戌酉卯	年月에서 卯酉冲을 하는 사주이고, 시지 子로 인하여 멀리 卯가 子卯刑을 당한다. 지지 전반에서 刑冲이 사라졌다 할 수는 없으나 월령 酉 정관이 冲으로 사라지는 것은 해소되었다. 辛을 투출한 정관격인데 월령이 크게 상하지 않아 격을 잃지는 않았다.

제8장 용신기초편 【論用神】

子平眞詮

1. 자평진전에서 용신이란?

八字用神, 專求月令, 以日干配月令地支, 而生剋不同,
팔 자 용 신　 전 구 월 령　　이 일 간 배 월 령 지 지　　이 생 극 부 동

格局分焉. 財官印食, 此用神之善而順用之者也, 煞傷劫
격 국 분 언　 재 관 인 식　차 용 신 지 선 이 순 용 지 자 야　살 상 겁

刃, 此用神之不善而逆用之者也. 當順而順, 當逆而逆,
인　 차 용 신 지 불 선 이 역 용 지 자 야　 당 순 이 순　 당 역 이 역

配合得宜, 皆爲貴格.
배 합 득 의　 개 위 귀 격

팔자(八字)의 용신(用神)은 오로지 월령(月令)에서 찾아야 하는 것이니, 일간을 월령 지지(地支)에 맞추어 보면 生함과 剋함이 사주마다 같지 아니하고 이로써 격국(格局)들이 나누어진다. 財官印食(재성, 정관, 인성, 식신)은 그 용신이 선하여 순용해야 하는 것들이며, 煞傷劫刃(칠살, 상관, 녹겁, 양인)은 그 용신이 선하지 아니하여 역용해야 하는 것들이다. 순용할 것은 순용하고 역용할 것은 역용하여, 배합이 적절하면 그 사주는 귀격(貴格)이 될 것이다.

2. 순용(順用)과 역용(逆用)

是以善而順用之, 則財喜食神以相生, 生官以護財; 官喜
시 이 선 이 순 용 지 즉 재 희 식 신 이 상 생 생 관 이 호 재 관 희

透財以相生, 生印以護官; 印喜官煞以相生, 劫財以護印;
투 재 이 상 생 생 인 이 호 관 인 희 관 살 이 상 생 겁 재 이 호 인

食喜身旺以相生, 生財以護食. 不善而逆用之, 則七煞喜
식 희 신 왕 이 상 생 생 재 이 호 식 불 선 이 역 용 지 즉 칠 살 희

食神以制伏, 忌財印以資扶; 傷官喜佩印以制伏, 生財以
식 신 이 제 복 기 재 인 이 자 부 상 관 희 패 인 이 제 복 생 재 이

化傷; 羊刃喜官煞以制伏, 忌官煞之俱無; 月劫喜透官以
화 상 양 인 희 관 살 이 제 복 기 관 살 지 구 무 월 겁 희 투 관 이

制伏, 利用財而透食以化劫. 此順逆之大略也.
제 복 이 용 재 이 투 식 이 화 겁 차 순 역 지 대 략 야

사길신(四吉神)의 경우 선하여 순용해야 한다는 것은 다음과 같다.

① 재성(財星)은 식신(食神)과 상생하고 정관(正官)을 생함으로써 재성(財星)이 보호받는 것을 좋아한다.

② 정관(正官)은 투출된 재성(財星)과 상생하고 인성(印星)을 생함으로써 정관(正官)이 보호받는 것을 좋아한다.

③ 인성(印星)은 관살(官煞)과 상생하고 겁재(劫財)로써 인성(印星)이 보호받는 것을 좋아한다.

④ 식신(食神)은 신왕(身旺)과 상생하고 재성(財星)을 생함으로써 식신(食神)이 보호받는 것을 좋아한다.

사흉신(四凶神)의 경우 선하지 아니하여 역용해야 한다는 것은 다음과 같다.

① 칠살(七煞)은 식신(食神)으로 제복되는 것은 좋아하나 재성(財星)과 인성(印星)의 도움을 받는 것은 싫어한다.

② 상관(傷官)은 인성(印星)을 만나 제복되는 것을 좋아하고 재성(財星)을 생함으로써 상관(傷官)이 설기되어 변화되는 것도 좋아한다.

③ 양인(羊刃)은 관살(官煞)로 제복되는 것을 좋아하니 관살(官煞)이 전혀 없는 것은 싫어한다.

④ 월겁(月劫)은 투출된 정관(正官)으로 제복되는 것을 좋아하며 재성(財星)을 이롭게 이용하고 투출된 식신(食神)으로 월겁(月劫)을 변화시키는 것도 좋아한다.

이것이 순용과 역용의 개략적 설명이다.

3. 용신과 월령 그리고 권위(權衛; 균형)

凡看命者, 先觀用神之何屬, 然後惑順惑逆, 而年月日時,
범 간 명 자　선 관 용 신 지 하 속　연 후 혹 순 혹 역　이 년 월 일 시

逐干逐支參配, 而權衛之, 富貴貧賤自有一定之理. 不求
축 간 축 지 참 배　이 권 위 지　부 귀 빈 천 자 유 일 정 지 리　불 구

用神, 而泛以觀之者, 散而無也, 不向月令求用神, 而妄
용 신　이 범 이 관 지 자　산 이 무 야　불 향 월 령 구 용 신　이 망

取用神者, 執假失眞也.
취 용 신 자　집 가 실 진 야

무릇 간명(看命)이란 것은 우선 용신(用神)이 어디에 속하는지 살피고 연후에 순용(順用)인지 역용(逆用)인지를 살피고, 연월일시의 천간을 추적하고 지지를 추적하여 섞이고 배합됨을 살피고, 그것의 균형을 저울질하면 부귀빈천의 일정한 규칙이 스스로 드러날 것이다.

용신(用神)을 구하지 않고 사주를 살피는 것은 뜬구름 같은 것이라 모두 흩어져 아무것도 남지 않을 것이고, 월령(月令)을 통해 용신을 구하지 아니하면 용신을 잘못 취하게 되고 거짓을 붙잡고 진실을 잃게 할 것이다.[17]

4. 월령(격국)을 간과하는 경우 생기는 오류

今人不知專主提綱, 然後將四柱干支, 字字統歸月令, 以
금 인 부 지 전 주 제 강   연 후 장 사 주 간 지   자 자 통 귀 월 령   이

觀喜忌, 甚至見正官佩印, 則以爲官印雙全, 與印綬用官
관 희 기   심 지 견 정 관 패 인   즉 이 위 관 인 쌍 전   여 인 수 용 관

者同論[18]; 見財透食神, 不以爲財逢食生, 而以爲食財生
자 동 론   견 재 투 식 신   불 이 위 재 봉 식 생   이 이 위 식 재 생

財, 與食神生財同論; 見偏印透食, 不以爲洩身之秀, 而
재   여 식 신 생 재 동 론   견 편 인 투 식   불 이 위 설 신 지 수   이

---

17) 중화민국12년 판본과 조전여 판본에는 이 문단이 존재하는데 반해서 서락오평주판에는 凡看命者~執假失眞也 문단 부분이 삭제되어 있다.
18) 중화민국12년판에는 印綬用管이라 기록되어 있다. 인수가 다스림[管]에 쓰인다는 의미를 전달하고자 한 것일 수도 있으나 조전여 판본과 서락오평주판을 참조하여 官으로 교정 수록함.

以爲梟神奪食, 宜用財制, 與食神逢梟者同論; 見煞逢食
이위효신탈식 의용재제 여식신봉효자동론 견살봉식

制而露印者, 不爲去食護殺, 而以爲煞印相生, 與印綬逢
제이로인자 불위거식호살 이이위살인상생 여인수봉

煞者同論; 更有煞格逢刃, 不以爲刃可幇身制煞, 而以爲
살자동론 갱유살격봉인 불이위인가방신제살 이이위

七煞制刃, 與羊刃露煞者同論. 此皆由不知月令而妄論之
칠살제인 여양인노살자동론 차개유부지월령이망론지

故也.
고야

요즘 사람들은 제강(提綱: 月支)을 철저히 중심으로 삼고 그 연후에 사주 간지의 8글자들을 월령에 대조시켜 희기(喜忌)를 살펴야 한다는 것을 알지 못하는 것 같다. 심지어 정관격에 인성이 있는 것[正官佩印]과 인수격에 정관이 있는 것[印綬用官]을 같다고 생각하고 정관과 인성이 함께 있다[官印雙全]라고 말해 버린다.

재격에 식신이 투출된 것[財透食神]을 재가 식신의 생을 받는 것[財逢食生]이라 하지 않고, 식재로서 재를 생하는 것이라 하여 재투식신(財透食神)과 식신생재(食神生財)를 같다고 취급해 버린다.

편인격에 식신이 투출된 것[偏印透食]은 일간을 설기함이 빼어나다[洩身之秀]라고 하여 좋은 것인데, 식신격에 편인이 있는 것[食神逢梟]과 동일시하여 편인이 식신을 깨트리니 재성이 극제해 주어야 한다고 말해 버린다.

칠살격이 식신의 극제를 받고 있는 상태에서 인수가 투출하면 식신이 날아가 버리고 살이 보존되는 것[去食護殺]이라 나쁜 것인데, 칠살과 인수가 상생하는 것[煞印相生]이라 말하면서 인수격에 칠살이 있는 것[印綬逢煞]과 동일하게 취급해 버린다.

칠살격에 양인이 있는 것[煞格逢刃]은 양인이 일간을 도와 칠살에 대항할 수 있는 힘을 가지는 것이라 좋은 것인데, 양인격에 칠살이 투출한 것[羊刃露煞]과 동일시하여 칠살이 양인을 극제하는 것[七煞制刃]이라고 말해 버린다.

이런 모든 오류들은 월령을 잘 알지 못하고 월령을 망각한 채 사주판단을 논한 까닭이다.

5. 용신 규칙의 예외[19]

然亦有月令無用神者, 將若之何? 如木生寅卯, 日與月同,
연역유월령무용신자 장약지하 여목생인묘 일여월동

本身不可爲用, 必看四柱有無財官煞食, 透干會支, 另取
본신불가위용 필간사주유무재관살식 투간회지 영취

---

19) 용신(用神)이란 사주체에게 있어 '쓸모가 있는 에너지'를 말한다. 정관격에게 正官은 쓸모가 있는 에너지이며 정관을 돕는 財와 印도 쓸모가 있는 에너지가 된다. 이 경우〈사명신전〉에서는 정관을 體(제1용신)로 삼고 財와 印이 있다면 그것은 상신(相神)이라 부르고 이 또한 用(제2용신)으로 삼는다. 편관격은 흉신일지라도 제1용신은 偏官이고 食神이 있다면 제2용신이 된다. 단, 양인격, 건록격, 월겁격은 흉신이면서 本身(비겁)은 '쓸모가 있는 에너지'로 여겨지지 않으니 體(제1용신)가 되지 못하고 투출된 官·煞·財를 體(제1용신)로 삼아야 한다고 말하고 있다.

用神. 然終以月令爲主, 然後尋用, 是建祿月劫之格, 非
용 신   연종이월령위주   연후심용   시건록월겁지격   비

用而卽用神也.
용 이 즉 용 신 야

그러나 월령에서 용신[體]을 정할 수 없는 경우가 있으니 어떤 경우인가? 예를 들어 木 일간이 寅卯月에 태어난 경우 일간과 월지가 동일하니 비견과 겁재[本身]가 되는데 이들은 용신으로 삼을 수가 없다. 필히 사주에서 財官煞食(재성, 정관, 칠살, 식신)이 천간에 투출되었는지 지지에서 삼합[會]을 이루었는지 유무를 살펴 그것을 따로 용신으로 삼아야 한다.

결론적으로 월령을 중심으로 삼고 그 연후에 용신[體]을 찾는 것이 맞지만 건록·월겁격은 월령의 용신이 아닌 다른 것을 용신으로 삼아야 한다.

참고자료

1) 자평진전 용신법의 4가지 조건

① 용신(用神)은 오로지 월령(月令)에서 찾아야 한다.
  - 제1용신, 월령용신, 체(體)

② 상신(相神)은 순용(順用)과 역용(逆用)으로 구한다.
  - 제2용신, 상조용신, 용(用)

③ 용신을 정함에 있어 재성과 인성은 正偏을 구분하지 않는다.

④ 양인과 건록·월겁은 제1용신을 월령에서 구하지 않는다.

2) 용신 규칙의 예외

① 양인격(陽刃格)

日主	甲	乙	丙	丁	戊	己	庚	辛	壬	癸
陽刃格	卯		午		午		酉		子	

② 건록격(建祿格)

日主	甲	乙	丙	丁	戊	己	庚	辛	壬	癸
建祿格	寅	卯	巳	午	巳	午	申	酉	亥	子

③ 월겁격(月劫格)과 戊己비견 : 건록(建祿)과 동류(同類)

日主	甲	乙	丙	丁	戊	己	庚	辛	壬	癸
月劫格		寅		巳	丑未	辰戌		申		亥
比肩					辰戌	丑未				

子平眞詮

제9장

용신성패편

【論用神成敗救應】

1. 월령용신 그 다음은 성패(成敗)

用神專求月令, 然以四柱配之, 必有成敗.
_{용신전구월령 연이사주배지 필유성패}

용신(用神)은 오직 월령(月令)에서 찾아야 하는 것이니, 사주를 그 것(월령)에 맞추어 보면 반드시 성격(成格)과 패격(敗格)이 보일 것이다.

2. 성격(成格)이란?

何謂成? 如官逢財印, 又無刑沖破害, 官格成也. 財旺生
_{하위성 여관봉재인 우무형충파해 관격성야 재왕생}

官, 或財逢食生, 而身强帶比, 或財格透印, 而位置妥適
_{관 혹재봉식생 이신강대비 혹재격투인 이위치타적}

兩不相剋, 財格成也. 印輕逢煞, 或官印雙全, 或身印兩
_{양불상극 재격성야 인경봉살 혹관인쌍전 혹신인양}

旺, 而用食傷洩氣, 或印多逢財, 而財透根輕, 印格成也.
_{왕 이용식상설기 혹인다봉재 이재투근경 인격성야}

食神生財, 或食帶煞, 而無財, 棄食就煞, 而透印, 食神格
_{식신생재 혹식대살 이무재 기식취살 이투인 식신격}

成也. 身强七煞逢制, 煞格成也. 傷官生財, 或傷官佩印,
_{성야 신강칠살봉제 살격성야 상관생재 혹상관패인}

而傷官旺印有根, 或傷官旺身主弱, 而透煞印, 或傷官帶
_{이상관왕인유근 혹상관왕신주약 이투살인 혹상관대}

煞, 而無財, 傷官格成也. 羊刃透官煞, 而露財印, 不見傷
살   이무재   상관격성야   양인투관살   이로재인   불견상

官, 羊刃格成也. 建祿月劫, 透官而逢財印, 透財而逢食
관   양인격성야   건록월겁   투관이봉재인   투재이봉식

傷, 透煞而遇制伏, 建祿月劫之格成也.
상   투살이우제복   건록월겁지격성야

무엇을 일컬어 성(成), 즉 성격(成格)이라고 하는가?

① 정관이 재성과 인성를 만나고 또한 형충파해(刑沖破害)가 없다면 정관격이 성격을 이루었다고 한다.

② 재성이 旺하여 정관을 生하는 경우, 혹은 재성이 식신을 만나 生을 받으면서 일주가 신강하고 비견을 가진 경우, 혹은 재격에서 인성이 투출하고 그 위치가 아주 적당하며 이 둘이 서로 상극하지 않는 경우, 재격이 성격을 이루었다고 한다.

③ 인성이 가벼운데 칠살을 만난 경우, 혹은 정관과 인성 양쪽이 모두 균형을 이룬 경우, 혹은 일주와 인성이 모두 旺하고 식상을 이용하여 설기되는 경우, 혹은 인성이 많고 재성을 만나 제어되며 투출한 재성이 너무 강하지 않게 뿌리는 약한 경우, 인성이 성격을 이루었다고 한다.

④ 식신이 재성을 生하는 경우, 혹은 식신이 칠살을 가지고 있으면서 재성이 없는 경우, 식신을 버리고 칠살을 취하는데 인성이 투출하여 돕는 경우, 식신이 성격을 이루었다고 한다.

⑤ 칠살은 일주가 신강하고 칠살이 극제를 만나는 경우, 칠살격

이 성격을 이루었다고 한다.

⑥ 상관이 재성을 生하는 경우, 혹은 상관이 인성을 패인(佩印)한 상태에서 상관도 旺하고 인성도 뿌리가 있는 경우, 혹은 상관은 旺하고 일주는 약한 상태에서 칠살과 인성이 투출한 경우, 혹은 상관이 칠살을 가지고 있고 재성은 없는 경우, 상관격이 성격을 이루었다고 한다.

⑦ 양인이 정관이나 칠살을 투출할 때 재성 인성은 드러나고 상관은 보이지 않는 경우, 양인격이 성격을 이루었다고 한다.20)

⑧ 건록·월겁이 정관을 투출할 때 재성 인성을 만난 경우, 재성을 투출할 때 식신 상관을 만난 경우, 칠살을 투출할 때 제복(制伏)을 만난 경우, 건록·월겁격이 성격을 이루었다고 한다.21)

乙戊丁壬 卯申未戌	자평진전 論正官 사례 - 잡기정관격(雜氣正官格) 乙이 천간에 투출하고 지지가 卯未가 會合하니 최고의 귀격이 되는 듯하다. 하지만 壬 재성과 丁 인성 둘이 서로 合되어 버리니 이런 경우 빈번하게 '고관무보(孤官無輔; 官이 외롭고 돕는 이가 없다)'라고 논하니 칠품(七品) 이상은 오르지 못하였다.

---

20) 양인격의 경우 투출한 정관이나 칠살이 體(제1용신)가 되며 재성과 인성이 用(제2용신)이 된다.

21) 건록·월겁격의 경우 투출한 정관, 재성, 칠살이 體(제1용신)가 되며 각각의 相神이 用(제2용신)이 된다. 양인과 건록·월겁은 월령에서 용신을 찾을 수 없는 예외에 해당한다.

乙 戊 壬 壬 卯 午 子 申	**자평진전 論財 사례 – 갈참정(葛參政)의 命** 子月에 壬이 연월에 둘이나 투출하였는데 어찌 재성이 노출된 것이 아니라 하겠는가? 단지 정관 乙을 생하고 있으니 나쁘지 않다고 하는 것이다.
戊 辛 戊 丙 子 酉 戌 寅	**자평진전 論印 사례 – 장참정(張參政)의 命** 辛 일주가 戌月에 태어났고 戊를 투출하여 인수격이다. 연간의 정관 丙이 투출하여 정관이 인성을 생한다고만 말하는 것이 아니라 정관 丙을 상신(제2용신)으로 쓸 수 있다.
癸 癸 癸 丁 丑 亥 卯 未	**자평진전 論食神 사례 – 양승상(梁丞相)의 命** 癸 일주가 卯月에 태어났고 亥卯未 會合하여 木局을 이루니 식신격이다. 식신은 식신생재를 가장 좋아하고 丁이 未에 뿌리를 두었다. 신강하고 식신이 왕하며 재성이 투출하여 귀격이 되었다.
丁 乙 乙 乙 丑 卯 酉 亥	**자평진전 論偏官 사례 – 살용식제(煞用食制)** 乙 일주가 酉月에 생한 칠살격인데 시간의 丁 식신이 칠살을 극제하니 상신(제2용신)으로 쓴다. 칠살이 왕하거나 식신이 강하지는 않으나 균형은 이루었고 일주가 건(建)하니 성격은 이루었다.

| 壬甲丙壬 | 자평진전 論傷官 사례 – 삭나평(索羅平)의 命 |
| 申午午申 | 甲 일주가 午月에 태어났고 丙 식신을 투출하였으나 월일지가 午午로 태왕하고 丙午 양인이라 심효첨은 상관격으로 보았다. 인성 壬의 통근도 깊고 일주 또한 약하다. 여름의 木이 水의 윤택함을 만나 빼어남이 백배가 되어 일품지귀(一品之貴)가 되었다. |

| 壬丙甲辛 | 자평진전 論陽刃 사례 – 어느 승상(丞相)의 命 |
| 辰申午丑 | 丙午 양인격 사주이다. 시간에 壬 칠살이 투출하고 그 뿌리가 깊으며 재성 辛과 인성 甲이 이 사주의 체(體)가 되는 칠살을 앞뒤에서 돕고 있으니 격을 이루었다. |

| 壬丁丙丁 | 자평진전 論建祿月劫 사례 – 이지부(李知府)의 命 |
| 寅巳午酉 | 丁 일주가 午月 건록에 태어나 건록격이다. 시간에 壬 정관이 투출하여 체(體)로 삼고 재성의 조력을 받고 인수도 있으니 록겁용관(祿劫用官)으로 성격이다. |

3. 패격(敗格)이란?

何謂敗? 官逢傷剋刑沖, 官格敗也. 財輕比重, 財透七煞,
하위패   관봉상극형충   관격패야   재경비중   재투칠살

財格敗也. 印輕逢財, 或身强印重而透煞, 印格敗也. 食
재격패야   인경봉재   혹신강인중이투살   인격패야   식

神逢梟, 或生財露煞, 食神格敗也. 七煞逢財無制, 七煞
신봉효   혹생재노살   식신격패야   칠살봉재무제   칠살

格敗也. 傷官非金水而見官, 或生財而帶煞身經, 或佩印
격패야   상관비금수이견관   혹생재이대살신경   혹패인

而傷輕身旺, 傷官格敗也. 羊刃無官煞, 羊刃格敗也. 建
이상경신왕   상관격패야   양인무관살   양인격패야   건

祿月劫, 無財官透煞印, 建祿月劫之格敗也.
록월겁   무재관투살인   건록월겁지격패야

무엇을 일컬어 패(敗), 즉 패격(敗格)이라고 하는가?

① 정관이 상관을 만나 剋을 당하거나 형충(刑沖)이 있는 경우, 정관격이 패격이 되었다고 한다.

② 재성이 약한 상태에서 비겁이 강한 경우, 재성에 칠살이 투출한 경우, 재격이 패격이 되었다고 한다.

③ 인성이 약한 상태에서 재성을 만난 경우, 혹은 일주가 신강하고 인성도 강한 상태에서 칠살이 투출한 경우, 인수격이 패격이 되었다고 한다.

④ 식신이 편인[梟]을 만난 경우, 혹은 재성을 生하면서 칠살이 드

러난 경우, 식신격이 패격이 되었다고 한다.

⑤ 칠살이 재성을 만나고 제복(制伏)도 없는 경우, 칠살격이 패격이 되었다고 한다.

⑥ 상관이 金水상관이 아닌데 정관을 보는 경우, 혹은 재성을 생하는데 칠살이 있고 신약한 경우, 혹은 인성을 패인(佩印)했는데 상관은 약하고 신왕한 경우, 상관격이 패격이 되었다고 한다.

⑦ 양인이 정관이나 칠살이 없는 경우, 양인격이 패격이 되었다고 한다.

⑧ 건록·월겁이 재성이나 정관이 없으면서 칠살과 인성이 투출한 경우, 건록·월겁격이 패격이 되었다고 한다.

| 辛 庚 戊 戊
巳 子 午 寅 | 庚 일주가 午月에 태어났고 딱히 투출한 官煞은 없이 本氣를 격으로 삼아 정관격이다. 일지 子水 상관을 바로 옆에 두고 魁을 당하며 子午沖으로 정관에 沖刑이 있으니 패격이다. 운전기사였던 남성으로 丁巳 세운에 사고로 구속당했다. 寅巳 역마가 세운에서 또 刑을 당했기 때문이다. |

| 壬 甲 庚 戊
申 申 申 寅 | 甲 일주가 申月에 태어났고 庚을 투출하여 칠살격이다. 申을 3개나 두고 칠살이 태왕한데 연간 戊 재생이 生도 하며 칠살을 제복할 火氣가 전혀 없으니 패격이다. 일찍 결혼한 여성이고 丁巳 대운에 일찍 이혼하였다. |

| 丁 壬 戊 癸 |
| 未 寅 午 巳 |

壬 일주가 午月에 태어났고 丁을 투출하여 재격이다. 일주가 뿌리 둘 곳 하나 없어 극신약한데 巳午未 방합에 寅까지 있어 火氣가 태왕하다. 월간에 戊 칠살을 투출해 놓고 戊午 양인이며 재생살로 패격 사주이다. 다리 한쪽에 장애가 있는 남성이다. 칠살이 강하고 寅巳(申) 삼형까지 있으면 다리에 문제가 생기기 쉽다.

| 乙 乙 甲 戊 |
| 酉 丑 子 申 |

명리정종 사례 - 창천여명(娼賤女命)
乙 일주가 子月에 태어나 인수격이다. 지지가 申酉와 丑으로 金氣가 강해 관살이 왕한데 제압할 식상이 하나 없다. 인성은 약하고 재성을 만나 인수도 패하고 말았다. 病이 심한데 藥이 없어 천탁(賤濁)하고 대운이 金旺運으로 흘러 구제되지 못하고 창음탁란(娼婬濁亂)한 천녀(賤女)가 되었다고 기록되어 있다.

| 庚 壬 甲 癸 |
| 戌 寅 寅 酉 |

壬 일주가 寅月에 태어났고 甲을 투출해 식신격이다. 시간에 庚金 편인(효신)을 두어 倒食되니 식신격이 아름답지 못하다. 신약하여 편인을 억부로 용신하며 써야 하는데 식신이 강하고 官이 약해 전형적인 첩 사주다. 여러 남성과 결혼과 이혼, 동거를 반복한 여성이다.

庚 壬 丁 甲 戌 午 卯 午	壬 일주가 卯月에 태어나 상관격이다. 월령 상관이 재성을 생하는데 신약하다. 상관격은 운에서 관살을 만나는 것을 꺼려하는데 재성이 강하면 더욱 그러하다. 乙丑대운 戊午年에 남편을 암으로 잃고 과부가 되었다. 상관격 여성이 백년해로하기 힘들다는 말도 있다.
己 庚 乙 乙 卯 寅 酉 酉	庚 일주가 酉月에 태어나 庚酉 양인이다. 양인격은 官煞이 있어야만 패격을 면할 수 있는데 관살이 없어 양인의 제복이 힘들다. 戊子 대운에 시누이 남편과 통정하고 이후에도 여러 남자를 만나다가 丁巳年에 정식 이혼한 여성이다. 왕지가 많은 사주에 도화대운이었다.
壬 丙 辛 庚 辰 申 巳 午	**명리정종 사례 - 도첨장(導詹奬)의 命** 丙 일주가 巳月 건록월에 생하였으나, 財煞이 과다하니 감당할 수 없다. 강변화약(强變化弱)하니 빈요(貧夭)할 命인바 대운도 재향(財鄕)으로 흘러 질병으로 일찍 사망하였다. 건록격은 정관을 가장 기뻐하며 칠살을 꺼려하니 財生煞은 좋지 않다.

4. 성중유패(成中有敗)란?

成中有敗, 必是帶忌; 敗中有成, 全憑救應. 何謂帶忌? 如
성중유패 필시대기 패중유성 전빙구응 하위대기   여

正官逢財而又逢傷. 透官而又逢合. 財旺生官, 而官又逢
정관봉재이우봉상 투관이우봉합 재왕생관 이관우봉

傷逢合. 印透食神以洩其氣, 而又遇財露. 透煞以生印,
상봉합   인투식신이설기기   이우우재로 투살이생인

而又透財以去印存煞. 食神帶煞印, 而又逢財. 七煞逢食
이우투재이거인존살 식신대살인   이우봉재 칠살봉식

制, 而又逢印. 傷官生財, 而財又逢合. 佩印而印又遭傷.
제 이우봉인   상관생재   이재우봉합   패인이인우조상

羊刃透官而又被傷; 透煞而又被合. 建祿月劫透官而逢
양인투관이우피상   투살이우피합   건록월겁투관이봉

傷; 透財而逢煞. 是皆謂之帶忌也.
상   투재이봉살   시개위지대기야

성격이 된 듯 하나 결국 패격인 경우는 분명 기신(忌神)을 지녔기 때문이고, 패격이 된 듯 하나 결국 성격인 경우는 온전히 구응(救應)을 받았기 때문이다.

무엇을 일컬어 기신(忌神)을 지녔다고 하는가?

① 정관이 재성을 만났는데 또 상관을 만나버린 경우

② 정관이 투출되었는데 또 合을 만나버린 경우

③ 재성이 旺하고 정관을 生하는데 또 정관이 상관을 만나거나 合

을 만나버린 경우

④ 인성이 설기(洩氣)를 일으키는 식신을 투출하고 있는데 또 재성이 드러나 만나버린 경우

⑤ 칠살이 투출하여 인성을 生하는데 또 재성이 투출하여 인성을 제거하고 칠살을 보존시켜 버린 경우

⑥ 식신이 칠살과 인성을 지녔는데 또 재성을 만나버린 경우

⑦ 칠살이 식신을 만나 극제(剋制)되고 있는데 또 인성을 만나버린 경우

⑧ 상관이 재성을 生하고 있는데 또 그 재성이 合을 만나버린 경우

⑨ 인성을 패인(佩印)하고 있는데 또 그 인성이 상함을 당한 경우

⑩ 양인이 정관을 투출하였는데 상함을 당한 경우, 양인이 칠살을 투출하였는데 合을 당해 버린 경우

⑪ 건록·월겁이 정관을 투출하였는데 상관을 만나버린 경우, 건록·월겁이 재성을 투출하였는데 칠살을 만나버린 경우

이 모든 것들을 가리켜 기신(忌神)을 지녔다 말하는 것이다.

戊 癸 甲 甲
午 卯 戌 子

癸 일주가 戌月에 태어났고 정관 戊가 시간으로 투출하며 재성 午에 앉았으니 성격을 이룬 듯 보인다. 그런데 연월간에서 甲甲 상관을 둘이나 만나 정관을 상하게 하니 성중유패(成中有敗)가 되었다.

辛 乙 癸 戊 巳 未 亥 午

乙 일주가 亥月에 태어났고 음양변화로 癸를 투출하여 인수격이다. 칠살 辛이 인수 癸를 생하며 살인상생(煞印相生)을 이루고 있으나 연간의 戊가 癸와 합하고 인수가 깨지니 칠살이 일간을 극하게 되었다.

5. 패중유성(敗中有成)이란?

何謂救應? 如官逢傷而透印以解之; 雜煞而合煞以淸之;
하위구응   여관봉상이투인이해지   잡살이합살이청지

刑沖而會合以解之. 財逢劫而透食以化之, 生官以制之;
형충이회합이해지   재봉겁이투식이화지   생관이제지

逢煞而食神制煞以生財[22], 或存財而合煞. 印逢財而劫財
봉살이식신제살이생재   혹존재이합살   인봉재이겁재

以解之, 或合財而存印. 食逢梟而就煞以成格, 或生財以
이해지   혹합재이존인   식봉효이취살이성격   혹생재이

護食. 煞逢食制, 印來護煞, 而逢財以去印存食. 傷官生
호식   살봉식제   인래호살   이봉재이거인존식   상관생

財透煞, 而煞逢合. 羊刃用官煞帶傷食, 而重印以護之.
재투살   이살봉합   양인용관살대상식   이중인이호지

建祿月劫用官遇傷, 而傷被合; 用財帶煞, 而煞被合. 是
건록월겁용관우상   이상피합   용재대살   이살피합   시

皆謂之救應也.
개위지구응야

---

22) 중화민국12년판에 逢煞而神食制煞而生財라고 기록되어 있는데 食神을 神食이라 오기한 것으로 추정되어 교정 수록함.

무엇을 일컬어 구응(救應)을 받았다고 하는가?

① 정관이 상관을 만났는데 그것을 해결해 줄 인성이 투출한 경우, 정관이 칠살과 섞여 관살혼잡인데 칠살이 합거되어 그것이 청(淸)해진 경우, 정관이 형충(刑沖)을 당했는데 그것을 해결해 줄 회합(會合)이 일어난 경우

② 재성이 겁재를 만났는데 그것을 변화시켜 줄 식신이 투출했거나 그 겁재를 극제해 줄 정관을 生하고 있는 경우, 재성이 칠살을 만났는데 식신이 칠살을 극제하면서 재성을 生하고 있거나 재성을 보존하며 그 칠살을 합거시킨 경우

③ 인성이 재성을 만났는데 겁재가 그것을 해결해 주거나 그 재성을 합거시키고 인성을 보존한 경우

④ 식신이 편인을 만났는데 칠살을 취하여 성격으로 바뀌거나 혹은 식신이 재성을 生하면 재극인(財剋印)하니 식신이 보호되는 경우

⑤ 칠살이 식신의 극제를 받고 있는 상태에서 인성이 와서 식신을 剋하여 칠살을 보호해 버리면 패격인데 그 인수를 제거할 재성을 만나서 식신을 보호하는 경우

⑥ 상관이 재성을 生하고 있는 상태에서 칠살이 투출돼 버리면 패격인데 그 칠살이 合을 만나 사라진 경우

⑦ 양인이 정관 혹은 칠살을 용신[體]으로 쓰고 있는 상태에서 상관 혹은 식신을 가지고 있으면 패격인데 인수가 강하여 그것을 보호하는 경우

⑧ 건록·월겁이 정관을 용신[體]으로 쓰고 있는 상태에서 상관을 만나면 패격인데 그 상관이 합거를 당한 경우, 재성을 용신[體]으로 쓰고 있는 상태에서 칠살을 가지면 패격인데 그 칠살이 합거를 당한 경우

이 모든 것들을 가리켜 구응(救應)을 받았다 말하는 것이다.

戊乙甲己 寅卯戌未	乙 일주가 戌月에 태어나고 戊를 투출하니 재격인데 겁재 甲을 월간에 두니 패격이다. 다행인 것은 연간의 己土가 겁재 甲과 합을 이루니 천간의 재성이 청(淸)해졌다. 암장되어 있는 火 식상을 상신으로 써야 한다.
癸丙己甲 巳子巳寅	丙 일주가 巳月 건록에 태어났다. 시상에 癸 정관이 있으니 이를 체(體)로 씀이 옳지만, 월간에 己 상관이 정관을 상하게 할까 염려스럽다. 연간 甲이 己와 합하니 다행히도 패중유성(敗中有成)이 되었다.

6. 용신(用神)과 성패(成敗)의 중요성

八字妙用, 全在成敗救應, 其中權輕權重, 甚是活潑. 學
팔자묘용 전재성패구응 기중권경권중 심시활발 학
者從此留心, 能於萬變中融以一理, 則於命之一道, 其庶
자종차유심 능어만변중융이일리 즉어명지일도 기서
幾乎.
기 호

팔자의 이 오묘한 용신(用神)이란 것이 전부 성패(成敗)와 구응(救應)에 달려 있는 것이니, 그 안에서 힘이 약해지기도 하고 강해지기도 하면서 심히 활발하게 작용하는 것이다. 배우는 이들은 주의를 기울여 이것을 쫓아야 하며 수많은 변화 가운데서 하나의 이치(理致)로 융합해 낸다면 명리의 한 가지 도에 도달한 것이요 당대의 뛰어난 현인(賢人)이 될 수 있을 것이다.

子平眞詮

제10장

용신변화편
【論用神變化】

1. 용신변화란 지장간의 투출을 의미한다

用神旣主月令矣, 然月令所藏不一, 而用神遂有變化. 如
용신기주월령의 연월령소장불일 이용신수유변화 여

十二支中, 除子午卯酉外, 餘皆有藏, 不必四墓也. 卽以
십이지중 제자오묘유외 여개유장 불필사묘야 즉이

寅論, 甲爲本主, 如郡之有府, 丙其長生, 如郡之有同知,
인론 갑위본주 여군지유부 병기장생 여군지유동지

戊亦長生, 如郡之有通判; 假使寅月爲題, 不透甲而透丙,
무역장생 여군지유통판 가사인월위제 불투갑이투병

則如府官不臨郡, 而同知得以作主. 此變化之由也.
즉여부관불림군 이동지득이작주 차변화지유야

용신은 모두 월령이 주관한다. 그러나 월령의 지장간은 하나가 아니므로 용신은 결국 변화가 있을 수밖에 없다. 예를 들어 십이지지 중 子午卯酉(旺地)를 제외한 나머지는 모두 숨겨놓은 것이 있는 셈이니 辰戌丑未(四墓)에만 필요한 얘기가 아니다. 寅을 가지고 논해보자면, 甲은 본주(本主)이니 군(郡)에 부관(府官)이 있는 것과 같고, 丙의 장생(長生)이니 군(郡)에 동지(同知)가 있는 것과 같고, 戊에게도 장생(長生)이니 군(郡)에 통판(通判)이 있는 것과 같다.[23] 가령 寅月이 월령인데 甲은 투출하지 않고 丙이 투출한 것은 군(郡)에 부관(府官)이 부

---

[23] 중국 명나라 지방관리 직급체계를 빗대어 설명한 것으로 부관(府官) - 동지(同知) - 통판(通判) 외에도 더 복잡한 체계를 가지고 있으나 3가지 직급이 주요한 직급이었던 것으로 보인다.

임하지 않고 대신 동지(同知)가 관리 지위를 얻은 것과 같다고 보면 된다. 즉 용신변화라는 것은 이런 연유에서 비롯된다.

2. 격국용신 변화의 예시

故若丁生亥月, 本爲正官, 支全卯未, 則化爲印. 己生申
고 약 정생해월   본위정관   지전묘미   즉화위인   기생신

月, 本屬傷官, 藏庚透壬, 則化爲財. 凡此之類, 皆用神之
월   본속상관   장경투임   즉화위재   범차지류   개용신지

變化也.
변 화 야

만약,

① 丁 일주(日主)가 亥月에 태어났다면 본래 정관격이지만, 지지에 卯未가 모두 있으면 亥卯未 木局이니 인수격으로 변화하게 된다.

② 己 일주가 申月에 태어났다면 본래 상관격이지만, 庚은 숨어있고 壬이 투출하면 재격으로 변화하게 된다. 무릇 이러한 종류를 모두 용신의 변화라고 하는 것이다.

3. 용신변화가 좋은 경우

變之而善, 其格愈美; 變之不善, 其格遂壞. 何謂變之而
변지이선 기격유미 변지불선 기격수괴 하위변지이
善? 如辛生寅月, 逢丙而化財爲官. 壬生戌月, 逢辛而化
선 여신생인월 봉병이화재위관 임생술월 봉신이화
煞爲印. 癸生寅月, 藏甲透丙, 會午會戌[24], 而化傷爲財;
살위인 계생인월 장갑투병 회오회술 이화상위재
卽使透官, 可作財旺生官論, 不作傷官見官. 乙生寅月,
즉사투관 가작재왕생관론 부작상관견관 을생인월
透戊爲財, 會午會戌, 則月劫化爲月生. 如此之類, 不可
투무위재 회오회술 즉월겁화위월생 여차지류 불가
勝數, 皆變之善者也.
승수 개변지선자야

'변화가 좋다'는 것은 그 격(格)이 더욱 아름다워진다는 것이고, '변화가 좋지 않다'는 것은 그 격(格)이 결국 나빠진다는 것이다.

무엇을 일컬어 '변화가 좋다'라고 하는가? 예를 들어,

① 辛 일주가 寅月에 태어났고 丙이 투출했다면 재격이 변화하여 정관격이 된다.

② 壬 일주가 戌月에 태어났고 辛이 투출했다면 칠살격이 변화하여 인수격이 된다.

---

[24] 중화민국12년판에는 "逢辛而化煞爲印. 癸生寅月, 藏甲透丙, 會午會戌" 글귀가 실제로는 없다. 그렇다 보니 "壬生戌月, 而化傷爲財"라는 문장이 되고 "임생술월에서 상관이 재성으로 변한다"는 비논리적 문장이 된다. 이 문장이 없으면 내용이 성립될 수 없으므로 조전여 판본을 참조하여 기록함.

③ 癸 일주가 寅月에 태어났고 甲은 숨어있고 丙이 투출했거나, 寅이 午, 戌과 회합(會合)하면 상관격이 변화하여 재격이 된다. 설령 정관이 투출했다 하더라도 旺한 재성이 정관을 生하고 있다고 논하면 되지 상관이 정관을 尅하고 있다고 논할 것은 아니다.

④ 乙 일주가 寅月에 태어났고 戊가 투출했다면 재격이 되고, 寅이 午, 戌과 회합(會合)하면 월겁이 변화하여 月이 生하는 식상(食傷)이 된다.

이러한 종류는 셀 수 없이 많으니 모두 변화가 좋은 경우이다.

| 丙辛庚辛
申酉寅亥 | 辛 일주가 寅月에 태어나 本氣는 재성이나 寅中 丙이 시상으로 투출하니 정관격으로 변하였다. 일주가 태왕하여 겁재(劫財)가 심할 사주였으니 용신이 변화하여 재생관(財生官)하며 그 격이 더욱 아름다워졌다. |

| 乙壬壬丙
巳申辰子 | 서락오 평주 사례 – 왕극민(王克敏)의 命
壬 일주가 辰月에 태어났으나 칠살이 투출하지는 않고 壬과 乙이 투출하였다. 申子辰 회합하여 水가 태왕하며 乙 상관을 체용하여 왕성한 일간을 설기하는 묘용이 있다. 연간 丙과 시지 巳로 재성이 뿌리가 있으니 상관생재하는 命이다. 중화민국 재정총장까지 지냈다. |

4. 용신변화가 좋지 않은 경우

何謂變之而不善? 如丙生寅月, 本爲印綬, 甲不透干, 而
하 위 변 지 이 불 선   여 병 생 인 월   본 위 인 수   갑 불 투 간   이
會午會戌, 則化爲劫. 丙生申月, 本屬偏財, 藏庚透壬, 會
회 오 회 술   즉 화 위 겁   병 생 신 월   본 속 편 재   장 경 투 임   회
子會辰, 則化爲煞. 如此之類亦多, 皆變化之不善者也.
자 회 진   즉 화 위 살   여 차 지 류 역 다   개 변 화 지 불 선 자 야

무엇을 일컬어 '변화가 좋지 않다'라고 하는가? 예를 들어,

① 丙 일주가 寅月에 태어났다면 본래 인수격이지만, 甲이 천간으로 투출하지 못하고 寅이 午, 戌과 회합(會合)하면 변화하여 겁재격[25]이 된다.

② 丙 일주가 申月에 태어났다면 본래 편재격이지만, 庚은 숨어있고 壬이 투출하거나 혹은 申이 子, 辰과 회합(會合)하면 변화하여 칠살격이 된다. 이러한 종류는 셀 수 없이 많으니 모두 변화가 좋지 않은 경우이다.

---

[25] 원문에 겁(劫)이라고 적혀 있어 겁재격이라고 번역하였으나, 자평진전 이론상 양인격 혹은 건록격에 해당한다고 생각하면 될 것이다.

| 壬 丙 庚 丙 |
| 辰 午 寅 申 |

丙 일주가 寅月에 태어나 본디 인수격이나 寅午가 會合하고 연간에 丙을 또 두었으니 건록격으로 변화하였다. 건록격은 정관이나 관살을 살펴 다시 제1용신을 잡아야 하는데, 시간의 壬 칠살을 체(體)로 삼을 수 있다. 그런데 월간의 庚과 연지의 申 재성이 칠살을 생하여 흉한 칠살을 강화시키니 용신의 변화가 좋지 않은 경우이다.

| 乙 丙 壬 甲 |
| 未 子 申 戌 |

丙 일주가 申月에 태어나 본디 재격이지만 庚이 투출하지 않고 申을 장생으로 삼는 壬 칠살이 투출하여 칠살격이다. 더욱이 申子 會合하여 水 칠살의 세력이 강하다. 다행히도 인수의 투출로 살인상생을 이루지만 신약한 일주가 칠살의 극을 감당하기는 버겁다.

5. 용신변화가 겸격(兼格)되거나 유지되는 경우

又有變之而不失本格者, 何也? 如辛生寅月, 透丙化官,
우유변지이부실본격자 하야 여신생인월 투병화관

而又透甲, 格成正財, 正官乃其兼格也. 乙生申月, 透壬
이우투갑 격성정재 정관내기겸격야 을생신월 투임

化印, 而又透戊, 則財能生官, 印逢財而退位, 難通月氣,
화인 이우투무 즉재능생관 인봉재이퇴위 난통월기

格成正官, 而印爲兼格. 癸生寅月, 透丙化財, 而又透甲,
격성정관 이인위겸격 계생인월 투병화재 이우투갑
格成傷官, 而戊官忌見. 丙生寅月, 午戌會劫, 而又或透
격성상관 이무관기견 병생인월 오술회겁 이우혹투
壬, 則仍爲印而格不破. 丙生申月, 逢壬化煞, 而又透戊,
임 즉잉위인이격불파 병생신월 봉임화살 이우투무
則食神能制煞生財, 仍爲財格, 不失富貴. 如此之類甚多,
즉식신능제살생재 잉위재격 불실부귀 여차지류심다
是皆變而不失本格者也.
시개변이불실본격자야

한편, 변화가 있어도 본래의 격국이 바뀌지 않는 경우가 있으니 무엇인가? 예를 들어,

① 辛 일주가 寅月에 태어났고 丙이 투출했다면 정관격이 되어야 하나, 같이 甲이 투출되어 있다면 격(格)은 정재격을 이룬 것이라 보아야 하고 정관격은 단지 겸격(兼格)이라고 본다.

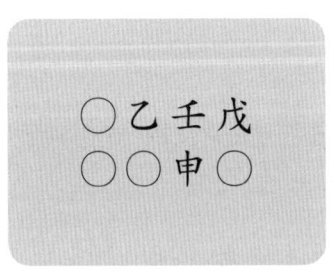

② 乙 일주가 申月에 태어났고 壬이 투출했다면 인수격이 되어야 하나, 같이 戊가 투출되어 있다면 그 재성 戊는 정관 申을 生하고 있

고 인성 壬은 재성 戊의 剋을 받으며 뒤로 물러나야 하고 월기(月氣)에 통근하기 어려우니 정기(正氣) 그대로 정관격을 이룬 것이라고 보아야 하고 인수격은 단지 겸격(兼格)이라고 본다.[26]

③ 癸 일주가 寅月에 태어났고 丙이 투출했다면 재격이 되어야 하나, 같이 甲이 투출되어 있다면 격은 상관격을 이룬 것이라 보아야 하고 戊 정관이 나타나는 것을 꺼리게 된다.

④ 丙 일주가 寅月에 태어났고 午戌과 삼합[會]하면 겁재격이 되어야 하나, 같이 壬이 투출되어 겁재를 剋하고 있다면 여전히 인수격이 유지되는 것이니 격이 깨지지 않게 된다.

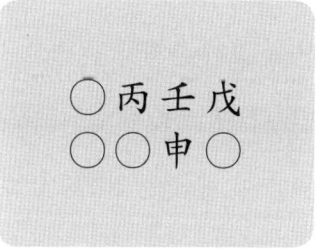

⑤ 丙 일주가 申月에 태어났고 壬을 만나면 칠살격이 되어야 하나, 같이 戊가 투출되어 있다면 식신이 칠살을 극제할 수 있고 재성을 生할 수 있으니 여전히 재격이 유지되는 것이고 부귀를 잃지 않

---

26) 투출된 壬 인수를 戊 재성이 剋하고 있어 인수격이 물러나고 申의 정기 庚으로 정관격을 삼는다 하였다. 申의 여기 戊는 힘이 미약하여 재격을 이루지는 못한다.

을 것이다.[27]

이런 것들이 모두 변화가 있어도 본래의 격국이 바뀌지 않는 경우에 해당한다.

6. 용신과 변화의 중요성

是故八字非用神不立, 用神非變化不靈, 善觀命者, 必于
시고팔자비용신불립   용신비변화불령   선관명자   필우

此細詳之.
차세상지

결국, 팔자는 용신[體] 없이 존재할 수 없고, 용신의 변화를 모르고 신통함을 가질 수 없다. 명(命)을 잘 살피고자 하는 사람은 반드시 이러한 세심한 변화를 두고 팔자를 설명할 수 있어야 한다.

---

27) 투출된 壬 칠살을 戊 식신이 剋하는 것만으로 칠살격의 지위를 잃는다고 언급하고 있다. 戊 식신은 월령 申에서 힘이 미약하여 식신격으로 변화하지는 못한다. 반면에 칠살격이 힘을 잃고 申의 정기 庚으로 재격을 삼는다 하였다. 合去되어 투출된 격의 지위를 상실하는 경우와 비교해 볼 필요가 있고 십간의 속성도 영향이 있을 것이다.

참고자료

1) 지장간표(支藏干表)

십이지지	여기(餘氣)	중기(中氣)	정기(正氣)	
寅	戊	丙	甲	
卯	甲		乙	
辰	乙	癸	戊	
巳	戊	庚	丙	
午	丙	己	丁	己의 지장(支藏)
未	丁	乙	己	
申	戊	壬	庚	戊의 힘 약함
酉	庚		辛	
戌	辛	丁	戊	
亥	戊	甲	壬	戊의 힘 미약
子	壬		癸	
丑	癸	辛	己	

2) 寅巳申亥의 투출의 경우 戊 투출 여부

투출천간	戊	戊	戊	戊
월령	寅	巳	申	亥
지장간	戊丙甲	戊庚丙	戊壬庚	戊甲壬
戊 투출	인정	인정	불인정	불인정

- 자평진전 內 예시 설명 중에 寅巳의 戊 투출은 격국용신으로 삼고 있다.

- 자평진전 內 예시 설명 중에 申의 戊는 상신(相神)으로 나온 예만 있다.

- 자평진전 內 예시 설명 중에 亥의 戊에 대한 언급은 전혀 없다.

* 서승의 『자평삼명통변연원』 '地支造化圖'의 亥에는 戊가 지장(支藏)하지 않고 있다.

3) 월령의 지장간이 없으나 투출로 보는 천간

① 보편적으로 인정되는 경우

투출천간	甲	壬	庚	丙	癸	丁	戊	己
월령	辰	辰	戌	戌	亥	巳	午	巳
지장간	乙癸戊	乙癸戊	辛丁戊	辛丁戊	戊甲壬	戊庚丙	丙己丁	戊庚丙
음양교차	乙→甲	癸→壬	辛→庚	丁→丙	壬→癸	丙→丁	己→戊	戊→己

② 선택적으로 인정되는 경우

투출천간	乙	辛	丁	癸	甲	丙	庚	壬
월령	亥	巳	寅	申	未	未	丑	丑
지장간	戊甲壬	戊庚丙	戊丙甲	戊壬庚	丁乙己	丁乙己	癸辛己	癸辛己
음양교차	甲→乙	庚→辛	丙→丁	壬→癸	乙→甲	丁→丙	辛→庚	癸→壬

『자평진전』의 원저자 심효첨은 음양교차를 통해 '월령의 지장간이 없으나 투출로 보는 천간'을 언급하고 있지는 않다. 단, 심효첨이 직접 언급했듯이 사주 내에서는 수없이 많은 경우의 수가 발생할 수 있고 그 변화가 매우 미묘하고 어려우며 그의 설명들은 특히 대략을 기술한 것에 불과하다고 하고 있다.

이에 『자평진전』을 연구하고 주석했던 서락오를 포함하여 많은 현대 명리학자들은 심효첨의 이론을 기초로 하여 실제 사주를 통변하며 나타나게 되는 난제, 즉 〈용신변화편〉에 기술된 지장간의 투출을 월령 용신으로 쓴다는 원칙과 투출하지 못하면 지장간의 정기(正氣)를 월령 용신으로 쓴다는 원칙 둘 사이에서 혼란을 거듭해 왔다.

그러한 과정에서 정리된 내용이 상기 표에 해당한다고 보면 된다. 예를 들어 壬 일주가 辰月에 태어났고 甲이 투출한 경우, 칠살격이 식신격으로 변화가 되는지 되지 않는지 여부에 따라 역용과 순용의 차이도 달라지고 행운의 취운법도 크게 달라지기 때문에 중요한 문제로 인식되어 왔다.

심효첨과 다시 만나 대화를 할 수 없는 상황에서 후대 학자들의 연구에 의존할 수밖에 없으며 상기 정리가 그런 의미임을 이해하기 바란다.

제11장
겸격순잡편
【論用神純雜】

子平眞詮

1. 용신변화는 순잡(純雜)으로 나뉜다

用神旣有變化, 則變化之中, 遂分純雜, 純則吉, 雜則凶.
용신기유변화 즉변화지중 수분순잡 순즉길 잡즉흉

용신에는 이미 변화가 있다 하였고, 변화 중에서도 순(純)한 것과 잡(雜)한 것으로 나뉘게 되니, 순(純)하면 길하고 잡(雜)하면 흉하다.

2. 겸격(兼格)이 순수(純粹)한 경우

何謂純? 五用而兩相得者是也. 如辛生寅月, 甲丙並透,
하위순 오용이양상득자시야 여신생인월 갑병병투
財與官相生, 兩相得也. 戊生申月, 庚壬並透, 財與食相
재여관상생 양상득야 무생신월 경임병투 재여식상
生, 兩相得也. 癸生未月, 乙己並透, 煞與食相剋, 相剋而
생 양상득야 계생미월 을기병투 살여식상극 상극이
得其當, 亦兩相得也. 如此之類, 皆用神之純者也.
득기당 역양상득야 여차지류 개용신지순자야

무엇을 일컬어 순(純)이라고 하는가? 오행의 작용[相生相剋]에서 둘이 서로 이득이 되는 상태를 말한다. 예를 들어,

① 辛 일주가 寅月에 태어났고 甲과 丙이 나란히 투출하면 재성과 정관이 서로 生하는 관계이니 둘이 서로 이득이 된다.

② 戊 일주가 申月에 태어났고 庚과 壬이 나란히 투출하면 재성과 식신이 서로 生하는 관계이니 둘이 서로 이득이 된다.

③ 癸 일주가 未月에 태어났고 乙과 己가 나란히 투출하면 칠살과 식신의 상극이고 그 상극으로 서로 얻는 것이 타당하니 이 역시 둘이 서로 이득이 된다.

이러한 유형들을 모두 용신이 순(純)하다고 하는 것이다.

甲辛丙己 午未寅丑	辛 일주가 寅月에 태어났고 本氣 甲 재성은 시간에 떠있고, 中氣 丙 정관은 월간에 나란히 투출하였다. 本氣가 우선이니 재격이라고 부를 테지만 정관도 함께하는 겸격이다[28]. 투출된 두 겸격이 재생관(財生官)을 이루니 서로 이득이 되어 순(純)하다고 할 것이다.
己癸乙辛 未酉未卯	癸 일주가 未月에 태어났고 本氣 己 칠살은 시간에 떠있고, 中氣 乙 식신은 월간에 나란히 투출하였다. 本氣가 우선이니 칠살격이라고 부를 테지만 식신도 함께하는 겸격이다. 칠살을 식신이 극제하고 있으니 마땅히 얻을 것을 얻어 서로 이득이 된다.

---

28) 심효첨은 日干과 天干合의 경우 合의 특징을 보이기는 하나 변화하거나 합거하지 않고 본래의 천간 성질을 유지한다고 보았다(제5장 합이불합 참조). 이 명조 예시의 경우 일간 辛과 월간 丙이 丙辛合을 하여 정관이 친밀하지만, 丙 정관이 합거되어 사라지지는 않는다. 즉 심효첨의 견해로는 정관의 성질은 유지되고 정관격이 겸격할 수 있다고 여겼다.

3. 겸격(兼格)이 혼잡(混雜)한 경우

何謂雜? 五用而兩不相謀者是也. 如壬生未月, 乙己並透,
하위잡 오용이양불상모자시야 여임생미월 을기병투
官與傷相剋, 兩不相謀也. 甲生辰月, 戊壬並透, 印與財相
관여상상극 양불상모야 갑생진월 무임병투 인여재상
剋, 亦兩不相謀也. 癸生午月, 丁己並透, 財與煞相生, 相
극 역양불상모야 계생오월 정기병투 재여살상생 상
生而適爲累, 亦兩不相謀也. 如此之類, 皆用神之雜者也.
생이적위루 역양불상모야 여차지류 개용신지잡자야

무엇을 일컬어 잡(雜)이라고 하는가? 오행의 작용[相生相剋]에서 둘이 함께 일을 도모할 수 없는 상태를 말한다. 예를 들어,

① 壬 일주가 未月에 태어났고 乙과 己가 나란히 투출하면 정관과 상관이 서로 剋하는 관계이니 둘이 함께 일을 도모할 수 없다.

② 甲 일주가 辰月에 태어났고 戊와 壬이 나란히 투출하면 인성과 재성이 서로 剋하는 관계이니 둘이 함께 일을 도모할 수 없다.

③ 癸 일주가 午月에 태어났고 丁과 己가 나란히 투출하면 재성과 칠살의 상생이고 그 상생은 결국 둘을 동여맬 것이니 이 역시 둘이 함께 일을 도모할 수 없다.

이러한 유형들을 모두 용신이 잡(雜)하다고 하는 것이다.

4. 변화와 순잡의 중요성

純雜之理, 不出變化, 分而疏之, 其理愈明, 學命者, 不可
순잡지리 불출변화 분이소지 기리유명 학명자 불가
不知也.
부지야

순잡의 이치란 것이 변화(變化)를 깨우치지 못하면 순잡(純雜)의 구분도 변변치 못하게 되니, 그 이치를 모두 명백히 밝혀야 하고 명리를 배우는 사람들은 변화와 순잡 모두를 꼭 알아야만 한다.

제12장 격국고저편

【論用神格局高低】

子平眞詮

1. 격국 고저(高低)의 이치

八字旣有用神, 必有格局, 有格局必有高低. 財官印食煞
팔자기유용신 필유격국 유격국필유고저 재관인식살
傷刃劫, 何格無貴? 何格無賤? 由極貴而至極賤, 萬有不
상인겁 하격무귀 하격무천 유극귀이지극천 만유부
齊, 其變千狀, 豈可言傳? 然其理之大綱, 亦在有情無情,
제 기변천상 기가언전 연기리지대강 역재유정무정
有力無力之間而已.
유력무력지간이이

팔자에는 모두 용신(用神)이 있고 분명 격국(格局)이 있다. 그리고 격국이 있으면 분명 고저(高低)가 있다. 재성·정관·인성·식신·칠살·상관·양인·녹겁, 어떤 격(格)이라고 귀한 것이 아니며 어떤 격(格)이라고 천한 것이 아니다. 극히 귀한 사주부터 극히 천한 사주까지 수만 개가 모두 제각각이고 그 변화가 천태만상이니 어찌 말로 모두 설명할 수 있겠는가? 그러나 그 이치의 대강은 역시 유정(有情)과 무정(無情), 유력(有力)과 무력(無力)의 간극에 있는 것이다.

2. 유정(有情) - 合去 등으로 용신이 淸하게 되는 사주

如正官佩印, 不如透財, 而四柱帶傷, 反推佩印. 故甲逢
여 정 관 패 인 불 여 투 재 이 사 주 대 상 반 추 패 인 고 갑 봉
酉官, 透丁合壬, 是謂合傷存官, 遂成貴格, 以其有情也.
유 관 투 정 합 임 시 위 합 상 존 관 수 성 귀 격 이 기 유 정 야
財忌比肩, 而與煞作合, 劫反爲用. 故甲生辰月, 透戊成
재 기 비 견 이 여 살 작 합 겁 반 위 용 고 갑 생 진 월 투 무 성
格, 遇乙爲劫, 逢庚爲煞, 二者相合, 皆得其用, 遂成貴格,
격 우 을 위 겁 봉 경 위 살 이 자 상 합 개 득 기 용 수 성 귀 격
亦以其有情也.
역 이 기 유 정 야

예를 들어,

① 정관격의 경우 보통은 인수를 가지고 있는 것이 재성을 투출하고 있는 것만 못한데, 사주 내에 상관을 가지고 있다면 오히려 인수를 가지고 있는 것을 추천한다. 그래서 甲 일주가 酉月에 태어나 정관격이고 丁 상관과 壬 인수가 함께 투출하여 合하면 이것을 일컬어 '합상존관(合傷存官)'이라 하니, 마침내 귀격(貴格)이 되고 이를 유정(有情)하다고 하는 것이다.

② 재격은 비겁을 꺼리는데 칠살이 있는 경우 合으로 작용하면 겁재가 오히려 쓸모가 있게 된다. 그래서 甲 일주가 辰月에 태어났고 戊가 투출하여 재격을 이룬 경우 乙이 있으면 겁재가 되고 庚이 있으면 칠살이 되는데 이 둘이 서로 합하면 모두 쓸모가 있게 되니,

마침내 귀격(貴格)이 되고 이를 유정(有情)하다고 하는 것이다.

| 戊甲庚乙 | 甲 일주가 辰月에 태어났고 戊가 투출하여 재격이다. 연간에는 겁재 乙이 투출하고, 월간에는 칠살 庚이 투출하였다. 겁재와 칠살은 모두 흉신인데 이 둘이 乙庚合으로 합거되어 사라지니 용신 재성이 淸해졌다. |
| 辰寅辰亥 | |

3. 유력(有力) - 일주, 제1용신, 제2용신 모두 强한 사주

身强煞露而食神又旺, 如乙生酉月, 辛金透, 丁火剛, 秋
신강살로이식신우왕 여을생유월 신금투 정화강 추
木盛, 三者皆備, 極品之貴, 以其有力也. 官强財透, 而身
목성 삼자개비 극품지귀 이기유력야 관강재투 이신
坐祿刃, 如丙生子月, 癸水透, 庚金露, 丙坐寅午, 三者皆
좌녹인 여병생자월 계수투 경금로 병좌인오 삼자개
均, 遂成大貴, 亦以其有力也.
균 수성대귀 역이기유력야

① 신강(身强)하면서 칠살이 드러나 있는데 식신도 旺한 경우, 예를 들어 乙 일주가 酉月에 태어났고 辛金이 투출하고 丁火도 旺하고 가을의 木도 왕성하면 '신강, 칠살, 식신' 세 가지가 모두 갖춰진 것이니, 최고의 귀격(貴格)이 되고 이를 유력(有力)하다고 하는 것이다.

② 정관이 強하고 재성이 투출하고 일주가 녹인(祿刃)에 앉은 경우, 예를 들어 丙 일주가 子月에 태어났고 癸水가 투출하고 庚金도 드러나고 丙이 寅午에 앉았다면 '정관, 재성, 녹인' 세 가지 모두 균등한 상태이니, 마침내 대귀(大貴)가 되고 이를 유력(有力)하다고 하는 것이다.

癸丙戊庚 巳寅子申	丙 일주가 子月에 태어났고 癸를 투출하여 정관격이다. 정관을 생하는 재성 庚도 申에 뿌리를 두어 강하고 丙 일간도 寅 위에 앉고 시지에 巳에도 통근하니 신강하다. 제1용신 정관, 제2용신 재성, 그리고 일주까지 모두 유력(有力)하여 귀한 사주가 되었다.

4. 격국고저 - 상급(上級)

又有有情而兼有力, 有力而兼有情者. 如甲用酉官, 壬合
우유유정이겸유력 유력이겸유정자 여갑용유관 임합
以丁淸官, 而壬水根深, 是有情而兼有力者也. 乙用酉煞,
이정청관 이임수근심 시유정이겸유력자야 을용유살
辛逢丁制, 而辛之祿卽丁之長生, 同根月令, 是有力而兼
신봉정제 이신지녹즉정지장생 동근월령 시유력이겸
有情者也. 是皆格之最高者也.
유정자야 시개격지최고자야

또 유정(有情)하면서 유력(有力)을 겸하거나 유력(有力)하면서 유정

(有情)을 겸한 경우가 있다. 예를 들어,

① 甲 일주가 酉月에 태어나 정관을 용신[體]할 때 투출된 壬과 丁이 合하면 정관은 청(淸)해지는 것이고, 더욱이 壬水가 뿌리가 깊다면 유정(有情)하면서 유력(有力)을 겸한 경우이다.

② 乙 일주가 酉月에 태어나 칠살을 용신[體]하고 辛 칠살이 丁의 극제(剋制)를 만나면, 酉 월령이 辛의 건록(建祿)이자 丁의 장생(長生)이니 동시에 월령에 통근한 셈이고, 유력(有力)하면서 유정(有情)을 겸한 경우이다.

이러한 것들이 격(格) 중에서 최고 등급에 속한다.

壬甲丁辛 申午酉亥	甲 일주가 酉月에 태어났고 辛을 투출하여 정관격이다. 월간에 丁 상관이 투출하여 정관을 극하니 흉할 것 같으나, 壬 인수가 丁과 합하니 상관을 합거시키고 정관을 보존하였다. 더욱이 壬 인수가 申에 장생하고 뿌리를 두고 있어 유정하면서 유력하니 상격(上格)이다.
己乙丁辛 卯未酉未	乙 일주가 酉月에 태어났고 辛을 투출하여 칠살격이다. 칠살은 식신의 제살을 가장 기뻐하며 丁이 연지 未에 통근하여 유력하다. 乙 일간은 시지 卯에 통근하고 未 木庫에도 뿌리를 두어 신강하다. 월령인 酉는 칠살의 뿌리임과 동시에 丁 식신의 장생(長生; 陰生陽死 관점)이기도 하니 유력하며 유정한 것으로 상격(上格)이다.

5. 격국고저 - 중급(中級)

若甲用酉官, 透丁逢癸, 癸剋不如壬合, 是有情而非情之
여갑용유관 투정봉계 계극불여임합 시유정이비정지

至. 乙逢酉煞, 透丁以制之, 而或煞强而丁稍弱, 丁旺而
지 을봉유살 투정이제지 이혹살강이정초약 정왕이

煞不昂, 又或辛丁並旺而乙根不甚深, 是有力而非力之
살불앙 우혹신정병왕이을근불심심 시유력이비력지

全. 格之高而次者也.
전 격지고이차자야

만약,

① 甲 일주가 酉月에 태어났고 정관을 용신[體]할 때 투출된 丁이 癸를 만나 癸가 丁을 극제하는 것이 壬이 丁과 합하는 것만 못하니, 이를 유정(有情)하나 정이 없다 하는 것이다.

② 乙 일주가 酉月에 태어났고 칠살을 용신[體]하고 丁이 투출하여 칠살을 극제하는 경우, 만약 칠살은 강한데 丁이 매우 약하거나, 혹은 丁은 旺한데 칠살은 강하지 않거나, 혹은 辛과 丁이 함께 旺한데 乙의 뿌리가 깊지 않으면, 이를 유력(有力)하나 힘이 없다 하는 것이다. 격(格)은 높은 편이나 2순위가 된다.

|癸甲丁辛|
|酉寅酉亥|

甲 일주가 酉月에 태어났고 辛이 투출하여 정관격이다. 정관격이 가장 꺼려하는 것은 상관의 극인데 월간의 丁이 정관을 극한다. 하지만 패격은 아닌 것이 시간의 癸水가 丁을 극하고 있기 때문이다. 丁壬합으로 합거되면 더욱 좋았을 터이므로 중급(中級)이라 한다.

|己乙丁辛|
|卯丑酉丑|

乙 일주가 酉月에 태어났고 辛을 투출하여 칠살격이다. 칠살격은 식신의 제극을 가장 좋아하는데 월간의 丁이 칠살을 극하여 기뻐한다. 하지만 식신 丁이 어디 한곳 뿌리를 둘 곳이 없으므로 유력(有力)하지 못하고 중급(中級)에 머무른다.

6. 격국고저 – 하급(下級)

至如印用七煞, 本爲貴格, 而身强印旺, 透煞反爲孤貧,
지여인용칠살 본위귀격 이신강인왕 투살반위고빈

蓋身旺不勞印生, 印旺何勞煞助? 偏之又偏, 以其無情也.
개신왕불로인생 인왕하로살조 편지우편 이기무정야

傷官佩印, 本秀而貴, 而身主甚旺, 傷官甚淺, 印又太重,
상관패인 본수이귀 이신주심왕 상관심천 인우태중

不貴不秀, 蓋欲助身强, 制傷則傷淺, 要此重印何用? 是
불귀불수 개욕조신강 제상즉상천 요차중인하용 시

亦無情也. 又如煞强食旺而身無根, 身强比重而財無氣,
역무정야 우여살강식왕이신무근 신강비중이재무기

或夭或貧, 以其無力也. 是皆格之低而無用者也.
혹요혹빈 이기무력야 시개격지저이무용자야

마지막으로 예를 들어

① 인수격이 칠살을 상조 용신으로 쓴다면 본래 귀격(貴格)인데, 신강하고 인수도 旺하고 칠살이 투출하면 외롭고 가난한 사주가 된다. 대개 신왕하면 인수가 生하는 것을 원치 않고, 인수가 旺하면 무엇하러 칠살의 生을 원하겠는가? 치우치고 또 치우친 것이니 이것이 무정(無情)한 것이다.

② 상관격이 인수를 가지면[傷官佩印] 본래 빼어나고 귀한데, 일주가 매우 旺하고 상관은 매우 弱하고 거기에 인수는 너무 强하면 귀하지도 않고 빼어나지도 않게 된다. 무릇 인수가 일주를 조력함은 일주를 더욱 신강하게 만들고 인수가 상관을 극제함은 상관을 더욱 미약하게 만드니, 너무 강한 인수를 어디다 쓰겠는가? 이것 역시 무정(無情)한 것이다.

③ 칠살이 强하고 식신이 旺한데 일주가 통근하지 못했거나, 일주가 강하고 비견이 많은데 재성이 기운이 없으면 요절하거나 가난하게 살게 된다. 이것은 무력(無力)한 것이다. 이 모든 격(格)들은 낮은 것이고 무용(無用)한 것들이다.

| 壬 乙 辛 丁 | 乙 일주가 亥月에 태어났고 壬을 투출하여 인수격이다. 정관은 부재하고 칠살 辛이 투출하여 용신으로 삼으나 인수가 태왕하니 칠살의 生이 부담스럽다. 인수격에 칠살이 투출하면 외롭고 가난하다. 더욱이 치우침이 커서 무정(無情)한 사주로 격이 낮을 수밖에 없다. |
| 午 亥 亥 酉 | |

| 癸 乙 癸 丙 | 乙 일주가 巳月에 태어났고 丙이 투출하여 상관격이다. 상관격은 인수의 제복을 기뻐하고 상관을 빼어나게 한다 하였으나, 상관을 훼하는 인수가 심히 태왕하면 상관을 너무 미약하게 만든다. 너무 강한 인수로 인하여 무정(無情)한 사주가 되어버렸다. |
| 未 亥 巳 子 | |

7. 격국고저 판단의 어려움

然其中高低之故, 變化甚微, 或一字而有千鈞之力, 或半
연기중고저지고 변화심미 혹일자이유천균지력 혹반
字而敗全局之美, 隨時觀理, 難于擬議, 此特大略而已.
자이패전국지미 수시관리 난우의의 차특대략이이

그래서 이런 것 중에 격국고저의 원인이 있는데 그 변화가 매우 미묘하여 어려운 문제이다. 혹은 한 글자가 천근의 힘을 가질 수도 있고 혹은 반 글자가 사주 전체의 아름다움을 망쳐놓기도 한다. 언제나 이치를 관찰해도 예견하기 어려우니 지금까지 설명들은 특히 대략을 기술한 것에 불과하다.

子平眞詮

제13장
성패변화편
【論用神因成得敗因敗得成】

1. 격국 성패(成敗)의 변화

八字之中, 變化不一, 遂分成敗; 而成敗之中, 又變化不
팔 자 지 중 변 화 불 일 수 분 성 패   이 성 패 지 중   우 변 화 불
測, 遂有因成得敗, 因敗得成之奇.
측   수 유 인 성 득 패   인 패 득 성 지 기

팔자(八字)라는 것이 그 명조 내에서 변화가 다양하다지만, 결국에는 성격과 패격으로 분류된다. 성패(成敗)라는 것도 그 가운데 예측하기 어려운 변화가 있지만, 결국에는 성중유패(成中有敗), 패중유성(敗中有成)으로 분류된다.

2. 성격이 패격이 되는 경우

故化傷爲財, 格之成也, 然辛生亥月, 透丁爲用, 卯未會
고 화 상 위 재   격 지 성 야   여 신 생 해 월   투 정 위 용   묘 미 회
財, 乃以黨煞, 因成得敗矣. 印用七煞, 格之成也, 然癸生
재   내 이 당 살   인 성 득 패 의   인 용 칠 살   격 지 성 야   연 계 생
申月, 秋金重重, 略帶財以損太過, 逢煞則煞印忌財, 因
신 월   추 금 중 중   약 대 재 이 손 태 과   봉 살 즉 살 인 기 재   인
成得敗也. 如此之類, 不可勝數, 皆因成得敗之例也.
성 득 패 야   여 차 지 류   불 가 승 수   개 인 성 득 패 지 례 야

① 상관격이 변화하여 재격이 되는 것은 성격이다. 그런데 辛 일주가 亥月에 태어나 상관격이고 투출한 丁 칠살을 쓰고 있는 경우라면 亥卯未가 회합하여 재성으로 변하는 것은 재생살(財生煞)로 칠살이 강해지니 성격이 패격이 되어 버렸다.

② 인수격이 칠살을 쓰는 것은 성격이다. 그런데 癸 일주가 申月에 태어나서 가을의 金은 무겁고 무거운데 재성의 剋으로 그 태과함을 줄이고 있다면 칠살을 만나 쓰려 해도 칠살과 인성은 재성을 꺼려하므로 성격이 패격이 되어 버린 셈이다.

이런 종류는 헤아릴 수 없을 정도로 많으니 모두 성격이 패격이 되어 버린 예이다.

己辛丁乙 丑卯亥未	辛 일주가 亥月에 태어나 상관격이고 월간에 투출한 丁 칠살을 상관과 견제하며 쓰고 있다. 그런데 지지에서 亥卯未가 회합하여 木局을 이루고 상관격이 재격으로 변하였다. 지지의 木氣 재성이 월간 丁 칠살을 생하니 성격이 패격으로 변해버렸다.
己癸丙辛 未酉申酉	癸 일주가 申月에 태어났고 酉가 중첩하며 辛도 투출하여 인수가 태과하다. 丙 재성이 있어 金 인성을 억제하고 제련하기 좋다고 볼 수 있으나, 丙은 丙辛합으로 합去되어 사라지고, 시상의 己未 칠살은 土生金으로 태과한 인수를 더욱 왕하게 하니 사주가 탁해져 버렸다.

3. 패격이 성격이 되는 경우

官印逢傷, 格之敗也, 然辛生戊戌月, 年丙時壬, 壬不能
관인봉상 격지패야 연신생무술월 연병시임 임불능

越戊剋丙, 而反能洩身爲秀, 是因敗得成矣. 煞刃逢食,
월무극병 이반능설신위수 시인패득성의 살인봉식

格之敗也, 然庚生酉月, 年月丙丁, 時上逢壬, 則食神合
격지패야 연경생유월 연월병정 시상봉임 즉식신합

官留煞, 而官煞不雜, 煞刃局淸, 是因敗得成矣. 如此之
관류살 이관살부잡 살인국청 시인패득성의 여차지

類, 亦不可勝數, 皆因敗得成之例也.
류 역불가승수 개인패득성지례야

① 인수격이 정관을 쓰는데 상관을 만나면 패격이다. 그런데 辛 일주가 戊戌月에 태어났고 年에 丙 정관이 있고 時에 壬 상관이 있다면 壬은 戊를 뛰어넘어 丙을 剋할 수 없고 오히려 壬이 辛 일주를 설기하여 빼어나게 만들므로 이것은 패격이 성격으로 변한 것이다.

② 양인격이 칠살을 용신하는 경우 식신을 만나면 패격이다. 그런데 庚 일주가 酉月에 태어났고 年月이 丙丁이고 時上에서 壬을 만나면 壬 식신이 합관류살(合官留煞)시키니 관살혼잡이 아니라 양인격 칠살용신 사주를 청(淸)하게 하므로 패격이 성격으로 변한 것이다.

이런 종류는 헤아릴 수 없을 정도로 많으니 모두 패격이 성격으로 변한 예이다.

| 壬辛戊丙 | 辛 일주가 戌月에 태어났고 戊를 투출하여 인수격이다. 연간에 丙 정관이 투출하였는데 시간의 壬 상관을 매우 꺼려할 것처럼 보인다. 그런데 壬은 戊를 건너뛰어 정관 丙을 해하지 못하고 일간을 설기하여 빼어나게 만드는 금수상관이므로 결국에는 성격을 이루었다. 사주의 배열과 선후가 매우 중요하다는 것을 보여준다. |
| 辰亥戌申 | |

| 壬庚丁丙 | 庚 일주가 酉月에 태어나 양인격이다. 연월의 丙丁 관살은 양인격의 체(體)가 되고 식신 壬의 제극을 꺼려할 것이다. 그런데 壬이 정관 丁과 합하여 합거하니 합관류살(合官留煞)로 丙만 남았고 관살혼잡(官煞混雜)도 해소된 셈이다. 양인격에 칠살만 남아 사주가 더욱 淸해졌고 패격이 성격으로 변하였다. |
| 午辰酉午 | |

4. 변환무궁(變幻無窮)과 불역지론(不易之論)

其間奇奇怪怪, 變幻無窮, 惟以一理之權衡, 隨在觀理,
기 간 기 기 괴 괴 변 환 무 궁 유 이 일 리 지 권 형 수 재 관 리
因時達化, 由他奇奇怪怪, 自有一種至當不易之論, 觀命
인 시 달 화 유 타 기 기 괴 괴 자 유 일 종 지 당 불 역 지 론 관 명
者毋眩而無主, 執而不化也.
자 무 현 이 무 주 집 이 불 화 야

이렇게 변하는 것들은 기기괴괴(奇奇怪怪)하고 변환무궁(變幻無窮)하니 한 가지 분명한 논리적 저울로써 생각해야 한다. 위치에 따라서 이치를 살피고 시간에 따라서 변화를 통달하면 이렇게 기기괴괴한 것들도 스스로 한 가지의 지당한 불역지론(不易之論)이 된다. 命을 살피는 이들은 무언가에 현혹되면 아니 되고 주장이 너무 강해도 아니 되니 무언가에 집착하면 달라질 수 없다.

子平眞詮

제14장
기후득실편
【論用神配氣候得失】

1. 논명(論命)에 기후(氣候)를 참고

論命惟以月令用神爲主, 然亦須配氣候而互參之. 譬如英
논명유이월령용신위주 연역수배기후이호참지 비여영
雄豪傑, 生得其時, 自然事半功倍; 遭時不順, 雖有奇才,
웅호걸   생득기시   자연사반공배   조시불순   수유기재
成功不易.
성공불이

명(命)을 논할 때는 월령의 용신을 위주로 유추한다지만, 그래도 역시 모름지기 기후와 배합하고 이를 서로 참고하여 유추해야 한다. 비유컨대 영웅호걸이 때를 잘 만나면 자연히 절반의 일로 곱절의 공을 이루지만, 때를 불순하게 만나면 비록 뛰어난 재주가 있더라도 성공이 쉽지 않은 것과 같다.

2. 인수격(印綬格)의 조후에 따른 취용

是以印綬遇官, 此謂官印雙全, 無人不貴, 而木逢冬水,
시 이 인 수 우 관   차 위 관 인 쌍 전   무 인 불 귀   이 목 봉 동 수

雖透官星, 亦難必貴, 蓋金寒而水益凍, 凍水不生木, 其
수 투 관 성   역 난 필 귀   개 금 한 이 수 익 동   동 수 불 생 목   기

理然也. 身印兩旺, 透食則貴, 凡印格皆然, 而用之冬木,
리 연 야   신 인 양 왕   투 식 즉 귀   범 인 격 개 연   이 용 지 동 목

尤爲透氣, 以冬木逢火, 不惟可以洩身, 而卽可以調候也.
우 위 투 기   이 동 목 봉 화   불 유 가 이 설 신   이 즉 가 이 조 후 야

① 인수우관(印綬遇官)이면 이를 가리켜 관인쌍전(官印雙全)이라 하고 귀하지 않은 이가 없다 하였지만, 木이 겨울의 水를 만나면 비록 관성 金이 투출하였다 할지라도 반드시 귀하다 할 순 없다. 대개 金은 차가운 것이라 水를 더욱 얼게 하고 얼어붙은 水가 木을 生할 수 없음은 그 이치가 당연하기 때문이다.

② 일주와 인수가 모두 旺하고 식신이 투출하면 귀하다 하였고 무릇 인수격은 대개 그렇지만 특히 겨울[水]에 태어난 木이 火 식신을 쓰는 경우는 두드러진 기운이 된다. 겨울[水]에 태어난 木이 火 식신을 만나면 일간을 설기(洩氣)하는 것뿐만 아니라 조후(調候)까지 가능하기 때문이다.

| 庚乙癸癸 | 乙 일주가 亥月에 태어나 인수격이고 시간에 庚 정관을 만났으니 상조 용신으로 삼는다. 인수격에 정관 용신이면 성격이 분명하나, 겨울 亥月의 인수를 정관 庚金이 더욱 얼게 할 것이고 얼어붙은 水가 일간 乙木을 생하기 어려우니 귀하다고 말하기 어렵다. |
| 辰亥亥丑 | |

| 戊乙丙己 | 乙 일주가 子月에 태어나 인수격이고 丙 상관이 신강한 일주를 설기시킴으로 빼어난 기운이 된다. 더욱이 겨울에 태어난 乙木에게 丙火는 더욱 두드러진 기운으로 쓰이는데 조후용신까지 겸하여 아름다운 것이다. |
| 寅卯子未 | |

3. 상관격(傷官格)의 조후에 따른 취용

傷官見官, 爲禍百端, 而金水見之, 反爲秀氣. 非官之不
상 관 견 관   위 화 백 단   이 금 수 견 지   반 위 수 기   비 관 지 불

畏夫傷, 而調候爲急, 權而用之也. 傷官帶煞, 隨時可用,
외 부 상   이 조 후 위 급   권 이 용 지 야   상 관 대 살   수 시 가 용

而用之冬金, 其秀百倍. 傷官佩印, 隨時可用, 而用之夏
이 용 지 동 금   기 수 백 배   상 관 패 인   수 시 가 용   이 용 지 하

木, 其秀百倍, 火濟水, 水濟火也. 傷官用財, 本爲貴格,
목   기 수 백 배   화 제 수   수 제 화 야   상 관 용 재   본 위 귀 격

而用之冬水, 卽使小富, 亦多不貴, 凍水不能生木也. 傷
이 용 지 동 수   즉 사 소 부   역 다 불 귀   동 수 불 능 생 목 야   상

官用財, 卽爲秀氣, 而用之夏木, 貴而不甚秀, 燥土不甚
관 용 재 즉 위 수 기   이 용 지 하 목   귀 이 불 심 수   조 토 불 심
靈秀也.
영 수 야

① 상관견관(傷官見官)이면 위화백단(爲禍百端)이라 하였지만, 금수상관(金水傷官)이 火 정관을 보는 경우는 반대로 빼어난 기운이 될 수 있다. 관(官)이 무릇 상관을 두려워하지 않는 것은 아니나 조후가 더 급할 때는 저울질하여 이를 쓰기 때문이다.

② 상관대살(傷官帶煞)은 계절에 상관없이 용신이 되지만, 겨울[水]에 태어난 金이 火 칠살을 쓰는 경우는 그 빼어남이 백 배가 된다. 상관패인(傷官佩印)도 계절에 상관없이 용신이 되지만, 여름[火]에 태어난 木이 水 인수를 쓰는 경우는 그 빼어남이 백 배가 된다. 이 둘의 경우 火가 水를 구제하고 水가 火를 구제하기 때문이다.

③ 상관용재(傷官用財)는 본래 귀격(貴格)이지만, 겨울[水]에 태어난 水가 木 상관, 火 재성을 쓰는 경우는 작은 부자는 될지언정 귀하지 못한 경우가 많다. 겨울의 水가 木을 生할 능력이 안 되기 때문이다. 상관용재(傷官用財)가 빼어난 기운이 된다 하나 여름[火]에 태어난 木이 土 재성을 쓰는 경우는 귀(貴)할지언정 심히 빼어나다고 할 수는 없다. 말라버린 조토(燥土)가 영험할 만큼 빼어나기는 어렵기 때문이다.

己庚丙甲 卯戌子申	庚 일주가 子月에 태어나 金水상관격이다. 상관격이 칠살을 용하는 것을 상관대살이라 하는데, 월간에 丙火 칠살이 투출하여 상관대살이 되었고 따뜻한 丙火가 차가운 金과 얼어붙은 水를 녹여 조후가 적절하니 더욱 빼어난 격이 되었다.
己甲丁壬 巳寅未子	甲 일주가 잡기 未月에 태어났고 丁을 투출하여 상관격이다. 상관은 財로 흐르며 상관생재하는 것을 좋아하는데 丁 상관이 己와 未로 생재하며 성격을 이룬 것 같다. 그러나 계하(季夏)에 태어난 木이므로 대귀는 어렵고 年의 壬子가 조후상 귀하다.

4. 목화통명(木火通明), 금수상함(金水相涵)에서의 조후

春木逢火, 則爲木火通明, 而夏木不作此論; 秋金遇水, 則
춘목봉화 즉위목화통명 이하목부작차론 추금우수 즉
爲金水相涵, 而冬金不作此論. 氣有衰旺, 取用不同也. 春
위금수상함 이동금부작차론 기유쇠왕 취용부동야 춘
木逢火, 木火通明, 不利見官; 而秋金遇水, 金水相涵, 見
목봉화 목화통명 불리견관 이추금우수 금수상함 견
官無碍. 假如庚生申月, 而支中或子或辰, 會成水局, 天干
관무애 가여경생신월 이지중혹자혹진 회성수국 천간

透丁, 以爲官星, 只要壬癸不透露干頭, 便爲貴格, 與金水
투정 이위관성   지요임계불투로간두   편위귀격 여금수
傷官喜見官之說同論, 亦調候之道也.
상관희견관지설동론   역조후지도야

  춘목(春木)이 火를 만나면 목화통명(木火通明)이라 하지만, 하목(夏木)은 목화통명(木火通明)의 논리가 작동하지 않으며, 추금(秋金)이 水를 만나면 금수상함(金水相涵)이라 하지만, 동금(冬金)은 금수상함(金水相涵)의 논리가 작동하지 않는다. 기(氣)라는 것은 쇠왕(衰旺)이 있기 마련이므로 취용이 모두 같을 수가 없다. 또한 춘목(春木)이 火를 만나 목화통명(木火通明)이면 정관[金]을 보는 것이 불리하지만, 추금(秋金)이 水를 만나 금수상함(金水相涵)이면 정관[火]을 보는 것이 장애가 되지 않는다.

  예를 들어 庚 일주가 申月에 태어났고 지지 중에 혹 子와 辰이 있어 삼합으로 水局이 되고 천간에 丁이 투출하면 정관이 되는데, 오히려 壬癸가 천간 위에 드러나고 투출되지 않아야 귀격이 된다. 이는 금수상관(金水傷官)이 정관을 보는 것을 기뻐하는 것과 같은 논리로 역시 조후의 원리에 따른 것이다.

庚庚戊丁 辰子申巳	庚 일주가 申月에 태어나 건록격이다. 지지의 申子辰이 회합하여 水局을 이루니 水氣가 강하다. 연간에 투출한 丁 정관이 水 식상과 상충할 것 같으나 金水의 기운이 강하여 火氣가 필요하므로 조후로 연간의 丁火 정관을 용신으로 삼는다.
丁庚壬甲 丑子申申	庚 일주가 申月에 태어났고 壬을 투출하여 식신격이다. 지지의 子申이 회합하여 水氣가 중하고 秋冬의 기운이 만연하니 시간의 丁火가 조후로 꼭 필요한데, 월간에 투출한 壬이 이를 합거(合去)시켜버려 격의 급이 떨어져 버렸다. 연간의 甲 재성을 쓰고자 하여도 금수의 냉함이 甲을 발복시키기 어렵기 때문이다.

5. 목화상관(木火傷官)이 水를 쓰는 경우

食神雖逢正印, 亦謂奪食, 而夏木火盛, 輕用之亦秀而貴,
식신수봉정인　역위탈식　이하목화성　경용지역수이귀

與木火傷官喜見水同論, 亦調候之謂也. 此類甚多, 不能
여목화상관희견수동론　역조후지위야　차류심다　불능

悉述, 在學者引伸觸類, 神而明之而已.
실술　재학자인신촉류　신이명지이이

식신이 정인을 만났다 할지라도 탈식(奪食)이라 불릴 때가 있다. 여름[火]에 태어난 木에 火가 왕성할 때 약한 水라도 정인을 쓸 수 있다면 빼어나고 귀해진다. 이는 목화상관(木火傷官)이 水를 보는 것을 기뻐하는 것과 같은 논리로 역시 조후의 원리에 따른 것이다.

이러한 유형은 심히 많아서 모두 기술할 수는 없지만 배우는 이들이 이런 유형들을 끌어다 확장하고 접목해 보면 신비하고 명확해질 것이다.

| 丁乙壬庚
亥亥午申 | 乙 일주가 午月에 태어났고 丁을 투출하여 식신격이다. 식신격에서는 인성을 꺼리지만 여름에 火 식신이 지나치게 뜨거우면 木 일간이 타버리므로 水 인수가 투출해도 장애가 되지 않는다. 이를 하목용인(夏木用印)이라 한다. 월간 壬이 시간 丁을 합거시켜 정인일지라도 탈식시켰다고 하겠지만 나쁜 것은 아니다. |

| 癸甲丙丁
酉寅午酉 | 甲 일주가 여름 午月에 태어났고 丙丁을 모두 투출하여 식상이 강하고 설기가 심하다. 시간의 癸水가 약하지만 이 정인을 쓸 수 있으니 빼어나고 귀해질 수 있는 것이다. 水運을 기뻐하고 火運을 꺼려함은 모두 조후 때문이다. |

子平眞詮

제15장

상신편

【論相神緊要】

1. 상신(相神)의 정의

月令旣得用神, 則別位亦必有相, 若君之有相, 輔我用神
월령기득용신 즉별위역필유상 약군지유상 보아용신

者是也. 如官逢財生, 則官爲用, 財爲相. 財旺生官, 則財
자시야 여관봉재생 즉관위용 재위상 재왕생관 즉재

爲用, 官爲相. 煞逢食制, 則煞爲用, 食爲相. 然此乃一定
위용 관위상 살봉식제 즉살위용 식위상 연차내일정

之法, 非通變之妙. 要而言之, 凡全局之格, 賴此一字而
지법 비통변지묘 요이언지 범전국지격 뢰차일자이

成者, 均謂之相也.
성자 균위지상야

월령에서 이미 용신(用神)을 얻었다면 곧 다른 위치에 반드시 상신(相神)이 있다. 임금에게 재상이 있는 것과 같이 나의 용신을 돕는 것이 상신이다. 예를 들어 관(官)이 재(財)의 생을 만나면 관은 용신이요, 재는 상신이라. 재(財)가 왕하여 관(官)을 생하면 재는 용신이요, 관은 상신이라. 칠살(七煞)이 식신(食神)의 극제를 만나면 칠살은 용신이요, 식신은 상신이라. 이와 같이 이는 하나의 정해진 법칙이지 통변의 묘용이 아니다. 요약컨대, 무릇 모든 원국의 격(格)들은 바로 이 한 글자에 힘입어 성격(成格)을 이루는 것이니 균평을 이루게 하는 것을 가리켜 상신(相神)이라 부른다.

2. 상신은 용신이 성격을 이루게 한다

傷用甚於傷身, 傷相甚于傷用. 如甲用酉官, 透丁逢壬,
_{상용심어상신 상상심우상용 여갑용유관 투정봉임}
則合傷存官以成格者, 全賴於壬之相. 戊用子財, 透甲並
_{즉합상존관이성격자 전뢰어임지상 무용자재 투갑병}
己, 則合煞存財以成格者, 全賴於己之相. 乙用酉煞, 年
_{기 즉합살존재이성격자 전뢰어기지상 을용유살 년}
丁月癸, 時上逢戊, 則合去癸印以使丁得制煞者, 全賴於
_{정월계 시상봉무 즉합거계인이사정득제살자 전뢰어}
戊之相.
_{무지상}

용신을 상하게 하는 것이 일간을 상하게 하는 것보다 나쁘고, 상신을 상하게 하는 것이 용신을 상하게 하는 것보다 나쁘다. 예를 들어,

① 甲 일간이 酉 정관을 용신하며 丁을 투출하고 壬을 만난 경우는 壬이 상관을 합거시켜 정관을 존속하여 성격을 이룰 것인데 壬 상신에 전적으로 의존한 것이다.

② 戊 일간이 子 재성을 용신하며 甲과 己를 함께 투출한 경우는 己가 칠살을 합거시켜 재성을 존속하고 성격을 이룰 것인데 己 상신에 전적으로 의존한 것이다.

③ 乙 일간이 酉 칠살을 용신하며 年에 丁이 있고 月에 癸가 있고 時

上에서 戊를 만나는 경우는 戊가 癸 편인을 합거시켜 丁으로 하여금 칠살을 극제할 것인데 戊 상신에 전적으로 의존한 것이다.

3. 회합으로 격을 이루면 이 또한 상신이다

癸生亥月, 透丙爲財, 財逢月劫, 而卯未來會, 則化水爲
계생해월 투병위재 재봉월겁 이묘미래회 즉화수위
木而轉劫以生財者, 全賴于卯未之相. 庚生申月, 透癸洩
목이전겁이생재자 전뢰우묘미지상 경생신월 투계설
氣, 不通月令而金氣不甚靈, 子辰會局, 則化金爲水而成
기 불통월령이금기불심령 자진회국 즉화금위수이성
金水相涵者, 全賴於子辰之相. 如此之等類, 相神之緊
금수상함자 전뢰어자진지상 여차지등류 상신지긴
要也.
요야

① 癸 일주가 亥月에 태어났고 丙을 투출하면 재격으로 재가 월겁을 만난 것인데, 卯未가 와서 회합하면 水가 화하여 木이 되고 겁재를 전용하여 재를 생하게 하니 卯未 상신에 전적으로 의존한 것이다.

② 庚 일주가 申月에 태어났고 癸를 투출하면 설기지만 월령과 통근하지 못하여 금기(金氣)가 심히 영험한 것은 못 되는데, 子辰이 회국하면 金이 화하여 水가 되고 금수상함(金水相涵)을 이루니 子辰 상

신에 전적으로 의존한 것이다. 이와 같은 부류들은 모두 상신의 긴요함을 보여준다.

己 戊 甲 癸 未 寅 子 未	戊 일주가 子月에 태어났고 癸를 투출하여 재격이다. 재성이 체(體)이자 용신인데, 재격이 칠살을 가지고 있는 경우 패격이 될 수 있으나, 甲 칠살을 시간의 己 겁재가 합거시켜 패격을 면하게 하고 있다. 己 겁재가 이 命의 상신(相神)이다. 상신이 용신을 쓸모있게 하였다.
庚 庚 庚 癸 辰 子 申 巳	庚 일주가 申月에 태어나 건록격이다. 건록격은 제1용신으로 재성, 관살, 식상을 따로 찾아야 한다. 연간의 癸 상관을 체(體)로 삼고자 하나 월령과 통함이 강하지는 않다. 이때 子辰이 申과 회합하여 水局을 이루니 金水의 유통이 좋아졌다. 긴요함을 채워주는 子辰이 이 命의 상신(相神)이다.

4. 상신이 상하면 그 격은 패격이다

相神無破, 貴格已成. 相神有傷, 立敗其格. 如甲用酉官,
상신무파 귀격이성 상신유상 입패기격 여갑용유관

透丁逢癸印, 制傷以護官矣, 而又逢戊, 癸合戊而不制丁,
투정봉계인 제상이호관의 이우봉무 계합무이부제정

癸水之相傷矣. 丁用酉財, 透癸逢己, 食制煞以生財矣,
계수지상상의 정용유재 투계봉기 식제살이생재의

而又並透甲, 己合甲而不制癸, 己土之相傷矣. 是皆有情
이우병투갑 기합갑이부제계 기토지상상의 시개유정

而化無情, 有用而成無用之格也.
이화무정 유용이성무용지격야

상신이 파하지 않아야 귀격을 이룰 것이며, 상신이 상하면 그 격은 패격이다. 예를 들어,

① 甲 일주가 酉 정관을 용신하며 丁을 투출하고 癸를 만나면 癸가 상관을 극제하여 정관을 보호하는 것인데, 또 戊를 만났다면 戊癸가 합 돼버려 丁을 극제하지 못하니 癸 상신이 상한 형국이다.

② 丁 일주가 酉 재성을 용신하며 癸 칠살을 투출하고 己 식신을 만나면 식신이 칠살을 제어하고 재성을 생하는 것인데, 또 甲을 만났다면 甲己가 합 돼버려 癸를 극제하지 못하니 己 상신이 상한 형국이다. 이 모두가 유정(有情)이 무정(無情)으로 바뀌어버린 형국이요, 용신이 있어 격을 이뤘던 것이 용신이 없는 격이 돼버리는 형국이다.

5. 상신 설정의 난해함

凡八字排定, 必有一種變化, 一種議論, 一種作用, 一種
범 팔 자 배 정　필 유 일 종 변 화　일 종 의 론　일 종 작 용　일 종

棄取, 隨地換形, 難于虛擬, 學命理者, 其可忽諸?
기 취　수 지 환 형　난 우 허 의　학 명 리 자　기 가 홀 제

무릇 팔자를 배정함에는 반드시 하나의 변화가 있고, 하나의 논쟁이 있고, 하나의 작용이 있고, 하나의 선택이 있기 마련인데, 상황에 따라 모양이 바꾸니 가상화(假像化)하기 어렵다. 명리를 배우는 이가 이 하나하나를 모두 소홀히 할 수 있겠는가?

子平眞詮

제16장

잡기편

【論雜氣如何取用】

1. 잡기(雜氣)의 정의

四墓者, 沖氣也, 何以謂之雜氣? 以其所藏者多, 用神不
사 묘 자 충 기 야 하 이 위 지 잡 기 이 기 소 장 자 다 용 신 불

一, 故謂之雜氣也. 如辰本藏戊, 而又爲水庫, 爲乙餘, 三
일 고 위 지 잡 기 야 여 진 본 장 무 이 우 위 수 고 위 을 여 삼

者俱有, 於何取用? 然而甚易也, 透干會支, 取其淸者用
자 구 유 어 하 취 용 연 이 심 이 야 투 간 회 지 취 기 청 자 용

之, 雜而不雜也.
지 잡 이 부 잡 야

사묘(四墓; 辰戌丑未)란 충기(沖氣)인데 왜 잡기(雜氣)라고 불리는가? 그 안에 소장된 것이 많아 용신이 하나가 아니므로 잡기라 불린다. 예를 들어 辰의 본(本)은 戊를 소장한 것이지만 또 수고(水庫)이기도 하고 여기(餘氣)는 乙이 된다. 이 셋을 모두 가졌으니 무엇으로 취용한단 말인가? 하지만 그리 어렵지 않다. 천간에 투간된 것이나, 지지에 회합된 것 중에서 청(淸)한 것을 취하고 그것을 용신하면 잡(雜)하긴 하나 꼭 잡(雜)하다 할 것도 아니다.

2. 잡기에서의 투간(透干)과 회합(會合)

何謂透干? 如甲生三月, 透戊則用偏財, 透癸則用正印,
하 위 투 간   여 갑 생 삼 월   투 무 즉 용 편 재   투 계 즉 용 정 인
透乙則用月劫是也. 何謂會支? 如甲生辰月, 逢申與子會
투 을 즉 용 월 겁 시 야   하 위 회 지   여 갑 생 진 월   봉 신 여 자 회
局, 則用水印是也. 一透則一用, 兼透則兼用, 透而又會,
국   즉 용 수 인 시 야   일 투 즉 일 용   겸 투 즉 겸 용   투 이 우 회
則透與會並用. 其合而有情者則爲吉, 其合而無情者則
즉 투 여 회 병 용   기 합 이 유 정 자 즉 위 길   기 합 이 무 정 자 즉
不吉.
불 길

잡기에서의 투간(透干)이란 어떤 경우인가? 예를 들어 甲 일주가 辰月에 태어났고 戊를 투간하면 편재를 용신하는 것이고, 癸를 투간하면 정인을 용신하는 것이고, 乙을 투간하면 월겁을 용신하는 것이다. 잡기에서의 회합(會合)이란 어떤 경우인가? 예를 들어 甲 일주가 辰月에 태어났고 申과 子를 만나면 회합(會合)하여 수국(水局)이 되니 水 인성을 용신하는 것이다. 하나가 투간하면 그 하나를 용신으로 삼고, 두 개가 투간하면 그 두 개를 용신으로 삼고, 투간도 하고 회합도 하면 투간된 것과 회합된 것을 병용한다. 그 합이 유정(有情)하면 길하고 그 합이 무정(無情)하면 불길하다.

3. 잡기에서의 유정(有情)

何謂有情? 順而相成者是也. 如甲生辰月29), 透癸爲印, 而
하 위 유 정   순 이 상 성 자 시 야   여 갑 생 진 월   투 계 위 인   이

又會子會申以成局, 印綬之格也, 淸而不雜, 是透干與會
우 회 자 회 신 이 성 국   인 수 지 격 야   청 이 부 잡   시 투 간 여 회

支, 合而有情也. 又如丙生辰月, 透癸爲官, 而又逢乙以
지   합 이 유 정 야   우 여 병 생 진 월   투 계 위 관   이 우 봉 을 이

爲印, 官與印相生, 而印又能去辰中暗土, 以淸官, 是兩
위 인   관 여 인 상 생   이 인 우 능 거 진 중 암 토   이 청 관   시 양

干並透, 合而有情也. 又如甲生丑月, 透辛爲官, 或巳或
간 병 투   합 이 유 정 야   우 여 갑 생 축 월   투 신 위 관   혹 사 혹

酉會成金局, 而又逢己財以生官, 是兩干並透, 與會支合
유 회 성 금 국   이 우 봉 기 재 이 생 관   시 양 간 병 투   여 회 지 합

而有情也.
이 유 정 야

유정(有情)하다는 것은 어떤 경우인가? 순조롭게 서로 도와 완성됨을 의미한다. 예를 들어,

① 甲 일주가 辰月에 태어났고 癸를 투간하면 인수격인데 동시에 辰이 子, 申과 회합하여 수국(水局)을 이루면 이 또한 인수격이니 청(淸)하여 잡(雜)하지 않다. 이는 투간과 회합이 함께 있는 것으로 그 조합이 유정(有情)한 것이다.

---

29) 중화민국12년판에는 如甲辰月이라고 기록되어 있으나 문맥상 如甲生辰月의 의미이므로 추가 기록함.

② 丙 일주가 辰月에 태어났고 癸를 투간하면 정관격인데 동시에 乙을 만나면 인수격도 겸한다. 정관과 인수는 상생하는 것이고, 인수 木은 辰 중 암장된 土 식상을 제거하니 정관을 청(淸)하게 만들어 이 두 개의 干이 병투(並透)하는 조합은 유정(有情)한 것이다.

③ 甲 일주가 丑月에 태어났고 辛이 투간하면 정관격이거나, 혹은 巳酉丑 회합으로 금국(金局)을 이루어 정관격인 경우에 己 재성을 만나면 재생관(財生官)이 되니 두 개의 干이 병투(並透)하는 것이든 회합과 함께 하는 것이든 그 조합은 유정(有情)한 것이다.

壬丁辛丙
寅未丑申

율곡 이이(李珥)의 命 (1536.12.26.음.寅時)
丁 일주가 丑月에 태어났고 辛이 투출하여 재격이다. 지지 土 식신으로 재(財)를 생하며 계동(季冬)의 壬水 정관이 시간에 투출하여 재생관(財生官)하니 이 조합은 유정(有情)하다. 신약하나 土金水로 흐름이 좋고 청(淸)한 사주이다. 두뇌가 총명하고 9번이나 장원급제한 천재였다. 임진왜란을 예견하고 십만양병을 주장한다.

4. 잡기에서의 무정(無情)

何謂無情? 逆而相背者是也. 如壬生未月, 透己爲官, 而
하위무정 역이상배자시야 여임생미월 투기위관 이

地支却亥卯以成傷官之局, 是透干與會支, 合而無情者
지지각해묘이성상관지국 시투간여회지 합이무정자

也. 又是甲生辰月, 透戊爲財, 又或透壬癸以爲印, 透癸
야 우시갑생진월 투무위재 우혹투임계이위인 투계

則戊癸作合, 財印兩失, 透壬則財印兩傷, 又以貪財壞印,
즉무계작합 재인양실 투임즉재인양상 우이탐재괴인

是兩干並透, 合而無情也. 又如甲生戌月, 透辛爲官, 而
시양간병투 합이무정야 우여갑생술월 투신위관 이

又透丁以傷官, 月支又會寅會午以成傷官之局. 是二干
우투정이상관 월지우회인회오이성상관지국 시이간

並透, 與會支合而無情也.
병투 여회지합이무정야

무정(無情)하다는 것은 어떤 경우인가? 거역하고 서로 배척함을 의미한다. 예를 들어,

① 壬 일주가 未月에 태어났고 己가 투간하면 정관격인데 지지에서 亥卯未 목국(木局)되면 상관도 국을 이룬다. 이는 투간된 정관과 지지에서 회합된 상관이 함께하는 것으로 그 조합은 무정(無情)한 것이다.

② 甲 일주가 辰月에 태어났고 戊가 투간하면 재격인데 동시에 壬

癸가 투간하면 인수격도 겸한다. 癸가 투간하면 戊癸가 合이 되므로 재성과 인성을 모두 잃고, 壬이 투간하면 재성과 인성이 서로 상처 난다. 이를 탐재괴인(貪財壞印)이라 하는데 이 두 개의 干이 병투하는 조합은 무정(無情)한 것이다.

③ 甲 일주가 戌月에 태어났고 辛이 투간하면 정관격인데 동시에 丁이 투간하면 상관격을 겸하는 것이고, 월지 戌이 寅, 午와 회합하면 상관의 국을 이룬다. 이렇게 두 개의 干이 병투하거나, 회합된 지지와의 조합은 무정(無情)한 것이다.

癸 壬 己 癸 卯 子 未 亥	壬 일주가 未月에 태어났고 己를 투출하여 정관격이다. 정관격은 刑沖과 剋을 싫어하는데 지지의 亥卯未가 회합하여 木局을 이루어 土 정관을 극하니 잡기(雜氣) 월령 未가 변하여 서로 배척하니 무정(無情)한 것이다.

5. 잡기에서 유정(有情)이 무정(無情)으로 변하는 경우

又有有情而卒成無情者, 何也? 如甲生辰月, 逢壬爲印,
우유유정이졸성무정자 하야 여갑생진월 봉임위인

而又逢丙, 印綬本喜洩身爲秀, 似成格矣, 而火能生土,
이우봉병 인수본희설신위수 사성격의 이화능생토

似又淸辰中之戊, 印格不淸, 是必壬干透而支又會申會
사우청진중지무 인격불청 시필임간투이지우회신회

子, 則透丙亦無所碍. 又有甲生辰月, 透壬爲印, 雖不露
자 즉투병역무소애 우유갑생진월 투임위인 수불로

丙而支逢戌位, 戌與辰沖, 二者爲朋沖而土動, 干頭之壬
병이지봉술위 술여진충 이자위붕충이토동 간두지임

難通月令, 印格不成. 是皆有情而卒成無情, 富而不貴
난통월령 인격불성 시개유정이졸성무정 부이불귀

者也.
자야

유정한 것이 결국엔 무정한 것이 돼버리는 경우는 어떤 경우인가? 예를 들어,

① 甲 일주가 辰月에 태어났고 壬을 만나면 인수격인데 다시 丙 식신을 만나면 인수가 본래 인비식(印比食) 흐름으로 설기됨을 좋아하니 수려해지고 성격을 이룬 듯 보인다. 하지만 火는 土를 생하니 辰 중의 戊 재성을 청(淸)하게 하고 도리어 인수격은 청(淸)함을 잃게 된다. 이런 경우는 필시 壬의 투간과 함께 辰이 申, 子와 회국이 되어야만 투출한 丙 식신 역시 장애가 되지 않을 것이다.

② 甲 일주가 辰月에 태어났고 壬을 투간하면 인수격이다. 하지만 丙이 드러나지 않고 지지에서 戌을 만나면 辰戌沖으로 이 둘은 붕충(朋沖)이라 하여 土가 움직여 작용하고 투간된 壬은 월령에 통근하기 어려워서 인수격이 이뤄지지 않는다.

이 모두는 유정한 것이 결국 무정하게 되는 것으로 부자는 될 수 있어도 귀하지는 못하다.

6. 잡기에서 무정(無情)이 유정(有情)으로 변하는 경우

又有無情而終爲有情者, 何也? 如癸生辰月, 透戊爲官,
우유무정이종위유정자 하야 여계생진월 투무위관
又有會申會子以成水局, 透干與會支相剋矣. 然所剋者乃
우유회신회자이성수국 투간여회지상극의 연소극자내
是劫財, 譬如月劫用官, 何傷之有? 又如丙生辰月, 透戊
시겁재 비여월겁용관 하상지유 우여병생진월 투무
爲食, 而又透壬爲煞, 是兩干並透, 而相剋矣. 然所剋者
위식 이우투임위살 시양간병투 이상극의 연소극자
乃是偏官, 譬如食神帶煞, 逢食制, 二者皆是美格, 其局
내시편관 비여식신대살 봉식제 이자개시미격 기국
愈貴. 是皆無情而終爲有情也. 如此之類, 不可勝數, 在
유귀 시개무정이종위유정야 여차지류 불가승수 재
即此爲例傍悟而已.
즉차위례방오이이

무정한 것이 끝내는 유정하게 되는 것은 어떤 경우인가? 예를 들어,

① 癸 일주가 辰月에 태어났고 戊를 투간하면 정관격인데 辰이 申, 子와 회합하여 수국(水局)을 이루면 투간한 것과 회합한 것이 서로 剋을 하고 있다. 하지만 이 경우 剋을 받는 것이 겁재이고 월겁(月劫)이 관(官)을 용신하는 것과 같으니 어찌 상함이 있다 하겠는가?

② 丙 일주가 辰月에 태어났고 戊를 투간하면 식신격이고 동시에

壬을 투간하면 칠살격도 겸하니 두 개의 干이 병투하여 서로 剋을 하고 있다. 하지만 이 경우 剋을 받는 것이 편관이고 식신대살(食神帶煞), 살봉식제(煞逢食制)와 같으니 두 가지 모두 좋은 격이며 국으로 봐도 더욱 귀해진 것이다.

이 모두는 무정한 것이 끝내는 유정하게 되는 것들이다. 이러한 유형은 셀 수 없이 많지만 여기 있는 것들을 예로 삼아 곁에 두고 깨우쳐야 할 것이다.

제17장

묘고형충편
【論墓庫刑沖之說】

子平眞詮

1. 沖에 의한 개고설(開庫說) 부정

辰戌丑未, 最喜刑沖, 財官入庫不發. 此說雖俗書盛稱之,
진술축미 최희형충 재관입고불발 차설수속서성칭지

然子平先生造命, 無是說也. 夫雜氣透干會支, 豈不甚美,
연자평선생조명 무시설야 부잡기투간회지 기불심미

又何勞刑沖乎? 假如甲生辰月, 戊土透, 豈非偏財? 申子
우하로형충호 가여갑생진월 무토투 기비편재 신자

會, 豈非印綬? 若戊土不透, 卽辰戌相沖, 財格猶不甚淸
회 기비인수 약무토불투 즉진술상충 재격유불심청

也. 至於透壬爲印, 辰戌相沖, 將以累印, 謂之沖開印庫
야 지어투임위인 진술상충 장이누인 위지충개인고

可乎?
가호

辰戌丑未는 형충(刑沖)을 가장 기뻐하고 재관(財官)이 입고(入庫)되면 발복할 수 없다는 말이 있다. 이 설은 속된 책에서 무성하게 떠들고 있지만, 자평선생(子平先生)이 신법 명리를 세울 때 그런 말을 한 적이 없다. 무릇 잡기(雜氣)도 투간하고 지지에서 회합함을 어찌 아름답다 하지 않고 반대로 형충하기를 노력하라고 하는가? 甲 일주가 辰月에 태어났고 戊土가 투간하면 어찌 편재격이 아니겠으며, 申子辰이 회합하면 어찌 인수격이 아니겠는가? 만약에 戊土가 투간하지 않았고 辰戌이 서로 沖한다면 이 재격은 오히려 청(淸)하지 않을 것이다. 만약 壬水가 투간하면 인수격이 되고 辰戌이 서로 沖한다면 장차 인수에 누(累)가 될 것인데 어찌 인수의 고(庫)를 충하여 열라고 하는 것인가?

丙戊壬庚 辰辰午戌	辰戌冲이라 발복할 것이란 사주 (속설) 戌운이 와서 辰을 冲하면 개고하여 辰 중 乙과 癸가 천간에 투출하고 乙 정관과 癸 정재가 발복한다는 설이 개고설이다. 그런데 이 사주의 주인은 戌운에 재물적으로 좋지 않았다. 이 경우에 천간에 떠 있던 壬이 입고되어 버려서 재물운이 더 안좋아진다는 입고설도 있다지만 개고설, 입고설 모두 많은 사례에서 일정한 규칙성을 보여주지는 못해서 부정적 의견이 많다.

2. 사고(四庫)의 冲은 土가 동(動)함

況四庫之中, 雖五行俱有, 而終以土爲主. 冲則土靈, 金
황 사 고 지 중   수 오 행 구 유   이 종 이 토 위 주   충 즉 토 령   금

木水火, 豈能以四庫之冲而動乎? 故財官屬土, 冲則庫啓.
목 수 화   기 능 이 사 고 지 충 이 동 호   고 재 관 속 토   충 즉 고 계

如甲用戊財, 而辰戌冲30), 壬用己官, 而丑未冲之類是也.
여 갑 용 무 재   이 진 술 충   임 용 기 관   이 축 미 충 지 류 시 야

---

30) 중화민국12년판에 而辰戌이라고 기록되어 있으나 문맥상 而辰戌冲의 누락이므로 추가 기록함.

然終以戊己干頭爲淸, 用干之旣透, 卽不沖而亦得也. 至
연 종 이 무 기 간 두 위 청   용 간 지 기 투   즉 불 충 이 역 득 야   지

於財官爲水, 沖則反爲累, 如己生辰月, 壬透爲財, 戌沖
어 재 관 위 수   충 즉 반 위 루   여 기 생 진 월   임 투 위 재   술 충

則劫動, 何益之有? 丁生辰月, 透壬爲官, 戌沖則傷動, 豈
즉 겁 동   하 익 지 유   정 생 진 월   투 임 위 관   술 충 즉 상 동   기

能無害? 其可謂之逢沖, 而壬水之財庫官庫開乎?
능 무 해   기 가 위 지 봉 충   이 임 수 지 재 고 관 고 개 호

사고(四庫) 속에 비록 오행이 섞여 있다 할지라도 종국엔 土가 주인이다. 沖하면 土가 영묘해진다 하나 金木水火가 어찌 사고(四庫)의 沖으로 움직인단 말인가? 土가 원래 재관에 해당했을 때라야 沖으로 고(庫)가 열리는 것이다.

예를 들어 甲 일주가 戊를 재성으로 쓸 때 辰戌이 沖한다거나, 壬 일주가 己를 정관으로 쓸 때 丑未가 沖한다거나 하는 류가 그러하다. 하지만 결국엔 戊己가 천간에 있어야 청할 것이요, 쓸 간(干)이 이미 투간되어 있는 것이라면 沖하지 않아도 역시 득할 것이다.

오히려 재관이 水라면 沖은 반대로 해가 될 것이니, 예를 들어 己 일주가 辰月에 태어났고 壬이 투간하면 재격이 되는데 戌이 와서 沖하면 겁재가 동(動)한 셈인데 어찌 유익함이 있겠는가?

丁 일주가 辰月에 태어났고 壬이 투간하면 정관격이 되는데 戌이 와서 沖한다면 상관이 동(動)한 셈인데 어찌 해가 없다 하겠는가?

이런 식으로 沖을 만나는 것이 壬水의 재고(財庫)와 관고(官庫)를 개고하여 좋다고 말할 수 있겠는가?

庚壬戊己 戌戌辰丑	찰리 채플린 - 희극 배우 (1889.04.16.양.戌時) 壬 일주가 辰月에 태어났고 본기 戊를 투출하여 칠살격이다. 칠살 土가 대부분을 차지해 종살할 것 같으나 시간의 인수 庚이 일간을 생하여 종하지 못하였다. 일간을 生하는 인성이 하나뿐이고 辰에 뿌리를 두었다 하나 신약하다. 辰戌이 沖하는 것은 칠살을 더욱 활동케 하니 金水운이 들어오기 전까지는 힘들었을 것이다. 하지만 편향된 사주는 개성과 창의성이 남다르다.
甲丁乙辛 辰丑未巳	丁 일주가 未月에 태어났고 乙을 투출하여 인수격이다. 인수격은 관(官)을 가장 기뻐하나 관은 찾아보기 힘들고 지지에 식상 土만 중하다. 20대에 이혼하고 30대에 재혼하였으나 결국 그 결혼도 유지하지 못한 여성이다. 관을 극하는 식상이 원래 중한데다 丑未가 沖하여 土를 동(動)한 셈이니 남편복이 없었다.

3. 입고설(入庫說)의 오류

今人不知此理, 甚有以出庫爲投庫. 如丁生辰月, 壬官透
금인부지차리 심유이출고위투고 여정생진월 임관투
干, 不以爲庫內之壬, 干頭透出, 而反爲干頭之壬, 逢辰
간 불이위고내지임 간두투출 이반위간두지임 봉진
入庫, 求戌以沖土, 不顧其官之傷. 更有可笑者, 月令本
입고 구술이충토 불고기관지상 갱유가소자 월령본
非四墓, 別有用神, 年月日時中一帶四墓, 便求刑沖, 日
비사묘 별유용신 년월일시중일대사묘 편구형충 일
臨四庫, 不以爲身坐庫根, 而以爲身主入庫, 求沖以解.
임사고 불이위신좌고근 이이위신주입고 구충이해
種種謬論, 令人掩耳.
종종류론 령인엄이

지금 사람들은 이러한 이치를 알지 못하고 출고(出庫; 투출)를 투고(投庫; 입고)라 하는 경우가 많다. 丁 일주가 辰月에 태어났고 壬 정관이 투간할 때, 고(庫) 내의 壬水가 천간에 투출한 것이라 하지 않고, 반대로 천간의 壬水가 辰을 만나 입고(入庫)한 것이라 하며 戌을 구해 土를 沖해야 한다고 하는데 그 정관이 상하는 것은 돌아보지 아니한다.

더욱이 가소로운 것은 월령이 본래 사묘(四墓)가 아니고 별도로 용신도 있는데 연월일시 중에 1개라도 사묘(四墓)가 있으면 바로 형충을 구해야 한다고 말하고, 일지(日支)가 사고(四庫)에 놓였을 때 일신이 고(庫)의 뿌리에 앉았다 하지 않고 일주가 입고(入庫)되었으니 沖을 구해 해결해야 한다고 말한다.

이런 갖가지 잘못된 속설들이 많으니 사람들에게 귀를 틀어막으라 하여야 하겠다.

4. 사묘(四墓) 土의 沖은 自爲沖, 動之沖

然亦有逢沖而發者, 何也? 如官最忌沖, 而癸生辰月, 透
연 역 유 봉 충 이 발 자 하 야   여 관 최 기 충 이 계 생 진 월 투

戊爲官, 與戌相沖, 不見破格, 四庫喜沖, 不爲不是. 却不
무 위 관 여 술 상 충 불 견 파 격 사 고 희 충 불 위 불 시   각 부

知子午卯酉之類, 二者相仇, 乃沖剋之沖, 而四墓土自爲
지 자 오 묘 유 지 류 이 자 상 구 내 충 극 지 충 이 사 묘 토 자 위

沖, 乃沖動之沖, 非沖剋之沖也. 然旣以土爲官, 何害于
충 내 충 동 지 충 비 충 극 지 충 야 연 기 이 토 위 관 하 해 우

事乎?
사 호

그런데 또한 沖을 만나 발달하는 경우도 있으니 어떤 경우인가? 예를 들어 정관은 沖을 가장 꺼려한다지만, 癸 일주가 辰月에 태어났고 戊가 투간하면 정관격인데 戌이 와서 沖해도 파격이라고 보지 않는다. 이는 사고(四庫)는 沖을 기뻐하기 때문에 옳지 않은 것(나쁜 것)이 아닌 것이다.

도리어 子午卯酉 같은 류는 沖하는 2개가 원수지간이라 沖이 곧 剋하는 沖이지만, 사묘(四墓) 土는 자기들끼리 沖하는 것이라 沖이 곧 동(動)하는 沖이지, 沖이 剋하는 沖이 아님을 모르고 있다. 그러니 이미 土가 정관이라면 어찌 沖하는 사안이 해롭다 하겠는가?

庚癸戊甲 申巳辰辰	癸 일주가 辰月생으로 戊가 투출하여 정관격이며 신약사주로 시상 庚 인성을 용신하는 관인상생격이다. 경우가 분명하고 냉철하고 비판정신이 강하다. 戌운이 들어와도 沖으로 관을 깨트리지 않고 안정적으로 승진도 잘하며 직장생활을 하였다.
戊癸壬丙 午卯辰戌	癸 일주가 辰月에 태어났고 戊를 투출하여 정관격이다. 그런데 연지 戌이 월령 辰과 沖하고 있다. 월령 정관이 沖을 당하면 격이 깨지기 마련이나, 사고(四庫)·사묘(四墓)는 沖을 기뻐하기 때문에 나쁜 것이 아니고 격이 깨지지 않는다.

5. 사묘(四墓) 형충을 꺼리지는 않으나 필수는 아님

是故四墓不忌刑冲, 刑冲未必成格. 其理甚明, 人自不
시 고 사 묘 불 기 형 충　　형 충 미 필 성 격　　기 리 심 명　　인 자 불

察耳.
찰 이

이와 같이 사묘(四墓)가 형충을 꺼리는 것은 아니지만 형충이 되어야만 반드시 격을 이루는 것은 아니다. 그 이치가 매우 분명한데도 사람들이 스스로 살피지 않을 따름이다.

제18장 사길신 파격편
【論四吉神能破格】

子平眞詮

1. 사길신이 격(格)을 깨버리는 경우

財官印食, 四吉神也, 然用之不當, 亦能破格. 如食神帶
재 관 인 식   사 길 신 야   연 용 지 부 당   역 능 파 격   여 식 신 대
煞, 透財爲害, 財能破格也. 春木火旺, 見官則忌, 官能破
살   투 재 위 해   재 능 파 격 야   춘 목 화 왕   견 관 즉 기   관 능 파
格也. 煞逢食制, 透印無功, 印能破格也. 財旺生官, 露食
격 야   살 봉 식 제   투 인 무 공   인 능 파 격 야   재 왕 생 관   노 식
則雜, 食能破格也.
즉 잡   식 능 파 격 야

재성(財星), 정관(正官), 인수(印綬), 식신(食神)은 사길신이라 불리지만, 그 쓰임이 마땅치 않으면 역시 파격이 될 수 있다.

예를 들어, 식신대살(食神帶煞)인 사주에서 재성이 투출해 버리면 해로우니 재성이 격을 깬 셈이요, 춘목화왕(春木火旺)인 사주에서는 정관 보는 것을 꺼려하니 정관이 격을 깬 셈이다.

살봉식제(煞逢食制)인 사주에서 인수가 투출해 버리면 노력이 무위하니 인수가 격을 깬 셈이요, 재왕생관(財旺生官)인 사주에서 식신이 드러나면 잡스러워지니 식신이 격을 깬 셈이다.

2. 좋은 약도 쓰임이 나쁘면 해가 됨

是故官用食破, 印用財破. 譬之用藥, 參苓芪朮, 本屬良
시고관용식파   인용재파   비지용약   삼령기출   본속양
材, 用之失宜, 反足害人.
재   용지실의   반족해인

이런 까닭에 정관이 용신일 때는 식신이 깨는 작용이요, 인수가 용신일 때는 재성이 깨는 작용이다.

약을 쓰는 것에 비유하면 인삼, 봉령, 황기, 백출 등은 본래 좋은 약재이나 쓰임이 적당치 않으면 반대로 사람을 해할 수도 있다.

子平眞詮

제19장

사흉신 성격편

【論四吉神能破格】

1. 사흉신이 격(格)을 완성하는 경우

煞傷梟刃, 四凶神也, 然施之得宜, 亦能成格. 如印綬根
살 상 효 인   사 흉 신 야   연 시 지 득 의   역 능 성 격   여 인 수 근
輕, 透煞爲助, 煞能成格也. 財逢比劫, 傷官可解, 傷能成
경   투 살 위 조   살 능 성 격 야   재 봉 비 겁   상 관 가 해   상 능 성
格也. 食神帶煞, 露梟得用, 梟能成格也. 財逢七煞, 刃可
격 야   식 신 대 살   노 효 득 용   효 능 성 격 야   재 봉 칠 살   인 가
解危, 刃能成格也.
해 위   인 능 성 격 야

   칠살(七煞), 상관(傷官), 효신(梟神), 양인(陽刃)은 사흉신이라 불리지만, 그 펼침이 적절함을 갖추면 역시 성격이 될 수 있다.

   예를 들어 인수의 뿌리가 약할 때 칠살이 투출하여 돕는다면 칠살이 격을 이루게 한 것이요, 재성이 비겁을 만날 때 상관이 이를 해결할 수 있다면 상관이 격을 이루게 한 것이다.

   식신대살(食神帶煞)일 때 효신이 드러나 쓰임을 얻는다면 효신이 격을 이루게 한 것이요, 재성이 칠살을 만날 때 양인이 그 위태로움을 해결할 수 있다면 양인이 격을 이루게 한 것이다.

2. 나쁜 창극도 쓰임이 적절하면 득이 됨

是故印不忌煞, 財不忌傷, 官不忌梟, 煞不忌刃. 譬如治
시 고 인 불 기 살   재 불 기 상   관 불 기 효   살 불 기 인   비 여 치

國者, 長鎗大戟, 本非美具, 而施之得宜, 可以戡亂.
국 자   장 창 대 극   본 비 미 구   이 시 지 득 의   가 이 감 란

이런 까닭에 인성이 칠살을 꺼려하지 않고, 재성이 상관을 꺼려하지 않고, 정관이 효신을 꺼려하지 않고, 칠살이 양인을 꺼려하지 않는 법이다.

나라를 다스리는 것에 비유하면 긴 창(鎗)과 큰 극(戟)은 본래 좋은 도구는 아니나 펼침이 적절함을 갖추면 가히 혼란을 평정할 수 있는 것이다.

子平眞詮

제20장
선후분길흉편
【論生剋先後分吉凶】

1. 글자가 놓인 年月日時 선후(先後)에 따라 길흉이 갈림

月令用神, 配以四柱, 固有每字之生剋, 以分吉凶, 然有
월령용신 배이사주 고유매자지생극 이분길흉 연유

同此生剋, 而先後之間, 遂分吉凶者, 尤談命之奧也.
동차생극 이선후지간 수분길흉자 우담명지오야

월령 용신을 사주에 배합하고 나면, 각 글자의 生剋이 있어 길흉을 나눈다. 그런데 이런 生剋이 똑같다 할지라도 선후(先後)의 차이가 마침내 길흉을 가르니 이것이 특히 명(命)을 담론하는 오묘함인 것이다.

2. 정관격에서 재성과 상관의 선후(先後)

如正官格, 同是財傷並透, 而先後有殊. 假如甲用酉官,
여정관격 동시재상병투 이선후유수 가여갑용유관

丁先戊後, 則爲財以解傷, 卽不能貴, 後運必有結局. 其
정선무후 즉위재이해상 즉불능귀 후운필유결국 기

戊先而丁在時, 則爲官遇財生, 而後因傷破, 卽使上蔭稍
무선이정재시 즉위관우재생 이후인상파 즉사상음초

順, 終無結局, 子嗣亦難矣.
순 종무결국 자사역난의

예를 들어 정관격에서 재성과 상관이 함께 투출하면 선후를 따져야 하는 문제가 발생한다. 가령 甲 일주가 酉 정관을 용신할 때, 丁 상관이 앞서고 戊 재성이 뒤서면 재성에게 쓰이니 상관을 해결할 수 있고 비록 귀해지진 않더라도 만년에 가서는 국(局)을 이룰 것이다.

이 경우 戊 재성이 앞서고 丁 상관이 뒤서서 時에 있으면 우선은 정관이 재성의 생을 만나지만 후에는 상관이 격을 깨트릴 요인이 된다. 그래서 초년 그늘에는 조금 순조로우나 만년에는 국을 갖출 수 없으니 자손 역시 어려움을 겪을 것이다.

戊甲丁辛 辰午酉酉	甲 일주가 酉月에 태어났고 辛을 투출하여 정관격이다. 정관격은 상관을 꺼려하고 재성을 기뻐하는바, 年月日時의 선후에 따라 월간의 丁 상관은 시간의 戊 재성으로 설기되어 쓰이니 정관이 상관의 剋을 심하게 받지 않는다. 비록 귀할 수는 없을지라도 만년에 재성의 생을 받으니 격을 이루게 된다.
丁甲辛戊 卯辰酉申	甲 일주가 酉月에 태어났고 辛을 투출하여 앞선 사주와 같이 정관격이다. 다른 점은 戊 재성이 연간에 있고, 丁 상관이 시간에 있다. 초년에는 월령 용신 정관이 재성의 生을 받고 있어 순조로울 것이나, 만년에는 상관의 剋으로 인하여 격이 깨져 어려움을 겪을 것이다.

3. 인수격에서 재성과 인성의 선후(先後)

同是貪財壞印, 而先後別殊. 如甲用子印, 己先癸後, 卽
동시탐재괴인   이선후별수   여갑용자인   기선계후 즉

使不富, 稍順晩景. 若癸先而己在時, 晩景益悴矣.
사불부   초순만경   약계선이기재시   만경익췌 의

　　재성과 인성이 탐재괴인(貪財壞印)을 이루면 선후를 따져야 하는 문제가 발생한다. 예를 들어 甲 일주가 子 인수를 용신할 때, 己 재성이 앞서고 癸 인성이 뒤서면 비록 부유하지 않더라도 만년에는 조금 순조로울 것이다. 이 경우 만약 癸 인성이 앞서고 己 재성이 뒤서며 時에 있으면 만년에는 더욱 처량할 것이다.

癸甲丙己 酉戌子未	甲 일주가 子月에 태어나 인수격이다. 인수를 剋하는 재성 己가 연간에 있고 투출한 인성 癸는 시간에 있다. 초년에는 재가 인성을 剋하니 격이 순탄치 못하지만, 만년에는 투출된 인성으로 인하여 부유하지 않더라도 순조로울 것이다.
己甲甲癸 巳戌子未	甲 일주가 子月에 태어나 앞선 사주와 같이 인수격이다. 월령 인수 용신이 연간에 癸水로 투출하여 인수가 빛을 발하지만, 인수를 剋하는 재성 己가 시간에 떠 있으니 만년에는 월령 용신을 극하여 처량할 것이다.

4. 식신격에서 재성과 효신의 선후(先後)

食神格, 同是財梟並透, 而先後有殊. 如壬用寅食, 庚先
식신격 동시재효병투 이선후유수 여임용인식 경선

丙後, 晚運必亨, 格亦富而且貴. 若丙先而庚在時, 晚運
병후 만운필형 격역부이차귀 약병선이경재시 만운

必淡, 富貴兩空矣.
필담 부귀양공의

식신격에서 재성과 효신이 함께 투출하면 선후를 따져야 하는 문제가 발생한다. 예를 들어 壬 일주가 寅 식신을 용신할 때, 庚 효신이 앞서고 丙 재성이 뒤서면 만년에 필시 형통할 것이고 부자이며 귀함을 바랄 수도 있는 격국이다. 이 경우 만약 丙 재성이 앞서고 庚 효신이 뒤서며 時에 있으면 만년에 필시 부족한 삶이요 부(富)와 귀(貴) 모두 공허할 것이다.

丙 壬 戊 庚
午 申 寅 申

壬 일주가 寅月에 태어났고 丙이 투출하니 식신생재격이다. 그런데 효신 庚이 연간에 떠서 식신을 도식하니 초년에는 식신생재가 원활하지 않겠지만, 편재 丙이 시간에도 떠 있으니 만년에 이르면 크게 형통하고 부자가 될 수 있는 격이다.

庚壬庚丙
戌子寅申

壬 일주가 寅月에 생하는 앞선 사주와 같은 구조이다. 다른 점은 편재 丙이 연간에 있고, 효신 庚이 시간에 있다는 것이다. 초년에는 좋을지 모르나 만년에는 월령 식신이 효신의 剋을 받아 공허하고 부족한 삶이 될 선길후흉(先吉後凶) 사주가 되었다.

5. 칠살격에서 재성과 식신의 선후(先後)

七煞格, 同是財食並透, 而先後大殊. 如己生卯月, 癸先
칠살격 동시재식병투 이선후대수 여기생묘월 계선

辛後, 則爲財以助用, 而後煞用食制, 不失大貴. 若辛先
신후 즉위재이조용 이후살용식제 불실대귀 약신선

而癸在時, 則煞逢食制, 而財以奪食黨煞, 非特不貴, 後
이계재시 즉살봉식제 이재이탈식당살 비특불귀 후

運蕭索, 兼難永壽矣.
운소색 겸난영수의

칠살격에서 재성과 식신이 함께 투출하면 선후를 따져야 하는 문제가 발생한다. 예를 들어 己 일주가 卯月에 생했을 때, 癸 재성이 앞서고 辛 식신이 뒤서면 재성이 용신 칠살을 돕고 있더라도 후에 칠살이 식신의 제복을 쓰게 되니 격을 잃지 않고 대귀할 것이다. 이 경우 만약 辛 식신이 앞서고 癸 재성이 뒤서며 時에 있으면 칠살이 식신의 제압을 받겠지만 재성이 식신을 탈진시키며 칠살과 재생살(財

生煞)로 묶이니 특별히 귀하지 않은 건 아니지만 만년에 쓸쓸하고 또한 수명이 길기는 어려울 것이다.

辛己乙癸 未酉卯未	己 일주가 卯月에 태어났고 乙을 투출하여 칠살격이다. 연간에서 癸 재성이 칠살을 돕는 것은 좋지 않지만, 후에는 시간의 辛 식신이 칠살을 제극할 것이니 칠살격이 패격되지 않았다. 패중유성(敗中有成) 되어 만년이 평화로울 것이다.
癸己辛辛 酉未卯丑	己 일주가 卯月에 태어나 앞의 사주와 같이 칠살격이다. 식신 辛이 연월에 있어 월령 칠살을 제압하여 좋아 보이지만, 시간에 癸 재성이 있어 후에는 재성이 식신을 설기하며 약화시키고 월령 칠살 卯를 생한다. 일간은 일지에 득지하고 칠살과 대치하니 만년에는 쓸쓸할 것이다.

6. 선후(先後)에 따른 합의 有無

他如此類, 可以例推. 然猶吉凶之易見者也, 至丙生甲寅
타여차류 가이예추 연유길흉지이견자야   지병생갑인

月, 年癸時戊, 官能生印, 而不怕戊合. 戊能洩身爲秀, 而
월 년계시무 관능생인   이불파무합   무능설신위수 이

不得越甲以合癸, 大貴之格也. 假使年月戊癸而時甲, 或
부득월갑이합계 대귀지격야   가사년월무계이시갑 혹

年甲而月癸時戊, 則戊無所隔而合癸, 格大破矣.
년갑이월계시무 즉무무소격이합계 격대파의

다른 것들이 위의 유형과 같다면 예시처럼 유추하면 된다. 그런데 이것들은 오히려 길흉의 쉬운 방법들이고, 지극한 예로 丙 일주가 甲寅月에 태어났고 年은 癸이고 時는 戊라고 할 때 정관 癸는 인성을 생하며 戊와 합하는 것은 두려워하지 않는다. 戊는 일주를 설기하니 빼어나고 甲을 뛰어넘어 癸와 합할 수도 없으니 크게 귀한 격이 된다. 다른 가정을 해 보면 年月에 戊癸가 있고 時에 甲이 있다거나, 年이 甲이고 月이 癸이고 時가 戊라면 戊가 癸와 합하는 것을 막을 수가 없으니 격이 크게 깨지고 말 것이다.

戊丙甲癸 戌辰寅亥	丙 일주가 寅月에 태어났고 甲을 투출하여 인수격이다. 인수격은 정관을 기뻐하니 연간의 癸 정관이 상조 용신이다. 시간의 戊가 癸를 합거(合去)할까 염려스럽지만 멀리 떨어져 합하기 어렵고, 더욱이 水木火로 오행이 유통하고 시간의 戊까지 이어지며 귀한 격이 되었다.
甲丙癸戊 午寅亥辰	丙 일주가 亥月에 태어났고 월간에 음양교차로 癸를 투출하고 시간에 甲을 투출하니 관인상생격(官印相生格)이 되었다. 그런데 연간의 戊가 정관 癸를 합거시켜 버리니 격이 크게 깨지고 말았다.

7. 가로막힘으로 인한 格의 성패

丙生辛酉, 年癸時己, 傷因財間, 傷之無力, 間有小貴. 假
병생신유 년계시기 상인재간 상지무력 간유소귀 가

如癸己並而中無辛隔, 格盡破矣.
여계기병이중무신격 격진파의

　丙 일주가 辛酉月에 태어났고 年은 癸이고 時는 己라고 할 때 상관 己가 재성 辛을 중간에 끼고 있는 까닭에 상관이 무력하여 정관 癸를 극하지 못하니 그 끼어있음이 작은 귀함이라도 만들어 내는 것이다. 다른 가정으로 癸와 己가 병투(並投)하고 사이에서 辛이 가로막지 못한다면 이 격은 소진되어 무력하고 파격이 된다.

己 丙 辛 癸 丑 寅 酉 丑	丙 일주가 酉月에 태어났고 辛을 투출하여 재격이다. 시간의 己 상관은 상관생재(傷官生財)하고, 연간의 癸 정관은 재생관(財生官) 받고 있다. 상관 己가 정관 癸를 剋할까 염려할 필요는 없다. 재성 辛이 중간에 끼어있기 때문에 生財에 집중하느라 멀리 年에 떨어져 있는 정관 癸를 剋하지 못한다.

辛 丙 己 癸
卯 子 未 酉

丙 일주가 未月에 태어났고 己를 투출하여 상관격이다. 연간의 癸 정관를 귀하게 쓰고 싶어도 월간의 己 상관이 바로 옆에서 剋해버리니 무용하다. 앞의 사주와 천간에 투출된 4개의 干은 같으나 선후가 다르니 전혀 다른 命이 되었다. 시간의 辛은 간격이 멀어서 己와 癸의 소통을 도와줄 수가 없고, 월령 용신 상관을 제압할 인수가 무력하니 패격이다.

8. 선후(先後)에 따른 가로막힘의 有無

辛生申月, 年壬月戊, 時上丙官, 不愁隔戊之壬, 格亦許
신생신월 년임월무 시상병관 불수격무지임 격역허

貴. 假使年丙月壬而時戊, 或年戊月丙而時壬, 則壬能剋
귀 가사년병월임이시무 혹년무월병이시임 즉임능극

丙, 無望其貴矣.
병 무망기귀의

辛 일주가 申月에 태어났고 年은 壬이고 月은 戊이고 時는 丙 정관이라면, 戊가 상관 壬을 가로막고 있으니 근심할 것이 없고 격 또한 귀해질 수 있다. 다른 가정으로 年은 丙이고 月은 壬이고 時는 戊이거나, 혹은 年은 戊이고 月은 丙이고 時는 壬이라면, 상관 壬이 정

관 丙을 능히 극할 수 있으니 그 귀(貴)를 바랄 수가 없다.

丙辛戊壬 申卯申辰	辛 일주가 申月에 태어났고 壬이 투출하여 상관격이다. 상관을 제복하는 戊 인수가 월간에서 미리 가로막아버리니 시간의 丙 정관이 보존되어 귀해졌다. 이 상관격에서는 戊 인수가 상신(相神)으로 성격이다.
壬辛丙戊 辰巳辰子	辛 일주가 辰月에 태어났고 子辰 水局에 음양교차로 壬이 투출하니 상관격이다. 정관 丙이 월간에 떠서 귀하고자 하나 이 命의 체(體)인 상관이 정관을 가만두지 않는다. 앞의 사주와 달리 戊 인수가 멀리 앞에 연간에 있어 상관을 제복하지 못하여 귀함을 잃었다.

9. 선후에 따른 길흉이 다양한 만큼 심사숙고 필요

如此之類, 不可勝數, 其中吉凶, 似難猝喩. 然細思其故,
여차지류 불가승수 기중길흉 사난졸유 연세사기고
理甚顯然, 特難爲淺者道耳.
이심현연 특난이천자도이

이와 같은 유형들은 셀 수 없이 많고 그 속의 길흉을 빠르게 깨우치기란 쉽지 않다. 그래도 이러한 원리를 자세히 숙고한다면 그 이치는 분명 드러날 것이다. 단, 식견이 얕은 사람에게는 난해한 문제일 따름이다.

제21장 신살무관론
【論星辰無關格局】

子平眞詮

1. 성신(星辰; 신살)의 1차원적 길흉 논리 부정

八字格局, 專以月令配四柱, 至於星辰好歹, 旣不能爲生
팔자격국 전이월령배사주 지어성신호대 기불능위생

剋之用, 又何以操成敗之權. 況於局有碍, 卽財官美物,
극지용 우하이조성패지권 황어국유애 즉재관미물

尙不能濟, 何論吉星, 于格有用, 卽七煞傷官, 皆爲美物,
상불능제 하론길성 우격유용 즉칠살상관 개위미물

何謂凶辰乎. 是以格局旣成, 卽使滿盤孤辰八煞, 何損其
하위흉신호 시이격국기성 즉사만반고진팔살 하손기

貴. 格局旣破, 卽使滿盤天德貴人, 何以爲功. 今人不知
귀 격국기파 즉사만반천덕귀인 하이위공 금인부지

輕重, 見是吉星, 遂至抛却用神, 不觀四柱, 妄論貴賤, 謬
경중 견시길성 수지포각용신 불관사주 망론귀천 류

談禍福, 甚可笑也.
담화복 심가소야

사주팔자의 격국은 전적으로 월령이 사주에 어찌 배속되는지를 살핀다. 성신(星辰; 신살)의 좋고 나쁨에 관해서는 오행 생극의 쓰임에 따른 것이 아닐 뿐 아니라, 또 어찌 성패의 권능을 갖고 있다고 하겠는가. 하물며 격국에 가로막힘이 있다면 재(財), 관(官)이 좋은 것이라 할지라도 도리어 구제가 불가할 것인데 어찌 길성(吉星)이라 논할 것이요, 격국에 쓰임이 있다면 칠살(七煞), 상관(傷官)일지라도 모두 아름다운 것이 될 수 있는데 어찌 흉성(凶星)이라 부른단 말인가.

이렇듯 격국이 이미 성격(成格)을 이뤘다면 고진팔살(孤辰八煞)이 가득하더라도 어찌 그 귀함을 손상시킬 수 있겠으며, 격국이 이미 파격(破格)이 되었다면 천덕귀인(天德貴人)이 가득하더라도 어찌 공을 이룰 수 있겠는가. 요즘 이들은 그 경중을 모르고 길성(吉星)을 보았다 하면 끝내는 용신을 내던져 버리고 사주는 보지도 않으면서 귀천(貴賤)을 함부로 논하고 화복(禍福)을 잘못 말하니, 심히 가소로울 따름이다.

2. 고서에 쓰인 록(祿), 귀(貴)의 잘못된 이해

況書中所云, 祿貴往往指正官而言, 不是祿堂貴人. 如正
황 서 중 소 운   록 귀 왕 왕 지 정 관 이 언   불 시 녹 당 귀 인   여 정

財得傷貴爲奇, 傷貴者, 傷官也. 傷官乃生財之具, 正財
재 득 상 귀 위 기   상 귀 자   상 관 야   상 관 내 생 재 지 구   정 재

得之, 所以爲奇. 若作貴人, 則傷貴爲何物乎. 又若因得
득 지   소 이 위 기   약 작 귀 인   즉 상 귀 위 하 물 호   우 약 인 득

祿而避位, 得祿者, 得官也. 運得官鄕, 宜乎進爵. 然如財
록 이 피 위   득 록 자   득 관 야   운 득 관 향   의 호 진 작   연 여 재

用傷官食神, 運透官則格襍, 正官官露, 運又遇官則重.
용 상 관 식 신   운 투 관 즉 격 잡   정 관 관 로   운 우 우 관 즉 중

凡此之類, 只可避位也. 若作祿堂, 不獨無是理, 抑且得
범 차 지 류   지 가 피 위 야   약 작 녹 당   부 독 무 시 리   억 차 득

祿避位, 文法上下不相顧, 古人作書, 何至不通若是.
록 피 위   문 법 상 하 불 상 고   고 인 작 서   하 지 불 통 약 시

하물며 책 속에서 '록귀(祿貴)'란 보통 정관(正官)을 가리켜 말하는 것이지 녹당귀인(祿堂貴人)을 말하는 것이 아니다. 그리고 '정재가 상귀(傷貴)를 얻으면 기이하다'는 말에서 상귀(傷貴)는 상관을 말하는 것으로 상관이 생재(生財)하는 기능일 때 정재가 이를 얻으면 기이하다는 뜻이다. 만약 이것이 귀인(貴人)을 가리키는 것이라면 상귀(傷貴)는 어떤 물건이란 말인가.

또한 '득록(得祿)하면 자리를 피한다'는 말에서 득록(得祿)이란 득관(得官)을 칭하는 것이다. 운에서 득관(得官)을 향해 가면 마땅히 관직에 나아가야 한다. 그런데 재격이 상관과 식신을 용신할 때, 운에서 정관이 투출하면 격이 잡(雜)해지고, 정관격에서 정관이 노출되었을 때, 운에서 또 정관을 만나면 너무 중(重)해진다. 이런 유형에서는 독특하게 자리를 피한다고 말할 수 있는 것이다. 만약 이것이 녹당(祿堂)을 가리키는 것이라면 이치에 맞지 않을 뿐 아니라 하물며 '득록하면 자리를 피한다'는 말은 더욱 말이 안 된다. 문법의 상하가 서로 맞지 아니하니, 고인이 책을 씀에 이렇게 말도 통하지 않는 글을 썼을 리가 있겠는가.

3. 여명에서 귀(貴)는 관(官)을 상징

又若論女命有云, 貴衆則舞裙歌扇. 貴衆者, 官衆也. 女
우 약 론 여 명 유 운   귀 중 즉 무 군 가 선   귀 중 자   관 중 야   여

以官爲正夫, 正夫豈可疊出乎. 一女衆夫, 舞裙歌扇, 理
이 관 위 정 부   정 부 기 가 첩 출 호   일 녀 중 부   무 군 가 선   이

固然也. 若作貴人, 貴人乃是天星, 並非夫主, 何碍于衆,
고 연 야   약 작 귀 인   귀 인 내 시 천 성   병 비 부 주   하 애 우 중

而必爲娼妓乎.
이 필 위 창 기 호

　또한, 예를 들어 여명(女命)을 논함에 있어서 '귀(貴)가 많으면 치마를 휘날리며 춤을 추고 부채를 잡고 노래를 부른다'는 말이 있다. 귀(貴)가 많다는 것은 귀인(貴人)이 많다는 것이 아니라 관(官)이 많다는 것이다. 여인에게 관(官)이란 남편이 되는데, 정부(正夫) 즉 남편이 여럿이 많이 있을 수 있단 말인가. 한 명의 여인에게 사내가 많다면 기생이니 무군가선(舞裙歌扇)한다는 말은 그 이치가 맞는 말인 셈이다.

　만약 귀인(貴人)을 천성(天星)이란 의미의 귀인으로 여긴다면 모두 남편이나 주인이란 뜻이 아니니 많음에 어찌 장애가 있겠는가. 이는 분명 창기(娼妓)를 뜻하는 것이다.

4. 신살(神煞)은 격국(格局)과는 무관

然星辰命書亦有談及, 而不然看命書者執之也. 如貴人頭
연성신명서역유담급   이불연간명서자집지야   여귀인두

上帶財官, 門充駟馬. 蓋財官如人美貌, 貴人如人衣服,
상대재관 문충사마 개재관여인미모 귀인여인의복

貌之美者, 衣服美者愈顯. 其實財官成格, 卽非貴人頭上,
모지미자 의복미자유현 기실재관성격 즉비귀인두상

怕不門充駟馬. 又如論女命有云, 無煞帶二德, 受二國之
파불문충사마 우여론여명유운 무살대이덕 수이국지

封. 蓋言婦人命無兇煞, 格局淸貴. 又帶二德, 必受榮封.
봉 개언부인명무흉살 격국청귀 우대이덕 필수영봉

若專主二德, 則何不竟云帶二德, 受二國之封, 而必先曰
약전주이덕 즉하불경운대이덕 수이국지봉 이필선왈

無煞乎. 若云命逢險格, 柱有二德, 逢兇有救, 可免于危,
무살호 약운명봉험격 주유이덕 봉흉유구 가면우위

則亦有之, 然終無關于格局之貴賤也.
즉역유지 연종무관우격국지귀천야

그런데 성신(星辰; 신살)에 대하여 명서(命書)에서도 역시 언급하고 있지만, 명서(命書)를 보는 자가 이에 집착하면 아니 된다. 예를 들어 '귀인의 머리 위에 재관을 둘렀다면 문중에 여러 마리 말로 가득하다'라는 말이 있다. 여기서 드러내는 의미는 재관이라 함은 사람이 아름다운 외모를 가진 것과 같고, 귀인이라 함은 사람이 의복을 갖춘 것과 같다. 외모가 아름다운 자가 의복으로 아름다움을 더 도드라지게 드러낸다는 말이다. 그러나 실제로 재관이 성격(成格)을 이뤘다면 귀인이 드러나지 않아도 문충사마(門充駟馬)를 염려하지 아니한다.

또한, 예를 들어 여명(女命)을 논함에 있어서 '살(煞)이 없고 천월이덕(天月二德)이 있으면 두 나라의 책봉을 받는다'라는 말이 있다. 여기서 드러내는 의미는 부인의 명에 흉살이 없다는 것은 격국이 청귀(淸貴)하다는 것이고, 또 천월이덕을 갖추었으니 필시 영화로운 책봉을 받을 것이다. 그런데 만약 전적으로 천월이덕만 주요하게 봤다면, '천월이덕이 있으면 두 나라의 책봉을 받을 것이다'라고 어찌 언급하지 아니하고 필시 먼저 '살(煞)이 없고'란 말을 했겠는가. 달리 말하여 명(命)이 살(煞) 같은 험한 격을 만나고 사주에 천월이덕이 있다는 것은 흉을 만나도 구제를 받고 위험을 면할 수 있다는 말이 되는 것이다. 그러니 종국에는 격국(格局)의 귀천과는 무관한 것이다.

子平眞詮

제22장
외격무용론
【論外格用舍】

1. 외격(外格)의 정의

八字用神, 既專主月令, 何以而又有外格乎. 外格者, 蓋
팔자용신 기전주월령 하이이우유외격호 외격자 개
因月令無用權而用之, 故曰外格也.
인월령무용권이용지 고왈외격야

팔자의 용신은 앞서 오로지 월령에서 구한다 하였는데, 어찌 또 외격(外格)이 있다 하는가. 외격(外格)이란 월령에 쓸만한 힘이 없는 경우에 그것을 쓴다는 것인데 그래서 외격이라 부르는 것이다.

2. 양인, 건록에 쓰이는 외격(外格)

如春木冬水土生四季之類, 日與月同, 難以作用, 類象,
여 춘목동수토생사계지류 일여월동 난이작용 류상
屬象, 衝財, 會祿, 刑合, 遙迎, 井欄, 朝陽, 諸格皆可用也.
속상 충재 회록 형합 요영 정란 조양 제격개가용야
若月令自有用神, 豈可別尋外格. 又或春木冬水, 干頭已
약월령자유용신 기가별심외격 우혹춘목동수 간두이
有財官七煞, 而棄之以就外格, 亦太謬矣. 是故干頭有財,
유재관칠살 이기지이취외격 역태류의 시고간두유재
何用衝財, 干頭有官, 奚勞合祿. 書云提綱有用提綱重,
하용충재 간두유관 해로합록 서운제강유용제강중

又曰有官莫尋格局, 不易之論也.
우 왈 유 관 막 심 격 국 불 역 지 론 야

예를 들어, 봄에 태어난 木, 겨울에 태어난 水, 사계에 태어난 土와 같은 유형들은 일주와 월령이 같기 때문에 용신을 정하기 난해하다. 류상(類象), 속상(屬象), 충재(衝財), 회록(會祿), 형합(刑合), 요영(遙迎), 정란(井欄), 조양(朝陽) 등의 격(格)은 모두 이 경우에 쓸 수 있다. 하지만 만약 월령이 스스로 용신을 가지고 있다면 굳이 별도로 외격을 찾을 것이 있겠는가.

또, 봄에 태어난 木, 겨울에 태어난 水가 천간에 이미 재성, 정관, 칠살을 이미 가지고 있을 때 그것을 버리고 외격을 취한다는 것 또한 크게 잘못된 것이다. 이런 경우에 천간에 재가 있는데 어찌 충재(衝財)를 쓴다 하고, 천간에 정관이 있는데 어찌 합록(合祿)을 쓴다 하는가. 책에서 이르기를 제강(提綱)에는 용신이 있어서 제강이 중한 것이요, 또 제강에 정관이 있다면 격국을 찾을 필요도 없다는 말도 있으니 이는 변하지 않는 원칙인 셈이다.

3. 외격 사용 조건인 월령무용(月令無用)에 대한 오해

然所謂月令無用者, 原是月令本無用神, 而今人不知, 往
연 소 위 월 령 무 용 자 원 시 월 령 본 무 용 신 이 금 인 부 지 왕

往以財被劫官被傷之類, 用神以破, 皆以爲月令無用, 而
왕 이 재 피 겁 관 피 상 지 류 용 신 이 파 개 이 위 월 령 무 용 이

棄之以尋外格, 則謬之又謬矣.
기 지 이 심 외 격 즉 류 지 우 류 의

월령무용(月令無用)이란 말은 원래 월령 속에 용신이 들어있지 않다는 말인데 요즘 사람들은 이를 알지 못하고 왕왕 재성이 겁재에게 당하고, 정관이 상관에게 당하는 유형으로도 여기고 용신이 이미 파괴되었으니 모두 월령에 쓸만한 힘이 없어 이를 버리고 외격을 찾아야 한다고 한다. 이는 잘못되고도 또 잘못된 것이다.

제23장 궁위십성육친론

【論宮分用神配六親】

子平眞詮

1. 육친과 팔자

人有六親, 配之八字, 亦存於命.
인유육친 배지팔자 역존어명

사람에게는 육친(六親)이 있고 이것이 팔자에 배합되니 이 또한 명(命)에 담겨져 있는 것이다.

2. 궁위에 배속되는 육친

其由宮分配之者, 則年月日時, 自上而下, 祖父妻子, 亦
기유궁분배지자 즉년월일시 자상이하 조부처자 역
自上而下. 以地相配, 適得其宜, 不易之位也.
자상이하 이지상배 적득기의 불역지위야

이와 관련하여 궁(宮)으로 배분되는 것은 연월일시(年月日時)인데 위에서 아래로 차례대로 조상, 부모, 처, 자녀가 되는데 이 또한 위에서 아래 순이다. 그 지지가 서로 잘 배합되면 마땅히 좋은 것이며 이는 변하지 않는 순위가 된다.

3. 십성에 배속되는 육친

其由用神配之者, 則正印爲母, 身所自出, 取其我也. 若
기유용신배지자 즉정인위모 신소자출 취기아야 약

偏財受我剋制, 何反爲父, 偏財者, 母之正夫也, 正印爲
편재수아극제 하반위부 편재자 모지정부야 정인위

母, 則偏財爲父矣. 正財爲妻, 受我剋制, 夫爲妻綱, 則妻
모 즉편재위부의 정재위처 수아극제 부위처강 즉처

從夫也. 若官煞則剋制于我, 何以反爲子女者, 官煞者,
종부야 약관살즉극제우아 하이반위자녀야 관살자

財所生也, 財爲妻妾, 則官煞爲子女矣. 至於比肩爲兄弟
재소생야 재위처첩 즉관살위자녀의 지어비견위형제

之類, 則又理之顯然者也.
지류 즉우이지현연자야

육친과 관련하여 용신(십성)의 배합을 살펴보면,

① 정인(正印)은 어머니가 되며 몸(일간)이 나오는 곳이며 나를 붙잡아 도와주는 곳이다.

② 편재(偏財)는 나의 극제를 받는 곳인데 어찌하여 아버지가 되는가? 편재는 어머니의 남편이므로 정인은 어머니, 편재는 아버지가 되는 것이다.

③ 정재(正財)는 처가 되며 나의 극제를 받아들이는 곳으로 남편은 벼리(통괄하여 다스리는 자)가 되고 처는 남편을 따르는 것이다.

④ 관살(官煞)은 나를 극제하는 것인데 어찌하여 자녀가 되는가?

관살은 재(財)가 생하는 곳으로 재성은 처첩이고 관살은 자녀가 되는 것이다.

⑤ 마지막으로 비견(比肩)은 형제 부류에 해당하며 이 또한 이치가 분명한 것이다.

4. 육친과 궁위 십성 응용

其間有無得力, 或吉或凶, 則以四柱所存, 或年月或時日,
기 간 유 무 득 력   혹 길 혹 흉   즉 이 사 주 소 존   혹 년 월 혹 시 일

財官傷刃, 係是何物, 然有六親配之用神. 局中作何喜忌,
재 관 상 인   계 시 하 물   연 유 육 친 배 지 용 신   국 중 작 하 희 기

參而配之, 卽可以了然矣.
참 이 배 지   즉 가 이 요 연 의

육친이 그 안에서 힘을 얻었는지 못 얻었는지, 혹은 길한지 흉한지는 사주 내에 달려있으니, 연월일시(年月日時) 어디에 재관상인(財官傷刃)이 놓여있는지 그것이 무엇인지를 살피고, 육친을 용신(십성)에 배속시켜 살피는 것이다. 사주 내에서 무엇이 희기(喜忌)인지 참고하여 짝지어 보면 가히 잘 알 수 있을 것이다.

제24장

처자론
【論妻子】

子平眞詮

1. 처(妻)와 재(財), 자(子)와 관살(官煞)

凡命中吉凶, 于人愈近, 其驗益靈. 富貴貧賤, 本身之事
범 명 중 길 흉   우 인 유 근   기 험 익 령   부 귀 빈 천   본 신 지 사

無論矣, 至於六親, 妻以配身, 子爲後嗣, 亦是切身之事.
무 론 의   지 어 육 친   처 이 배 신   자 위 후 사   역 시 절 신 지 사

故看命者, 妻財子祿, 四事並論. 自此以外, 惟父母身所
고 간 명 자   처 재 자 록   사 사 병 론   자 차 이 외   유 부 모 신 소

自出, 亦自有驗, 所以提綱得力, 或年干有用, 皆主父母
자 출   역 자 유 험   소 이 제 강 득 력   혹 년 간 유 용   개 주 부 모

雙全得力. 至於祖宗兄弟, 不甚驗矣.
쌍 전 득 력   지 어 조 종 형 제   불 심 험 의

무릇 명(命) 중의 길흉은 더욱 가까운 사람일수록 그 응험의 영묘함이 더해진다. 부귀와 빈천은 자기 일이므로 논외로 해두고, 육친에서 처는 자신의 배필인 것이고 자식은 후사인 것이니 이는 자신에게 절실히 중한 일이 된다. 그러므로 명을 살핀다는 것은 처(妻)와 재(財), 자(子)와 록(祿; 官煞) 4가지 일을 함께 논해야 한다. 이 외에 부모는 자신이 나온 곳이므로 또한 자연히 응험이 있으니 제강이 힘을 얻거나 혹은 연간에 용신이 있으면 부모가 모두 계시고 든든한 힘을 갖고 있다. 조상, 형제와 관련해서는 크게 응험함은 없다.

2. 처궁(妻宮)과 월령용신의 배합

以妻論之, 坐下財官, 妻當賢貴, 然亦有坐財官而妻不利,
이처논지 좌하재관 처당현귀 연역유좌재관이처불리

逢傷刃而妻反吉者, 何也. 此蓋以月令用神, 配成喜忌.
봉상인이처반길자 하야 차개이월령용신 배성희기

如妻宮坐財, 吉也, 而印逢之, 反爲不美. 妻宮坐官, 吉也,
여처궁좌재 길야 이인봉지 반위불미 처궁좌관 길야

而傷官逢之, 豈能順意. 妻坐傷官, 凶也, 而財格逢之, 可
이상관봉지 기능순의 처좌상관 흉야 이재격봉지 가

以生財, 煞格逢之, 可以制煞, 反主妻能內助. 妻坐陽刃,
이생재 살격봉지 가이제살 반주처능내조 처좌양인

凶也, 而或財官煞傷等格, 四柱已成格局, 而日主無氣,
흉야 이혹재관살상등격 사주이성격국 이일주무기

全憑日刃幫身, 則妻必能相夫. 其理不可執一也.
전빙일인방신 즉처필능상부 기리불가집일야

처(妻)와 관련해 논해보자. 일지(日支)가 재관(財官)이면 처가 당연히 현명하고 귀할 것이다. 그런데 일지가 재관임에도 불구하고 처가 불리하고, 상관이나 양인을 만남에도 불구하고 처가 반대로 길할 수가 있는데 어찌 된 일인가? 이것은 모두 월령의 용신과의 배합으로 희기(喜忌)를 이뤘기 때문이다. 예를 들어,

① 처궁에 재성를 깔고 앉았으면 길한 것인데 이것이 인성을 만나면 반대로 불미스럽게 될 것이다.

② 처궁에 정관을 깔고 앉았으면 길한 것인데 이것이 상관을 만나면 어찌 순순히 뜻대로 되겠는가?

③ 처궁에 상관을 깔고 앉았으면 흉한 것인데 이것이 재격을 만나면 생재를 할 것이고, 칠살격을 만나면 제살을 할 것이니 반대로 처가 내조를 잘하게 될 것이다.

④ 처궁에 양인을 깔고 앉았으면 흉한 것인데 이것이 재격, 정관격, 칠살격, 상관격 등을 만나 사주가 이미 격국을 이루었고 일주는 무기(無氣)하다면 온전히 일지(日支) 양인의 일간 생조에 기댈 것이니 처가 필시 남편을 도울 능력이 있다.

이런 이치는 한 가지에만 집착하면 풀이할 수 없다.

3. 처궁(妻宮)과 처성(妻星)의 조합 간명

旣看妻宮, 又看妻星. 妻星者, 干頭之財也. 妻透而成局,
기간 처궁 우간 처성 처성자 간두지재야 처투이성국

若官格透財, 印多逢財, 食傷透財爲用之類, 卽坐下無用,
약관격투재 인다봉재 식상투재위용지류 즉좌하무용

亦主內助. 妻透而破格, 若印輕財露, 食神傷官, 透煞逢
역주내조 처투이파격 약인경재로 식신상관 투살봉

財之類, 卽坐下有用, 亦防刑剋. 又有妻透成格, 或妻宮
재지류 즉좌하유용 역방형극 우유처투성격 혹처궁

有用, 而坐下刑沖, 未免得美妻而難諧老. 又若妻星兩透,
유용 이좌하형충 미면득미처이난해로 우약처성양투

偏正雜出, 何一夫而多妻, 亦防刑剋之道也.
편 정 잡 출   하 일 부 이 다 처   역 방 형 극 지 도 야

이미 처궁(妻宮)을 보았다면 다음엔 처성(妻星)을 살펴야 한다. 처성이란 천간에 떠 있는 재성(財星)을 말한다.

① 처성이 투출하여 성격(成格)을 이룬 경우는 정관격에 재성이 투출하거나, 인수가 많은데 재성을 만나거나, 식상이 재성을 띄워 놓고 그것을 용신으로 쓰는 유형인데 일지(日支)가 무용하다 할지라도 역시 본인은 내조를 받을 수 있다.

② 처성이 투출하여 파격(破格)이 된 경우는 인수가 가벼운데 재가 투출했거나, 식신 혹은 상관이 칠살을 투출하고 재를 만난 유형인데 일지(日支)가 유용하다 할지라도 역시 형극(刑剋)에 대비해야 한다.

③ 처성이 투출하여 성격(成格)을 이룬 경우나 혹은 처궁이 유용한 경우라 할지라도 일지(日支)가 형충을 당하면 좋은 처를 얻었다 할지라도 오래 해로하기는 어려울 것이다.

④ 처성이 2개가 투출하고 정편재(正偏財)가 혼잡이면 한 사내에게 아내가 여럿인데 어찌하란 말인가? 이 역시 형극(刑剋)에 대비해야 함이 도리이다.

4. 자궁(子宮)과 자성(子星), 그리고 장생목욕가

至於子息, 其看宮分與看子星所透, 喜忌之理, 與論妻略
지 어 자 식   기 간 궁 분 여 간 자 성 소 투   희 기 지 리   여 논 처 약

同. 但看子息, 長生沐浴之歌, 亦當熟讀. 如長生四子中
동   단 간 자 식   장 생 목 욕 지 가   역 당 숙 독   여 장 생 사 자 중

旬半, 沐浴一雙保吉祥, 冠帶臨官三子位, 旺中五子自成
순 반   목 욕 일 쌍 보 길 상   관 대 임 관 삼 자 위   왕 중 오 자 자 성

行, 衰中二子病中一, 死中至老沒兒郞, 除非養取他人子,
행   쇠 중 이 자 병 중 일   사 중 지 로 몰 아 랑   제 비 양 취 타 인 자

入墓之時命夭亡, 受氣爲絶一個子, 胎中頭産有姑娘, 養
입 묘 지 시 명 요 망   수 기 위 절 일 개 자   태 중 두 산 유 고 랑   양

中三子只留一, 男女宮中仔細詳是也.
중 삼 자 지 류 일   남 녀 궁 중 자 세 상 시 야

자식을 볼 때도 자식궁을 살피면서 자성(子星)의 투출이 희기(喜忌)인지 살피는 것이 원리인데 처(妻)를 논하는 것과 대략 비슷하다. 단, 자식을 살필 때는 '장생목욕가(長生沐浴歌)'를 익숙해질 만큼 읽어두는 것이 좋다.

"장생(長生)은 아들이 넷인데 중순이면 반이고, 목욕(沐浴)은 둘인데 길하고 상서롭다. 관대(冠帶), 임관(臨官)은 아들 셋이 자리하고, 제왕(帝旺)은 다섯인데 스스로 잘 큰다. 쇠(衰)는 아들 둘이고, 병(病)은 하나이고, 사(死)는 늙을 때까지 아들이 없으니 양자를 들여 키우는 방법뿐이다. 시(時)가 입묘(入墓)이면 요절하고, 받은 기가 절(絶)이면

아들이 한 명뿐이고, 태(胎)는 첫째로 딸을 낳고, 양(養)은 셋 중에 하나만 남는다. 남녀 궁에서 자식을 상세히 살피라."

이 노래가 그것이다.

5. 장생(長生)의 논법은 음양 동생동사(同生同死)

然長生論法, 用陽而不用陰. 如甲乙日只用庚金長生, 巳
연장생논법 용양이불용음 여갑을일지용경금장생   사
酉丑順數之局, 而不用辛金逆數之子申辰. 雖書有官爲
유축순수지국 이불용신금역수지자신진 수서유관위
女, 煞爲男之說, 然終不可以甲用庚男, 而用陽局, 乙用
녀 살위남지설 연종불가이갑용경남 이용양국 을용
辛男, 而用陰局. 蓋木爲日主, 不問甲乙, 總以庚爲男辛
신남 이용음국 개목위일주 불문갑을 총위경위남신
爲女, 其理自然, 拘于官煞, 其能驗乎.
위녀 기리자연 구우관살 기능험호

그런데 장생의 논법(論法)은 양간(陽干)만 쓰지 음간(陰干)은 쓰지 않는다. 예를 들어 甲乙 일간은 자성(子星)에 해당하는 庚金의 장생 즉, 巳(生)-酉(旺)-丑(墓) 순행의 국을 쓰는 법이지, 辛金의 역행법인 子(生)-申(旺)-辰(墓)를 쓰지 아니한다. 그런데 책에 정관은 딸이요, 칠살은 아들이란 설이 있다고 해서, 이것이 甲 일간이 庚을 아들 삼아 양국(陽局)을 쓰고, 乙 일간이 辛을 아들 삼아 음국(陰局)을 쓴다는 것과는 다른 것이다. 모든 木이 일주가 되면 甲이든 乙이든 묶어서 庚은 아들이요, 辛은 딸인 것이 자연스러운 이치이다. 관(官)과 살(煞)에 집착하여 따지면 그 응험함을 가질 수 있겠는가?

6. 자궁(子宮)과 자성(子星)의 조합 간명

所以八字到手, 要看子息, 先看時支. 如甲乙生日, 其時
소 이 팔 자 도 수　요 간 자 식　선 간 시 지　여 갑 을 생 일　기 시

果係庚金, 何宮. 或生旺, 或死絶, 其多寡已有定數, 然後
과 계 경 금　하 궁　혹 생 왕　혹 사 절　기 다 과 이 유 정 수　연 후

以子星配之. 如財格而時干透食, 官格而時干透財之類,
이 자 성 배 지　여 재 격 이 시 간 투 식　관 격 이 시 간 투 재 지 류

皆謂時干有用, 卽使子逢死絶, 亦主子貴, 但不甚繁耳.
개 위 시 간 유 용　즉 사 자 봉 사 절　역 주 자 귀　단 불 심 번 이

若又逢生旺, 則麟兒繞膝, 不可量也. 若時干不好, 子透
약 우 봉 생 왕　즉 린 아 요 슬　불 가 량 야　약 시 간 불 호　자 투

破局, 卽逢生旺, 難爲子息, 若又死絶, 無所望矣. 此論妻
파 국　즉 봉 생 왕　난 위 자 식　약 우 사 절　무 소 망 의　차 론 처

子之大略也.
자 지 대 략 야

팔자(八字)를 입수하여 자식을 살피고자 하면 먼저 시지(時支)를 살핀다. 예를 들어 甲乙 일주라면 그 시지(時支)가 庚金(子星)과의 관계 속에서 어떤 12궁(宮)에 해당하는지를 본다. 혹 생(生)인지 왕(旺)인

지, 혹 사(死)인지 절(絶)인지에 따라 자식의 많고 적음이 이미 정해질 것이다. 그 연후에 자성(子星)의 배합을 살핀다.

예를 들어 재격이면서 시간(時干)에 식신이 투출한 경우, 정관격이면서 시간에 재성이 투출한 경우 등의 유형은 모두 시간(時干)이 유용한 것이다. 이 경우 자성(子星)이 사(死), 절(絶)을 만났다면 자식이 귀하기는 할 것이나 자식 수가 많지는 않을 것이다. 또 이 경우 자성(子星)이 생(生), 왕(旺)을 만났다면 기린아가 슬하에 헤아릴 수 없을 것이다. 그런데 만약 시간(時干)이 좋지 않고 투출한 자성(子星)이 국(局)을 깨고 있다면 생(生), 왕(旺)을 만나도 자식을 두기 어려울 것이고, 만약 사(死), 절(絶)이라면 희망이 전혀 없을 것이다.

지금까지의 논의가 처자(妻子)에 대한 대략이다.

제 25 장

행운론

【論行運】

子平眞詮

1. 취운은 팔자와 배합해 행운의 희기를 살피는 것

論運與看命無二法也. 看命以四柱干支, 配月令之喜忌,
논운여간명무이법야 간명이사주간지 배월령지희기
而取運則又以運之干支, 配八字之喜忌. 故運中每運行一
이취운즉우이운지간지 배팔자지희기 고운중매운행일
字, 卽必以此一字, 配命中八字而統觀之, 爲喜爲忌, 吉
자 즉필이차일자 배명중간지이통관지 위희위기 길
凶判然矣.
흉판연의

논운(論運)과 간명(看命) 이 2가지는 다른 법이 아니다. 간명(看命)은 사주 간지에 월령을 배합하여 희기를 살피는 것이고, 취운(取運)은 운의 간지에 본명 팔자를 배합하여 희기를 살피는 것이다. 그러므로 운(運)이 매번 어느 한 글자로 흐르면 필히 그 한 글자를 사주의 8글자에 배합하고 이를 큰 맥락에서 희(喜)인지 기(忌)인지를 살피면 길흉을 판단할 수 있다.

2. 희신운에 대한 예시

何爲喜. 命中所喜, 我得而助之者是也. 如官用印以制傷,
하위희 명중소희 아득이조지자시야 여관용인이제상

而運助印. 財生官而身輕, 而運助身. 印帶財以爲忌, 而
이운조인 재생관이신경 이운조신 인대재이위기 이

運劫財. 食帶煞以成格, 而運逢印. 煞重身經, 而運來助
운겁재 식대살이성격 이운봉인 살중신경 이운래조

食. 傷官佩印, 而運行官煞. 羊刃用官, 而運助財鄕. 月劫
식 상관패인 이운행관살 양인용관 이운조재향 월겁

用財, 而運行傷食. 如此之類, 皆美運也.
용재 이운행상식 여차지류 개미운야

희(喜)란 무엇인가? 명(命) 중에서 희(喜)란 내게 득이 되고 이를 도와주는 자를 말한다. 운(運) 중에서 예를 들면,

① 정관격이 인수를 용신하여 상관을 제복하는 사주인데 운이 인수를 도와주는 경우,

② 재가 관을 생하고 신약한데 운이 일주를 도와주는 경우,

③ 인수가 재를 가지고 있으면 기신인데 운이 재를 겁탈하는 경우,

④ 식신대살(食神帶煞)로 격을 이루었는데 운에서 인수를 만나는 경우,

⑤ 살이 중하고 신약한데 식신을 돕는 운이 오는 경우,

⑥ 상관패인(傷官佩印)인데 운이 관살로 흐르는 경우,

⑦ 양인격이 정관을 용신하는데 운이 재를 돕는 방향인 경우,

⑧ 월겁격이 재성을 용신하는데 운이 식상으로 흐르는 경우,

이와 같은 유형들은 모두 좋은 운들이다.

3. 기신운에 대한 예시

何爲忌. 命中所忌, 我逆而施之者是也. 如正官無印, 而
하위기 명중소기   아역이시지자시야   여정관무인   이

運行傷. 財不透食, 而運行煞. 印綬用官, 而運合官. 食神
운행상 재불투식   이운행살   인수용관   이운합관   식신

帶煞, 而運行財. 七煞食制, 而運逢梟. 傷官佩印, 而運行
대살   이운행재   칠살식제   이운봉효   상관패인   이운행

財. 羊刃用煞, 而運逢合. 建祿用官, 而運逢傷. 如此之類,
재   양인용살   이운봉합   건록용관   이운봉상   여차지류

皆敗運也.
개 패 운 야

기(忌)란 무엇인가? 명(命) 중에서 기(忌)란 내게 거슬리고 이를 퍼트리는 자를 말한다. 운(運) 중에서 예를 들면

① 정관격에 인성이 없는데 운이 상관으로 흐르는 경우,

② 재격이 식신을 투출하지 못하였는데 운이 칠살로 흐르는 경우,

③ 인수격이 정관을 용신하는데 운이 정관을 합거해 버리는 경우,

④ 식신대살(食神帶煞)인데 운이 재성으로 흐르는 경우,

⑤ 칠살격이 식신의 제복을 받는데 운이 효신을 만나는 경우,

⑥ 상관패인(傷官佩印)인데 운이 재성으로 흐르는 경우,

⑦ 양인격이 칠살을 용신하는데 운이 칠살을 합거해 버리는 경우,

⑧ 건록격이 정관을 용신하는데 운이 상관을 만나는 경우,

이와 같은 유형들은 모두 깨지는 운들이다.

4. 희신인 것 같은데 사실은 기신인 경우

其有似喜而實忌者, 何也. 如官逢印運, 而本命有合, 印
기유사희이실기자 하야 여관봉인운 이본명유합 인

逢官運, 而本命用煞之類是也.
봉관운 이본명용살기류시야

희신(喜神)인 것 같은데 사실은 기신(忌神)인 것이 있으니 어떤 경우인가? 예를 들어 정관이 인수운을 만났는데 본명과 합이 있는 경우, 인수가 정관운을 만났는데 본명이 칠살을 용신하는 경우 등의 유형이 그러하다.

5. 기신인 것 같은데 사실은 희신인 경우

有似忌而實喜者, 何也. 如官逢傷運, 而命透印, 財行煞
유 사 기 이 실 희 자   하 야   여 관 봉 상 운   이 명 투 인   재 행 살

運, 而命透食之類是也.
운, 이 명 투 식 지 류 시 야

기신(忌神)인 것 같은데 사실은 희신(喜神)인 것이 있으니 어떤 경우인가? 예를 들어 정관이 상관운을 만났는데 본명에 인수가 투출한 경우, 재성이 칠살운으로 흘렀는데 본명에 식신이 투출한 경우 등의 유형이 그러하다.

6. 천간은 쓰이고 지지는 쓰이지 않는 경우

又有行干而不行支者, 何也. 如丙生子月亥年, 逢丙丁則
우 유 행 간 이 불 행 지 자   하 야   여 병 생 자 월 해 년   봉 병 정 즉

幇身, 逢巳午則相沖是也.
방 신   봉 사 오 즉 상 충 시 야

천간(天干)은 쓰이고 지지(地支)는 쓰이지 않는 것이 있으니 어떤 경우인가? 예를 들어 丙 일주가 子月에 태어났고 亥年일 때 丙丁을 만나면 일주를 돕지만, 巳午를 만나면 상충하고 있으니 그러하다.

7. 지지는 쓰이고 천간은 쓰이지 않는 경우

又有行支而不行干者, 何也. 如甲生酉月, 辛金透而官猶
우유행지이불행간자 하야 여갑생유월 신금투이관유

弱, 逢申酉則官植根, 逢庚辛則混煞重官之類是也.
약 봉신유즉관식근 봉경신즉혼살중관지류시야

지지(地支)는 쓰이고 천간(天干)은 쓰이지 않는 것이 있으니 어떤 경우인가? 예를 들어 甲 일주가 酉月에 태어났고 辛金을 투출하였지만 정관이 여전히 약할 때 申酉를 만나면 정관의 뿌리가 되지만, 庚辛을 만나면 관살혼잡(官煞混雜) 혹은 관살태왕(官煞太旺)이 되는 유형이 그러하다.

8. 천간에 동일한 오행이 오지만 다르게 쓰이는 경우

又有干同一類而不兩行者, 何也. 如丁生亥月, 而年透壬
우유간동일류이불양행자 하야 여정생해월 이년투임

官, 逢丙則幇身, 逢丁則合官之類是也.
관 봉병즉방신 봉정즉합관지류시야

천간(天干)에 동일한 오행이 오지만 다르게 쓰이는 것이 있으니 어떤 경우인가? 예를 들어 丁 일주가 亥月에 태어났고 연간에 壬 정관을 투출했을 때 丙을 만나면 일주를 돕지만, 丁을 만나면 합관(合官)되어 버리는 유형이 그러하다.

9. 지지에 동일한 오행이 오지만 다르게 쓰이는 경우

又有支同一類而不兩行者, 何也. 如戊生卯月巳年, 逢生
우유지동일류이불양행자 하야 여무생묘월사년 봉생

則自坐長生, 逢酉則會巳以傷官之類是也.
즉자좌장생 봉유즉회사이상관지류시야

지지(地支)에 동일한 오행이 오지만 다르게 쓰이는 것이 있으니 어떤 경우인가? 예를 들어 戊 일주가 卯月에 태어났고 巳年일 때 水의 생지(生地) 申을 만나면 水의 장생(長生)으로 卯 정관을 돕겠지만, 酉를 만나면 巳酉 회합하니 金 상관이 돼버리는 유형이 그렇다.

10. 똑같은 상충이지만 완급이 나뉘는 경우

又有同是相沖而分緩急, 何也. 沖年月則急, 沖時日則
우 유 동 시 상 충 이 분 완 급   하 야   충 년 월 즉 급   충 시 일 즉

緩也.
완 야

똑같은 상충이지만 완급(緩急)이 나뉘는 것은 어떤 경우인가? 年月과 沖하면 급(急)하여 빠르게 오지만 日時와 沖하면 완(緩)하여 느리게 온다.

11. 똑같은 상충이지만 경중이 나뉘는 경우

又有同是相沖而分輕重者, 何也. 運本美而逢沖則輕, 運
우 유 동 시 상 충 이 분 경 중 자   하 야   운 본 미 이 봉 충 즉 경   운

旣忌而又沖則重也.
기 기 이 우 충 즉 중 야

똑같은 상충이지만 경중(輕重)이 나뉘는 것은 어떤 경우인가? 운 자체가 좋으면 충을 만나도 경미하지만, 운 자체가 기신이면 또 충을 만나니 중하게 온다.

12. 충(沖)을 만났으나 불충(不沖)인 경우

又有逢沖而不沖者, 何也. 如甲用酉官, 行卯則沖, 而本
우유봉충이불충자 하야 여갑용유관 행묘즉충 이본
命巳酉有相會, 則沖無力, 年支亥未, 則卯逢年會而不沖
명사유유상회 즉충무력 년지해미 즉묘봉년회이불충
月官之類是也.
월관지류시야

충(沖)을 만났으나 불충(不沖)인 것은 어떤 경우인가? 예를 들어 甲 일주가 酉 정관을 용신하는데 운에서 卯가 오면 충이 발생하지만, 본명에 巳가 있어 巳酉가 서로 회합하고 있다면 그 충은 무력해진다. 같은 경우에 연지에 亥나 未가 있으면 운에서 卯가 올 때 亥卯, 卯未 회합이 생기니 월령 정관은 충하지 않는 유형이 그러하다.

13. 하나의 충(沖)이 두 개의 충(沖)을 일으키는 경우

又有一沖而得兩沖者, 何也. 如乙用申官, 兩申並而不沖
우유일충이득양충자 하야 여을용신관 양신병이불충
一寅, 運又逢寅, 則運與本命, 合成二寅, 以沖二申之類
일인 운우봉인 즉운여본명 합성이인 이충이신지류
是也. 此皆取運之要法, 其備細則, 又于外格取運章詳之.
시야 차개취운지요법 기비세칙 우우외격취운장상지

하나의 충이 두 개의 충을 일으키는 것은 어떤 경우인가? 예를 들어 乙 일주가 申 정관을 용신하는데 두 개의 申이 병존하면 하나의 寅과는 충이 일어나지 않는다. 이 경우 운에서 또 寅을 만나면 운과 본명이 함께 두 개의 寅을 이루고 두 개의 申과 충을 일으키는 유형이 그러하다. 이상이 대부분 취운의 개략적인 방법이다. 뒤에 그 자세한 규칙도 실어놓았고, 또 외격 취운의 장에서도 설명하였다.

제26장 행운성격변격론

【論行運成格變格】

子平眞詮

1. 운에서 격이 다시 성(成)하기도 변(變)하기도 함

命之格局, 成於八字, 然配之以運, 亦有成格變格之權,
명지격국 성어팔자 연배지이운 역유성격변격지권
成格變格, 比之喜忌禍福尤重.
성격변격 비지희기화복우중

사주에서의 격국은 팔자에서 이루어지나 그것을 운에 배합하면 다시 격국을 이루기도 하고, 격국을 변하게도 하는 권한이 생겨난다. 격국의 성변(成變)은 격국의 희기(喜忌), 화복(禍福)보다 더욱 중요한 문제이다.

2. 운에서 격을 다시 이루는 경우

何爲成格, 本命用神, 成而未全, 運從而就之者是也. 如
하위성격 본명용신 성이미전 운종이취지자시야 여
丁生辰月, 透壬爲官, 而運逢申子以會之. 乙生辰月, 或
정생진월 투임위관 이운봉신자이회지 을생진월 혹
申或子會印成局, 而運逢壬癸以透之. 如此之類, 皆成格也.
신혹자회인성국 이운봉임계이투지 여차지류 개성격야

다시 격을 이룬다는 것은 무엇인가? 본명의 용신이 격을 이루긴

했으나 완전치는 않았는데 운이 따라줘서 성격을 취하게 된 것을 말한다. 예를 들어 丁 일주가 辰月에 태어났고 壬을 투간하여 정관격이 되었는데 운에서 申子를 만나 水로 회합한다거나, 乙 일주가 辰月에 태어났고 申 혹은 子와 회합하여 인수격이 되었는데 운에서 壬癸 인성을 만나 그것이 투출된 경우이다. 이와 같은 유형들을 모두 다시 격을 이루었다고 하는 것이다.

3. 운에서 격이 다시 변하는 경우

何謂變格, 如丁生辰月, 透壬爲官, 而運又逢戊, 透出辰
하위변격 여정생진월 투임위관 이운우봉무 투출진
中傷官. 壬生戌月, 丁己並透, 而支又會寅會午, 作財旺
중상관 임생술월 정기병투 이지우회인회오 작재왕
生官矣, 而運逢戊土, 透出戌中七煞. 壬生亥月, 透己爲
생관의 이운봉무토 투출술중칠살 임생해월 투기위
用, 作建祿用官矣, 而運逢卯未, 會亥成木, 又化建祿爲
용 작건록용관의 이운봉묘미 회해성목 우화건록위
傷. 如此之類, 皆變格也.
상 여차지류 개변격야

다시 격이 변한다는 것은 무엇인가? 예를 들어 丁 일주가 辰月에 태어났고 壬을 투간하여 정관격이 되었는데 운에서 戊를 만나면 辰 중 상관을 투출한 것이요, 壬 일주가 戌月에 태어났고 丁己를 함께 투출하고 지지에서 寅 혹은 午와 회합하면 재가 왕해져서 정관을 생하는 형국인데 운에서 戊土를 만나면 戌 중 칠살을 투출한 것이다. 또 壬 일주가 亥月에 태어났고 己가 투출하여 용신 삼았다면 건록격에 정관을 용신하는 격이 되는데 운에서 卯未를 만나 亥와 회합하여 木을 이루면 건록이 변하여 상관이 되었다. 이와 같은 유형들을 모두 다시 격이 변하였다고 하는 것이다.

4. 운에서 격을 이루어도 기쁘지 않은 경우

然亦有逢成格而不喜者, 何也. 如壬生午月, 運透己官,
연역유봉성격이불희자 하야 여임생오월 운투기관

而本命有甲之類是也.
이본명유갑지류시야

그런데 운에서 격을 이루어도 기쁘지 않은 경우는 무엇인가? 예를 들어 壬 일주가 午月에 태어났고 운에서 己 정관을 투출하였는데 본명에 이미 甲 식신이 있는 경우가 그러하다.

5. 운에서 격이 변하여도 꺼리지 않은 경우

又有逢變格而不忌者, 何也. 如丁生辰月, 透壬用官, 運
우유봉변격이불기자 하야 여정생진월 투임용관 운

逢戊而命有甲. 壬生亥月, 透己用官, 運逢卯未會傷, 而
봉무이명유갑 임생해월 투기용관 운봉묘미회상 이

命有庚辛之類是也.
명유경신지류시야

그런데 운에서 격이 변하여도 꺼리지 않은 경우는 무엇인가? 예를 들어 丁 일주가 辰月에 태어났고 壬을 투출하여 정관격인데 운에서 戊 상관을 만났다 해도 본명에 甲 정인이 이미 있는 경우, 壬 일주가 亥月에 태어났고 己를 투출하여 정관격인데 운에서 卯未를 만나 회합하여 상관이 되었다 해도 본명에 庚辛 인성이 이미 있는 경우가 그러하다.

6. 취운법의 중요성

成格變格, 關係甚大, 取運者其細詳之.
성격변격 관계심대 취운자기세상지

운에서 격을 다시 이루고, 격이 다시 변하는 것은 사주의 관계 속에서 심히 중요한 것이니 취운(取運)을 살핌에 매우 상세해야 할 것이다.

子平眞詮

제27장
간지유별론
【論喜忌支干有別】

1. 천간과 지지는 유별(有別)

命中喜忌, 雖干支俱有, 而干主天, 動而有爲, 支主地, 靜
명중희기 수간지구유 이간주천 동이유위 지주지 정
以待用, 且干主一而主藏多, 爲福爲禍, 安得不殊.
이대용 차간주일이주장다 위복위화 안득불수

명(命) 중 희신과 기신은 천간과 지지 모두에 있을 수 있지만, 천간은 하늘을 상징하고 동적이며 행위를 가지고 있고, 지지는 땅을 상징하고 정적이며 쓰임을 기다린다. 천간은 하나만을 상징하지만 지장간이 상징하는 것은 여럿으로 복이 되기도 하고 화가 되기도 하니 당연히 분명 다른 것이다.

2. 간지유별(干支有別)에 대한 예시

故曰甲用酉官, 逢庚辛則官煞雜, 而申酉不作此例, 申亦
고왈갑용유관 봉경신즉관살잡 이신유부작차례 신역
辛之旺地, 辛坐申酉, 如府官而又掌道印也. 逢二辛則官
신지왕지 신좌신유 여부관이우장도인야 봉이신즉관
犯重, 而二酉不作此例, 辛坐二酉, 如一府官而攝二郡也.
범중 이이유부작차례 신좌이유 여일부관이섭이군야
透丁則傷官, 而逢午不作此例, 丁動而午靜, 且丁己並藏,
투정즉상관 이봉오부작차례 정동이오정 차정기병장

焉知其爲財也.
언 지 기 위 재 야

 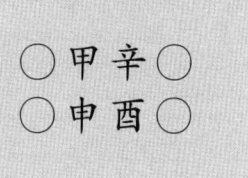

그래서 얘기해보면 甲 일주가 酉 정관을 용신하고 庚辛을 본다면 관살혼잡이지만, 申酉를 보는 것은 그렇지 않으니 申 역시 辛의 왕지(旺地)이지만 辛이 申酉에 앉으면 부(府)의 관리가 행정용 인장도 소유하고 있는 것과 같다.

 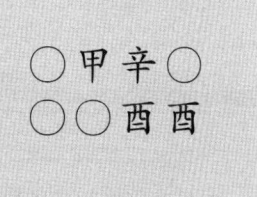

甲 일주가 2개의 辛을 보는 것은 정관이 태중(太重)한 것이지만, 2개의 酉를 보는 것은 그렇지 않으니 辛이 2개의 酉를 깔고 앉으면 1개의 부(府)의 관리가 2개의 군(郡)을 쥐고 다스리는 것과 같다.

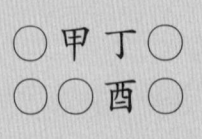 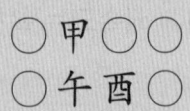

甲 일주가 丁을 투출하면 상관이지만, 午를 보는 것은 그렇지 않으니 丁이 동적인 데 반해 午는 정적이고 丁己를 모두 암장하고 있어 午는 재성이 됨을 알아야 한다.

己壬己乙 酉午丑未	壬 일주가 丑月에 태어났고 己를 투출하여 정관격이다. 정관 己가 월간과 시간에 2개나 떠 있어 정관이 태중(太重)한 것이다. 만약 己가 천간에 1개만 있었다면 지지의 午丑未는 정관의 뿌리로서 정관이 수려하다 하였을 것이다. 이 사주의 주인은 남편과 사별하고 이성 관계와 사생활이 복잡한 여성이다.
丙己甲戊 寅巳寅辰	己 일주가 寅月에 태어났고 甲을 투출하여 정관격이다.[31] 정관 甲이 월지와 시지에 寅을 2개나 가지고 있지만, 寅은 정적이고 戊丙甲을 모두 암장하고 있어 관인상생을 잘 이루고 있다.

---

31) 심효첨은 日干과 天干합의 경우 合의 특징을 보이기는 하나 변화하거나 합거하지

3. 회합(會合)의 유무에 따른 지지의 동정(動靜)

然亦有支而能作禍福者, 何也. 如甲用酉官, 逢午本未能
연역유지이능작화복자 하야 여갑용유관 봉오본미능

傷, 而又遇寅遇戌, 不隔二位, 二者合而火動, 亦能傷矣.
상 이우우인우술 불격이위 이자합이화동 역능상의

卽此反觀, 如甲生申月, 午不制煞, 會寅會戌, 二者淸局
즉차반관 여갑생신월 오부제살 회인회술 이자청국

而火動, 亦能制煞矣. 然必會而有動, 是正與干別也. 卽
이화동 역능제살의 연필회이유동 시정여간별야 즉

此一端, 餘者可知.
차일단 여자가지

그런데 지지에 있는 것도 화복(禍福)을 관장할 수 있다는 말은 무엇인가?

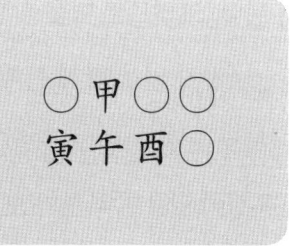

않고 본래의 천간 성질을 유지한다고 보았다(제5장 합이불합 참조). 이 명조 예시의 경우 일간 己과 월간 甲이 甲己合을 하여 정관이 친밀하지만, 甲 정관이 합거되어 사라지지는 않는다. 즉 심효첨의 견해로는 정관의 성질은 유지되고 정관을 용신할 수 있다고 보았다.

예를 들어 甲 일주가 酉 정관을 용신하고 午를 본다면 관(官)을 상하게 할 능력이 모자라지만, 추가로 寅을 보거나 戌을 보며 寅午, 戌午 각 글자 자리가 떨어져 있지 않다면 둘이 합하여 火로 동작하니 능히 관을 상하게 할 능력을 갖추게 된다.

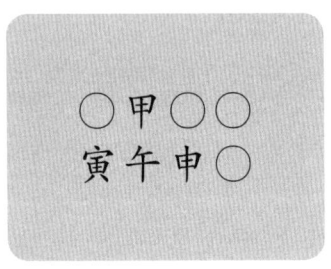

반대의 관점에서 예를 들어 甲 일주가 申月에 태어났고 午가 있다면 칠살(七煞)을 제어하기엔 모자라지만, 寅午, 戌午로 회합하면 이 둘은 격국을 청하게 하고 火가 동작하니 능히 칠살을 제어할 능력을 갖추게 된다. 그래서 회합(會合)은 반드시 동(動)함을 유도하고 이것은 정히 천간과 다른 점이다. 이는 단지 하나의 단초이지만 나머지 의미도 유추할 수 있을 것이다.

子平眞詮

제28장
지지봉운투청론
【論支中喜忌逢運透淸】

1. 지지의 봉운투청(逢運透淸)이란?

> 支中喜忌, 固與干有別矣, 而逢運透淸, 則靜而待用者,
> 지중희기 고여간유별의 이봉운투청 즉정이대용자
> 正得其用, 而喜忌之驗, 于此乃見. 何謂透淸. 如甲用酉
> 정득기용 이희기지험 우차내견 하위투청 여갑용유
> 官, 逢辰未卽爲財, 而運透戊, 逢午未卽爲傷, 而運透丁
> 관 봉진미즉위재 이운투무 봉오미즉위상 이운투정
> 之類是也.
> 지류시야

지지의 희기(喜忌)는 분명 천간과 다르다. 운(運)을 만나 투청(透淸)해야 하는 것인데, 고요하게 쓰임을 기다리던 지지가 바로 그 쓰임을 얻고 희기의 영험함을 그때서야 드러내게 된다. 여기서 투청(透淸)이란 말은 무엇인가? 예를 들어 甲 일주가 酉 정관을 월령 용신으로 삼고 辰을 만났다 하더라도 아직 재성을 갖췄다고 할 순 없으니 운에서 투출된 戊를 만나야 하고, 또 午를 만났다 하더라도 아직 상관을 가졌다고 할 순 없으니 운에서 투출된 丁을 만나야 하니 이와 같은 것을 투청(透淸)이라고 한다.

2. 운에서 만난 회합(會合)과 투청(透淸)

若命與運二支會局, 亦作淸論. 如甲用酉官, 本命有午,
약 명 여 운 이 지 회 국   역 작 청 론   여 갑 용 유 관   본 명 유 오

而運逢寅戌之類, 然在年則重, 在日次之, 至於時生于午,
이 운 봉 인 술 지 류   연 재 년 즉 중   재 일 차 지   지 어 시 생 우 오

而運逢寅戌會局, 則緩而不急矣. 雖格之成敗高低, 八字
이 운 봉 인 술 회 국   즉 완 이 불 급 의   수 격 지 성 패 고 저   팔 자

已有定論, 與命中原有者不同, 而此五年中, 亦能爲其禍
이 유 정 론   여 명 중 원 유 자 부 동   이 차 오 년 중   역 능 위 기 화

福. 若月令之物, 而運中透淸, 則與命中原有者, 不甚相
복   약 월 령 지 물   이 운 중 투 청   즉 여 명 중 원 유 자   불 심 상

懸, 卽前篇所謂行運成格變格也.
현   즉 전 편 소 위 행 운 성 격 변 격 야

명(命)과 운(運)이 만날 때 2개의 지지가 회합(會合)하여 국을 이루면 이 역시 청(淸)하게 혹은 현저하게 작용한다. 예를 들어 甲 일주가 酉 정관을 월령 용신으로 삼고 명(命)에 午가 있는데 운(運)에서 寅戌을 만나는 유형인데, 午가 연지(年支)면 중하고, 일지(日支)면 그 다음이고, 시지(時支)에 있으면 생하는 수준으로 가볍다. 운에서 寅戌을 만나 회합하는 것은 완만하며 급하지 않다.

비록 격의 성패·고저가 팔자에서 이미 정해졌고 명(命) 중의 원국에 이미 있는 것과 없는 것이 같을 리는 없겠지만, 운에서 5년 동안 능히 그 화복(禍福)이 작용한다. 만약 월령에 있던 것이 운 중에 투청

(透淸)하면 명 중에 원래 있던 것과 크게 차이가 없다. 전편에서 언급한 소위 행운의 성변격(成變格)이 바로 그것이다.

丙甲辛癸 寅辰酉亥	甲 일주가 酉月에 태어났고 辛이 투출하여 정관격이다. 연간에 癸 인성이 떠 있으니 인수가 상신(相神)으로 작용한다. 일지의 辰 재성이 작용하여 재생관(財生官)까지 하면 좋을 터인데 辰 하나만으로는 완벽한 재라고 하기 어렵다. 운에서 戊가 올 때 재성이 현저하게 작용하여 재생관이 된다.
丁丁丁丁 未酉未丑	**서락오 평주 사례 – 친척 요군(姚君)의 命** 丁 일주가 未月에 태어나 식신격이다. 火가 왕하여 신강하고 土 식신이 좋지만 재성은 일지에 酉가 하나 있다. 巳대운에 巳酉丑 회합하여 金局을 이루니 활동이 왕성하고 뜻을 이루었다. 하지만 卯대운에 卯未가 회합하여 木 인수가 기신으로 작용하고 운에서 木이 투청할 때 사망하였다.

3. 취운법의 기본 원리

故凡一八字到手, 必須逐干逐支, 上下統看. 支以爲干之
生地, 干以爲支之發用. 如命中有一甲字, 則統觀四支,
有寅亥未卯等字否, 有一者, 皆甲木之根也. 有一亥字,
則統觀四干, 有壬甲二字否. 有壬, 則亥爲壬祿, 以壬水
用, 有甲, 則亥爲甲長生, 以甲木用, 有壬甲俱全, 則一以
祿爲根, 一則以長生爲根, 二者並用. 取運亦用此術, 將
本命八字, 逐干逐支配之而已.

그러므로 무릇 하나의 팔자를 입수하면 반드시 천간과 지지를 각각 추적하고 또 상하를 함께 통찰해야 한다. 지지는 천간의 생지(生地)가 되고, 천간은 지지의 발용(發用)이 된다. 예를 들어 명 중에 한 개의 甲이라는 글자가 있다면 네 지지를 모두 살피어 寅亥未卯 등의 글자가 있는지를 살피고, 한 개라도 있으면 甲木의 뿌리가 된다.

또, 한 개의 亥라는 글자가 있다면 네 천간을 모두 살피어 壬甲 두 글자가 있는지를 살피고, 壬이 있으면 亥는 壬의 록(祿)으로 壬水의 쓰임이 되고, 甲이 있으면 亥는 甲의 장생(長生)으로 甲木의 쓰임이 된다. 壬甲이 모두 있으면 하나에게는 록(祿)이자 뿌리이며, 하나에게는 장생(長生)이자 뿌리이니 둘 모두에게 쓰임이 된다. 취운이라는 것 역시 이런 방법을 쓰는 것으로 원국 팔자의 천간과 지지를 추적하고 배합하여 살피는 것이다.

丙庚甲癸 戌戌寅酉	庚 일주가 寅月에 태어났고 甲과 丙을 투출하여 재격과 칠살격이 겸격인데 이 둘은 잡(雜)하다. 월간의 재성이 뿌리까지 강해 부모의 유산이 많았던 남성이다. 亥대운에는 부모덕으로 대학원까지 졸업하고 유산도 받았으나, 戌대운으로 이어지며 칠살운이 강해지며 사업에 실패하고 백수가 되었다.
壬辛乙甲 辰未亥辰	辛 일주가 亥月에 태어났고 월령 亥를 중심으로 천간을 살펴보면 상관 壬에게는 월령이 록(祿)이 되고, 재성 甲에게는 월령이 장생(長生)이 된다. 상관과 재성의 겸격이고 상관생재(傷官生財)하니 둘 다 쓰임이 있다. 단, 일간이 신약하여 신왕운이 필요하다.

子平眞詮

제29장
고전격국 오류
【論時說拘泥格局】

1. 외격 혹은 잡격에 집착하지 말라

八字用神, 專憑月令, 月無用神, 始尋格局. 月令本也, 外
팔자용신 전빙월령 월무용신 시심격국 월령본야 외

格末也. 今人不知輕重, 拘泥格局, 執假失眞.
격말야 금인부지경중 구니격국 집가실진

팔자의 격국용신은 전적으로 월령에 의존한다. 그런데 월령에 용신이 없다면 처음부터 다시 격국을 찾아 나서야 한다. 이때도 월령이 근본이고 외격은 마지막 선택이다. 그런데 요즘 사람들은 그 경중을 모르고 격국에 얽매여서 가짜에 집착하고 진짜를 잃어버리고 있다.

2. 전식격(專食格)의 오류

故見戊生甲寅之月, 時上庚申, 不以爲明煞有制, 而以爲
고견무생갑인지월 시상경신 불이위명살유제 이이위

專食之格, 逢甲減福.
전식지격 봉갑감복

```
庚 戊 甲 ○
申 ○ 寅 ○
```

그러므로 戊 일주가 甲寅月에 태어났고 時가 庚申이면 칠살격(七煞格)에 제복됨이 분명한데도 전식격(專食格)이라 하고 甲을 만나 복(福)이 감쇠되었다 한다.

3. 귀록격(歸祿格)의 오류

丙生子月, 時逢巳祿, 不以爲正官之格, 歸祿幇身, 而以
병생자월 시봉사록 불이위정관지격 귀록방신 이이

爲食祿歸時, 逢官破局.
위식록귀시 봉관파국

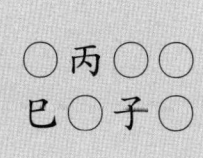

丙 일주가 子月에 태어났고 時에서 巳 록(祿)을 만나면 정관격(正官格)이고 귀록(歸祿)은 일주를 돕는 것이 분명한데도 식록귀시격(食祿歸時格; 귀록격)이라 하고 관(官)을 만나 국이 깨졌다고 한다.

| 癸丙壬壬
巳申子辰 | **서락오 평주의 사례**
소일보의 주인 황곽익의 사주이다. 관살이 태왕한데 일주가 時支의 祿에 의지하고 있다. 인수가 관살과 일주를 통관하는 희신이니 인수운에 가장 좋고 비겁운도 좋다. 신약하고 時支의 祿에 의지하니 관살이 없으면 더 좋을 것이라 평한다. 서락오가 귀록격이라 간명한 것도 아니며 심효첨이든 고전격국이든 하나만 보는 단식판단보다는 사주 전체를 살필 것을 강조한다. |

4. 조양격(朝陽格)의 오류

辛日透丙, 時遇戊子, 不以爲辛日得官逢印, 而以爲朝陽
신일투병 시우무자 불이위신일득관봉인   이이위조양

之格, 因丙無成.
지격 인병무성

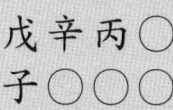

辛 일주가 丙을 투출하고 時에서 戊子를 만나면 辛 일주가 정관과 정인을 가졌음이 분명한데도 조양격(朝陽格)이라 하고 丙이 있어서 격을 이루지 못했다고 한다.

5. 시상일위귀격(時上一位貴格)의 오류

財逢時煞, 不以爲生煞攻身, 而以爲時上偏官.
재 봉 시 살   불 이 위 생 살 공 신   이 이 위 시 상 편 관

재(財)가 時에서 칠살(七煞)을 만나면 재생살(財生煞)되어 일주를 공격할 것이 분명한데도 시상편관격(時上偏官格; 시상일위귀격)이라고 한다.

6. 형합격(刑合格)의 오류

癸生巳月, 時遇甲寅, 不以爲暗官受破, 而以爲刑合成格.
계생사월 시우갑인 불이위암관수파 이이위형합성격

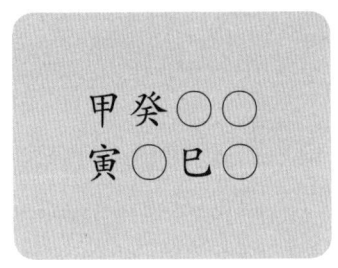

癸 일주가 巳月에 태어났고 時에서 甲寅을 만나면 숨겨진 암관(暗官; 숨겨진 관, 巳中戊)이 깨진 것이 분명한데도 형합격(刑合格)이 이루어졌다고 한다.

7. 공귀격(拱貴格)의 오류

癸生冬月, 酉日亥時, 透戊生戌, 不以爲月劫建祿, 用官
계생동월 유일해시 투무생술 불이위월겁건록 용관

通根, 而以爲拱戌之格, 塡實不利. 辛日坐丑, 寅年亥月
통근 이이위공술지격 전실불리 신일좌축 인년해월

卯時, 不以爲正財之格, 而以爲塡實拱貴.
묘시 불이위정재지격 이이위전실공귀

```
○癸○戊
亥酉子戌
```

癸 일주가 겨울에 태어났고 日은 酉이고 時는 亥이고 戌에서 戊가 투출하면 월겁건록격(月劫建祿格)이고 통근된 정관(正官)을 용신함이 분명한데도 공술격(拱戌格)이라 하고 전실(塡實)되어 불리하다고 한다.

```
○辛○○
卯丑亥寅
```

辛 일주가 丑을 깔고 앉았고 年은 寅이고 月은 亥이고 時는 卯이면 木局으로 정재격(正財格)이 분명한데도 공귀격(拱貴格)이 전실(塡實)되어 버렸다고 한다.

8. 서귀격(鼠貴格)의 오류

乙逢寅月, 時遇丙子, 不以爲木火通明, 而以爲格成鼠貴.
을봉인월 시우병자 불이위목화통명   이이위격성서귀
如此謬論, 百無一是, 此皆由不知命理, 而委爲評斷也.
여차류론 백무일시 차개유부지명리 이위위평단야

```
丙 乙 ○ ○
子 ○ 寅 ○
```

乙 일주가 寅月에 태어났고 時에서 丙子를 만나면 목화통명(木火通明)이 분명한데도 서귀격(鼠貴格)이 이루어졌다고 한다. 이러한 잘못된 이론은 백이면 백 하나도 맞지 않는데 이 모두가 명리를 잘 모르면서 마음대로 평하고 단정해서 그런 것이다.

子平眞詮

제30장
와전이론 오류
【論時說以訛傳訛】

1. 명리 이단(異端)의 와전된 여러 이론

八字本有定理, 理之不明, 遂生異端, 妄言妄聽, 牢不可
팔자본유정리 이지불명 수생이단 망언망청 뇌불가
破. 如論干支, 則不知陰陽至理, 而以俗書體象歌爲確論.
파   여론간지 즉부지음양지리 이이속서체상가위확론
論格局, 則不知專尋月令, 而以拘泥外格爲活變. 論生剋,
논격국 즉부지전심월령 이이구니외격위활변 논생극
則不察喜忌, 而以傷旺扶弱爲定法. 論行運, 則不知同中
즉불찰희기 이이상왕부약위정법 논행운 즉부지동중
有異, 而以干支相類者爲一例.
유리 이이간지상류자위일례

팔자에는 근본적으로 정해진 이치가 있는데, 그 이치를 명확히 몰라서 이단(異端)이 생기고 헛된 말을 하고 헛된 말이 돌아서 결국 확고한 듯 깨지지 않게 되고 만다. 간지(干支)를 논함에 있어서 음양(陰陽)의 지극한 이치도 모르고 속서의 물상만 읊어대며 그것이 확실한 논리라 여기고, 격국(格局)을 논함에 있어서 전적으로 월령(月令)에서 찾아야 함을 모르고 외격에 얽매여서 그것이 살아있는 통변이라 여긴다. 생극(生剋)을 논함에 있어서 희기(喜忌)는 살피지 아니하고 억부법만 고집해서 정법이라 여기고, 행운(行運)을 논함에 있어서 같은 것 중에도 다름이 있음을 모르고 간지가 같은 오행이면 하나로 취급해 버린다.

2. 와전이론이 생겨난 이유

究其緣由, 一則以俗書無知委作, 誤依其說, 而深入迷途.
구 기 연 유 일 즉 이 속 서 무 지 위 작 오 의 기 설 이 심 입 미 도
一則論命取運, 偶然湊合, 而遂以已見爲不易. 一則以古
일 즉 논 명 취 운 우 연 주 합 이 수 이 이 견 위 불 역 일 즉 이 고
人命式, 亦有誤收, 卽收之不誤, 又以已意誤入外格, 尤
인 명 식 역 유 오 수 즉 수 지 불 오 우 이 기 의 오 입 외 격 우
爲害人不成.
위 해 인 불 성

위와 같은 일의 연유를 따져보면, 하나는 속서의 무지함이 위작을 낳았고 그 설을 잘못 믿어 미궁에 빠져드는 것이요. 하나는 논명하고 취운하다 보면 우연히 맞아 떨어지곤 하는데 그 경험을 따르던 것이 바뀌지 않은 것이요. 하나는 고인의 명(命) 풀이 중에도 잘못된 것이 있는데 오류가 없다 받아들이고 자기 생각을 외격에 끼워 맞추는 것이다. 이것들이 도리어 남을 해치지 않은 것이 이상할 따름이다.

3. 격국 오류에 대한 사례

如, 壬申·癸丑·己丑·甲戌, 本雜氣財旺而生官也, 而以
여 임신 계축 기축 갑술 본잡기재왕이생관야 이이

爲乙亥時, 作時上偏官論, 豈知以旺財生煞, 將死之不暇,
위을해시 작시상편관론 기지이왕재생살 장사지불가

于何取貴. 此類甚多, 皆誤收格局也. 如, 己未·壬申·
우하취귀 차류심다 개오수격국야 여 기미 임신

戊子·庚申, 本食神生財也, 而棄却月令, 而以爲戊日庚
무자 경신 본식신생재야 이기각월령 이이위무일경

申食祿之格, 豈知本身自有財食, 豈不甚美. 而何勞以庚
신식록지격 기지본신자유재식 기불심미 이하노이경

合乙, 求局外之官乎, 此類尤多, 皆硬入格外也.
합을 구국외지관호 차류우다 개경입격외야

```
甲己癸壬        乙己癸壬
戌丑丑申        亥丑丑申
```

예를 들어 壬申 癸丑 己丑 甲戌 사주의 경우라면 잡기재왕생관격(雜氣財旺生官格)이 된다. 그런데 만약 乙亥時라면 시상편관격(時上偏官格; 시상일위귀격)이라 논하곤 하는데 왕한 재(財)가 살(煞)을 생하여 장차 죽음에 여유를 부릴 틈도 없을 것이니 어찌 귀를 얻었다 하겠는가? 이런 유형은 심히 많고 모두 잘못된 것을 받아들인 격국일 뿐이다.

```
庚 戊 壬 己
申 子 申 未
```

예를 들어 己未 壬申 戊子 庚申 사주의 경우라면 식신생재격(食神生財格)이 된다. 그런데 월령을 내던져 버리고 戊 일주가 庚申을 가져 식록격(食祿格)이라 논하곤 하는데 본디 스스로 일주가 식재를 하고 있으니 어찌 아름답지 않겠는가? 그런데 무엇하러 乙庚合으로 국(局) 밖에 있는 정관을 구하려 노력한단 말인가? 이런 유형은 더욱 많고 모두 억지로 외격에 끼워 맞추려다 생긴 일일 것이다.

4. 와전이론에 미혹됨을 경고

人苟中無定見, 察理不精, 睹此謬論, 豈能無惑. 又何況
인구중무정견 찰리부정 도차류론 기능무혹 우하황
近日貴格不可解者, 亦往往而有乎. 豈知行術于人, 必以
근일귀격불가해자 역왕왕이유호 기지행술우인 필이

貴命爲指, 或將風聞爲實據, 或探其生日, 而卽以己意加
귀명위지 혹장풍문위실거 혹탐기생일 이즉이기의가

之生時, 謬造貴格, 甚至人之八字, 時多未確, 卽彼本身,
지생시 류조귀격 심지인지팔자 시다미확 즉피본신

亦不自知. 若看命者不究其本, 而徒以彼旣富貴, 遷就其
역부자지 약간명자불구기본 이도이피기부귀 천취기

說以相從, 則無惑乎, 終身解日矣.
설이상종 즉무혹호 종신해일의

사람들에게 진실로 확정된 견해가 없다면 이치를 살핌에 정교함이 없고 위와 같이 잘못된 이론을 분별함에 어찌 미혹되지 않을 수 있겠는가? 또 하물며 최근에는 귀격(貴格)을 불가하게 해석하는 일조차 왕왕 있다. 어찌 타인에게 저런 술(術)을 행할 수 있는지 알 수가 없으니 반드시 귀명(貴命)만을 가리켜 찾으려고 하며, 혹은 오히려 풍문을 실제 근거로 삼으려 하며, 혹은 생일(生日)은 찾고 자기 뜻대로 생시(生時)를 가미해 귀격(貴格)을 가짜로 만들어 내기도 한다. 심지어 사람의 팔자에서 時는 불확실한 경우가 많고 그 사람 본인도 스스로 알지 못하는 경우가 있는데 말이다. 만약 간명하는 사람이 그 근본은 연구하지도 않고 그 사람의 기존 부귀만을 가지고 그 해설을 이리저리 껴맞추며 서로 쫓아가면 어찌 미혹함이 없겠으며 종신토록 해득할 날이 오겠는가?

제31장 정관격 【論正官】

子平眞詮

1. 정관(正官)의 특징

官以剋身, 雖六七煞有別, 終受被制, 何以切忌刑冲破害,
관이극신 수육칠살유별 종수피제 하이절기형충파해
尊之若是乎? 豈知人生天地, 必無矯焉, 自尊之理, 雖貴
존지약시호 기지인생천지 필무교언 자존지리 수귀
極天子, 亦有天祖臨之. 正官者分所當尊, 如在國有君,
극천자 역유천조임지 정관자분소당존 여재국유군
在家有親, 刑冲破害, 以下犯上, 嗚呼可乎?
재가유친 형충파해 이하범상 오호가호

    정관(正官)은 나를 剋하는 것이니, 비록 칠살(七煞)과 다르다 하여도 결국은 내가 극제(剋制)를 받는다는 것은 같다. 정관은 刑冲破害를 심히 꺼려하니 이처럼 존중해야 하는 이유는 무엇인가? 어찌하여 사람들은 천지간에 태어나 자신이 최고라고 생각하는 이치를 결국은 교정하지 못한단 말인가? 설사 세상에 가장 귀하다는 천자(天子)라 할지라도 역시 그를 임(臨)하게 한 하늘과 조상이 있는데 말이다. 정관은 직무상 당연히 존중해야 하니, 나라가 있으면 임금이 있고 가정이 있으면 부모가 있는 것과 같아서 정관이 刑冲破害를 당한다면 아랫사람이 윗사람을 범하는 것이니 어찌 가(可)하다고 하겠는가?

2. 정관격의 대귀격(大貴格) 조건 : 재인병투(財印並透)

以刑沖破害爲忌, 則以生之護之爲喜矣. 存其喜而去其忌
이 형 충 파 해 위 기   즉 이 생 지 호 지 위 희 의   존 기 희 이 거 기 기

則貴, 而貴之中又有高低者, 何也? 以財印並透者論之,
즉 귀   이 귀 지 중 우 유 고 저 자   하 야   이 재 인 병 투 자 론 지

兩不相碍, 其貴也大. 如薛相公命, 甲申·壬申·乙巳·
양 불 상 애   기 귀 야 대   여 설 상 공 명   갑 신 임 신 을 사

戊寅, 壬印戊財, 以乙隔之, 水與土不相碍, 故爲大貴. 若,
무 인   임 인 무 재   이 을 격 지   수 여 토 불 상 애   고 위 대 귀   약

壬戌·丁未·戊申·乙卯, 雜氣正官, 透干會支, 最爲貴格,
임 술 정 미 무 신 을 묘   잡 기 정 관   투 간 회 지   최 위 귀 격

而壬財丁印, 二者相合, 仍以孤官無輔, 所以不上七品.
이 임 재 정 인   이 자 상 합   잉 이 고 관 무 보   소 이 불 상 칠 품

정관은 刑沖破害를 꺼려하고 그것을 生하고 보호(保護)하는 것을 기뻐한다. 기쁜 것은 보존하고 꺼리는 것은 제거해야 귀격이 되는 법이고, 귀격 가운데 또 고저(高低)가 있으니 어떤 경우인가? 재성과 인성이 함께 투출한 것을 그렇게 논하는 법이고 그 둘이 서로 장애가 되지 않아야 그 귀격이 진정 큰 귀격이 된다.

```
戊 乙 壬 甲
寅 巳 申 申
```

설상공(薛相公)의 명을 보면 甲申 壬申 乙巳 戊寅인데, 壬 인성과 戊 재성 사이를 乙이 가로막고 있으니 水와 土가 서로 장애가 되지 않는다. 그래서 대귀격(大貴格)이 되었다.[32]

```
乙 戊 丁 壬
卯 申 未 戌
```

만약 壬戌 丁未 戊申 乙卯 명이 있다면 잡기정관격(雜氣正官格)인데, 乙이 천간에 투출하고 지지에 卯, 未가 회합(會合)하니 최고의 귀격이 되는 듯하다. 하지만 壬 재성과 丁 인성 둘이 서로 합되어 버리니 이런 경우 빈번하게 '고관무보(孤官無輔; 官이 외롭고 돕는 이가 없다)'라

---

32) 심효첨은 설상공의 명을 정관격으로 보고 본 편에 예시하였으나 申月에서 인수 壬이 투출하였으니 인수격으로 변하였다. 官印相生하므로 월령의 정관이든 투출된 인수이든 모두 성격의 요인이다.

고 논하니 칠품(七品) 이상은 오르지 못하였다.

3. 정관이 합화인수(合化印綬)된 경우

若財印不以兩用, 則單用印不若單用財, 以印能護官, 亦
약재인불이양용 즉단용인불약단용재 이인능호관 역
能洩官, 而財生官也. 若化官爲印而透財, 則又爲透之,
능설관 이재생관야 약화관위인이투재 즉우위투지
而大貴之格也. 如金狀元命, 乙卯·丁亥·丁未·庚戌, 此
이대귀지격야 여금장원명 을묘 정해 정미 경술 차
並用財印, 無傷官而不雜煞, 所謂去其忌而存其喜者也.
병용재인 무상관이부잡살 소위거기기이존기희자야

만약 재성과 인성을 함께 동시에 용신할 수 없다면 단독으로 인성을 용신하는 것이 단독으로 재성을 용신하는 것만 못하다. 인성이 정관을 보호(保護)하긴 하지만 동시에 정관을 설기(洩氣)하기도 하니 정관을 생하는 재성이 낫다.

하지만 정관이 化하여 인수가 되었고 재성이 투출했다면 다시 한 번 이를 뛰어넘게 할 것이니 대귀격(大貴格)이라 할 만하다.[33]

---

33) 정관격이 변하여 인수격이 되었고 인다용재(印多用財)의 조건에 부합한다.

庚 丁 丁 乙
戌 未 亥 卯

금장원(金狀元)의 명을 보면 乙卯 丁亥 丁未 庚戌인데, 재성(庚)과 인수(亥卯未 木局)를 병행 용신하고 있다.[34] 상관이 없고 칠살이 혼잡되어 있지 않으니 소위 기신(忌神)을 제거하고 희신(喜神)을 남겼다고 부르는 형국이다.

4. 정관격의 패중유성(敗中有成)

然而遇傷在於佩印, 混煞貴乎取淸. 如宣參國命, 己卯·辛
연이우상재어패인 혼살귀호취청 여선참국명   기묘 신

未·壬寅·辛亥, 未中己官透干用淸, 支會木局, 兩辛解之,
미 임인 신해 미중기관투간용청 지회목국   양신해지

是遇傷而佩印也. 李參政命, 庚寅·乙酉·甲子·戊辰, 甲用
시우상이패인야   이참정명 경인 을유 갑자 무진 갑용

酉官, 庚金混雜, 乙以合之, 合煞留官, 是雜煞而取淸也.
유관 경금혼잡 을이합지 합살류관 시잡살이취청야

---

34) 이 명조의 통변은 정관격 예시에 함께 있고 丁일간이 亥월에 태어나 정관격인 듯 보이나 亥卯未 化木으로 인수격으로 변하였고 삼합국으로 인성이 중(重)하니 재성(庚)을 용신한다(印多用財)는 것이 역자의 의견이다.

한편 정관격이 상관을 만나도 인성을 가지고 있는 경우이거나, 칠살과 혼잡되었어도 맑은 것을 취하는 경우 패격이었지만 다시 귀(貴)해졌다 할 수 있다.

辛 壬 辛 己
亥 寅 未 卯

선참국(宣參國)의 명을 보면 己卯 辛未 壬寅 辛亥인데, 未中 己 정관이 투간하여 맑게 쓰이는데, 지지에 亥卯未 木局 상관을 만났지만 두 개의 辛이 이를 해결하니 이것이 상관을 만나도 인성을 가지고 있는 경우이다.

戊 甲 乙 庚
辰 子 酉 寅

이참정(李參政)의 명을 보면 庚寅 乙酉 甲子 戊辰인데, 甲 일간이 酉 정관을 월령 용신 삼는데 庚金 칠살이 혼잡되었어도 乙이 庚과 합하여 합살류관(合煞留官)이 되니 이것이 칠살과 혼잡되었어도 맑은 것을 취하는 경우이다.

5. 정관격의 무정유정(無情有情)

至於官格透傷用印者, 又忌見財, 以財能去印, 未能生官,
지어관격투상용인자 우기견재 이재능거인 미능생관

而適以護傷故也. 然亦有逢財而反大貴者, 如范太傅命,
이적이호상고야 연역유봉재이반대귀자 여범태부명

丁丑·壬寅·己巳·丙寅, 支具巳丑, 會金傷官, 丙丁解之,
정축 임인 기사 병인 지구사축 회금상관 병정해지

透壬豈非破格? 却不知丙丁並透, 用一而足, 以丁合壬而
투임기비파격 각부지병정병투 용일이족 이정합임이

財去, 以丙制傷而官清, 無情而愈有情. 此正造化之妙,
재거 이병제상이관청 무정이유유정 차정조화지묘

變幻無窮, 焉得不貴?
변환무궁 언득불귀

정관격이 상관을 투출하여 인성을 용신하는 경우 또 재성을 보는 것은 좋지 않다. 재성이 인성을 제거하느라 정관을 생하지 아니하고 상관을 보호하는 역할을 해버리기 때문이다. 하지만 재성을 만났는데도 오히려 크게 귀(貴)한 경우도 있다.

```
丙 己 壬 丁
寅 巳 寅 丑
```

 범태부(范太傅)의 명을 보면 丁丑 壬寅 己巳 丙寅인데, 지지의 巳丑이 회합으로 金局 상관이 되었는데 丙丁 인수가 상관을 해결한다. 그런데 壬 재성이 투출하니 인수를 극해 파격인 것처럼 보이지만, 丙丁 둘이 투출했고 하나만 쓰면 족하니 丁은 壬을 합거하고 丙을 써서 상관을 제어하니 정관이 맑아졌다.35) 이로써 무정(無情)이 유정(有情)36)이 되었다. 이것이 바른 조화의 묘미이며 무궁한 변화의 이치이니 어찌 귀하지 않다 하겠는가.

---

35) 이 명조의 통변은 寅中甲 本氣를 써서 정관격으로 보고 설명하고 있다. 하지만 己일간이 寅월에 태어났고 寅 중 丙이 투출하여 인수격이며 재성(壬)이 인수를 극하여 패격인 듯하나 丁壬合으로 패중유성 되었다고 보는 것이 역자의 견해이다.
36) 제12장 격국고저편 - 有情은 忌神이 合·制하여 용신이 淸하게 되는 사주를 말한다.

6. 지지형충(地支刑沖) 회합가해(會合可解)

至若地支刑沖, 會合可解, 已見前篇, 不必再述, 而以後
지약지지형충   회합가해   이견전편   불필재술   이이후

諸格, 亦不談及矣.
제격   역부담급의

만약 지지에 형충(刑沖)이 있다면 회합(會合)을 통해 해결할 수 있다. 이는 이미 전편에서 살펴보았으니 다시 설명할 것은 없고 이후에 다른 격(格)에서도 언급하지는 않을 것이다.

子平眞詮

제32장
정관격 취운법
【論正官取運】

1. 취운법 이론상의 한계

取運之道, 一八字則有一八字之論, 其理甚精, 其法甚活,
취운지도 일팔자즉유일팔자지론 기리심정 기법심활
只可大略言之. 變化在人, 不可泥也.
지가대략언지 변화재인 불가니야

취운법(取運法)라 하는 것이 사주팔자 하나하나 다 제각각인 법이고, 그 이치가 심히 정교하고 그 법칙이 몹시 유동적이라 말로 그것을 표현하기에는 대략의 수준일 수밖에 없다. 그 외의 변화는 다 사람이 하는 것이니 취운법이라는 규칙에 너무 집착하지는 말라.

2. 정관용재인(正官用財印)

如正官取運, 卽以正官所就之格, 分而配之. 正官而用財
여정관취운 즉이정관소취지격 분이배지 정관이용재
印, 身稍輕則取助身, 官稍輕則取助官. 若官露而不可逢
인 신초경즉취조신 관초경즉취조관 약관로이불가봉
食, 不可雜煞, 不可重官. 與地支刑沖, 不問所就何局, 皆
식 불가잡살 불가중관 여지지형충 불문소취하국 개
不利也.
불리야

정관격(正官格)의 취운법이란 정관이 사주체를 이끌어가는 격들인데 몇 가지로 나누고 이에 맞춰서 취운을 살피는 것이다.

정관격이 재성과 인성을 상조 용신으로 쓰는 경우,

① 다소 신약하면 일주를 돕는 운(인성·비겁)을 취하는 게 좋고,

② 정관이 조금 약하면 정관을 돕는 운(재성·정관)을 취하는 게 좋다.

③ 만약 정관이 투출되어 드러나 있다면 식신운을 만나면 안 되고, 칠살운과 혼잡돼도 안 되고, 정관운과 중첩돼도 안 된다.

④ 지지에 형충이 있다면 어떤 국(局)을 이루고 있든 간에 모두 불리하다.

庚庚甲辛 辰午午丑	庚 일주가 午月에 태어나 정관격이다. 월지와 일지에 午가 붙어 있고, 월간 甲 재성이 정관을 도와 일주를 극하니 일간이 다소 신약하다. 시지 辰 인성을 용신으로 쓰고, 己丑 인성 대운에 사회적 지위를 얻는다. 재, 관, 인이 모두 있어 관운이 좋은 사주이다. 변호사이고 법무법인 대표까지 지낸 야망이 많은 남성이다.
丁丙乙癸 酉寅丑卯	丙 일주가 丑月에 태어났고 癸가 투출하여 정관격이다. 정관 癸가 월령 여기에 근(根)을 둘 뿐이라 정관이 다소 약하다. 정관을 돕는 재성 酉가 시지에 있어 이를 용신으로 삼고, 재성과 정관운이 오는 것이 좋다.

3. 정관용재(正官用財)

正官用財, 運喜印綬身旺之地, 切忌食傷. 若身旺而財輕
정관용재 운희인수신왕지지 절기식상 약신왕이재경

官弱, 卽仍取財官運可也.
관약 즉잉취재관운가야

정관격이 재성을 상조 용신으로 쓰는 경우,

① 재관이 왕해 신약하니 인수운과 신왕운으로 흐르는 자리가 좋고

② 정관을 剋하는 식신·상관운은 반드시 피해야 한다.

③ 만약 신왕한데 재성과 정관은 약하다면, 재운과 정관운을 경우에 따라 취하는 것이 옳을 것이다.

| 戊 甲 丁 丙 |
| 辰 午 酉 午 |

甲 일주가 酉月에 태어나 정관격이다. 연월간에 丙丁 식상이 모두 투출되어 있고, 연일지에 午가 월령을 포위하고 있으니 정관이 성격을 이루지 못하였다. 다행히 시주에 戊辰 재성이 火를 설기하며 정관을 도와주고 있어 상조 용신으로 삼는다. 운에서 식상운을 만나면 흉하므로 반드시 피해야 한다.

| 庚 乙 戊 丁 |
| 辰 亥 申 丑 |

乙 일주가 申月에 태어났고 庚을 투출하여 정관격이다. 정관 庚이 재성 辰을 좌하고 있어 재성을 상신으로 쓰고 월간에 戊도 투출하고 있어 재생관이 잘 이루어진 사주이다. 재관이 왕해 신약하니 水木운으로 향하거나, 일지 亥를 투청(透淸)시키는 운에 발복한다.

4. 정관패인(正官佩印)

正官佩印, 運喜財鄉, 傷食反吉. 若官重身輕而佩印, 則
정관패인 운희재향 상식반길 약관중신경이패인 즉

身旺爲宜, 不必財運也.
신왕위의 불필재운야

정관격이 인성을 가지고 상조 용신으로 쓰는 경우,
① 정관을 생하는 것이 우선이니 재운으로 흐르는 것을 좋아하고
② 정관은 식상을 싫어하나 인성의 제복을 받으니 식신·상관운이 반대로 길(吉)할 수 있고
③ 만약 정관은 강하고 일주는 신약하면서 패인(佩印)하고 있다면, 신왕운이 오는 것이 마땅하고, 인성을 극하는 재운이 오는 것은 불필요하다.

| 癸己甲戊 | 己 일주가 寅月에 태어났고 甲을 투출하여 정관격이다. 연지의 午와 寅中丙 인성을 상조 용신으로 삼는다. 관인은 원국에서 지녔으므로 월령 정관을 생하는 水 재운으로 흐르는 것을 좋아한다. |
| 酉未寅午 | |

| 庚癸戊甲 | 癸 일주가 辰月에 태어났고 戊를 투출하여 정관격이다. 월의 戊辰 정관은 강하고 일주는 홀로 신약하지만 시주에서 庚申 인수를 패인하여 신약함을 달래준다. 인성이 상조 용신이고, 水 신왕운이 오는 것을 가장 좋아하며 火 재운이 오는 것은 꺼려한다. |
| 申巳辰午 | |

5. 정관대식상(正官帶食傷) : 용인제(用印制)

正官帶傷食而用印制, 運喜官旺印旺之鄕, 財運切忌, 傷
정관대상식이용인제 운희관왕인왕지향 재운절기 상

食反爲不碍. 若印綬疊出, 財運亦無害矣.
식반위불애 약인수첩출 재운역무해의

정관격이 식신·상관을 가지고 있어 이를 제하고자 인성을 상조 용신으로 쓰는 경우,

① 정관이 왕하거나 인성이 왕한 운으로 흐르는 것을 좋아하고

② 용신을 극하는 재운은 극히 꺼려하지만 식상은 반대로 장애가 되지 않는다.

③ 만약 인성이 중첩하여 투출해 있다면 재운도 그다지 해가 되지 않을 것이다.

| 甲癸戊辛
寅亥戌卯 | 癸 일주가 戌月에 태어났고 戌를 투출하여 정관격이다. 연지와 시상에 木 식상을 여럿 가지고 있으니 중(重)한 식상을 제압하고자 연간에 있는 辛 인성을 상조 용신으로 쓴다. 인성이 왕해지는 金運을 기뻐하고, 인성을 극하는 火 재성운은 극히 꺼려한다. |

| 辛壬辛己
亥寅未卯 | 자평진전 論正官 사례 – 선참국(宣參國)의 命
壬 일주가 未月에 태어났고 己를 투출하여 정관격이다. 亥卯未가 회합하여 木局을 이루어 정관격이 깨질 것 같았으나, 木 식상을 제압하는 천간 2개의 辛 인수를 상조 용신으로 쓰며 패중유성하였다. 己巳 戊辰 대운에 정관이 왕해지며 인수를 생하므로 좋고, 丁卯 대운에는 재성이 인수 용신을 극하므로 흉하다. |

6. 정관대살(正官帶煞) : 비겁합살, 상관합살

正官而帶煞, 其命中用比合煞, 則財運可行, 傷食可行,
정관이대살 기명중용비합살 즉재운가행 상식가행
身旺印綬亦可行, 只不可復露七煞. 若命傷官合煞, 則傷
신왕인수역가행 지불가복로칠살 약명상관합살 즉상
食與財俱可行, 而不宜逢印矣.
식여재구가행 이불의봉인의

정관격이 칠살을 가지고 있으면 혼잡한데,

① 사주에 칠살과 합하는 비겁을 용신으로 쓴다면, 재생관하는 재운으로 흐르는 것도 괜찮고, 칠살을 제하는 식상운으로 흐르는 것도 괜찮다. 또 신왕과 인수로 흐르는 것은 괜찮지만, 칠살운이 중첩하여 드러나는 것은 좋지 않다.

② 사주 중에 칠살과 합하는 상관을 용신으로 쓴다면, 식상과 재성으로 흐르는 것은 모두 괜찮지만, 용신을 극하는 인성운을 만나는 것은 좋지 않다.

辛丙壬丁 卯寅子巳	丙 일주가 子月에 태어났고 壬을 투출하여 편관격 같으나 丁壬合으로 합살류관(合煞留官)된 정관격이다. 칠살을 합거하는 丁 겁재가 상신(相神)이다. 재성의 뿌리가 미약하니 정관을 생하는 재성운은 좋고, 칠살을 극하는 식상운으로 흐르는 것은 괜찮지만, 운에서 壬을 만나 칠살이 중첩하여 드러나는 것은 좋지 않다.
壬丁癸戊 寅酉亥午	丁 일주가 亥月에 태어났고 壬을 투출하여 정관격이다. 월간에 癸 칠살도 떠 있어 관살혼잡이나 칠살과 合하는 상관 戊를 연간에 두어 戊癸合으로 합살류관되었다. 식상운과 재성운은 나쁘지 않으나, 용신 식상을 剋하는 인성운을 만나는 것은 좋지 않다.

7. 취용(取用)과 취운(取運)의 어려움

此皆大略言也, 其八字各有議論, 運中每遇一字, 各有講
차 개 대 략 언 야 기 팔 자 각 유 의 론 운 중 매 우 일 자 각 유 강

究. 隨時取用, 不可言形, 凡格皆然, 不獨正官也.
구 수 시 취 용 불 가 언 형 범 격 개 연 부 독 정 관 야

지금까지 설명들은 모두 대략을 기술한 것에 불과하고, 각각의 사주마다 의론(議論) 즉, 시비(是非)가 있을 것이니 운에서 만나는 글자 하나하나 꼼꼼히 따져 보아야 할 것이다. 언제나 용신을 찾는다는 것은 그 유형을 딱 말로 설명하기가 참 어려운 것인데, 무릇 모든 격들이 다 그러하니 유독 정관격만 그런 것도 아니다.

제33장

재격

【論財】

子平眞詮

1. 재성(財星)의 특징

財爲我剋, 使用之物也, 以能生官, 所以爲美. 爲財帛, 爲
재위아극 사용지물야 이능생관 소이위미 위재백 위
妻妾, 爲財能, 爲驛馬, 皆財類也.
처첩 위재능 위역마 개재류야

재성(財星)은 내가 剋하는 것이고 내가 사용하는 것이니, 능히 정관을 생할 수 있고 그래서 아름답다 하는 것이다. 재성은 재화(財貨)가 되고, 처첩(妻妾)이 되고, 재능(才能)이 되고, 역마(驛馬)가 되니 모두 재성의 부류이다.

2. 재격의 귀격(貴格) 조건 : 재왕생관(財旺生官)

財喜根深, 不宜太露, 然位以淸用, 格所最喜, 不爲之露.
재희근심 불의태로 연위이청용 격소최희 불위지로
卽非月令用神, 若寅透乙, 卯透甲之類, 一位亦不爲過,
즉비월령용신 약인투을 묘투갑지류 일위역불위과
太多則露矣. 然而財旺生官, 露亦不忌, 蓋露以防劫, 生
태다즉로의 연이재왕생관 노역불기 개노이방겁 생
官則劫退, 譬如府庫錢粮, 有官守護, 卽使露白, 誰敢劫
관즉겁퇴 비여부고전량 유관수호 즉사노백 수감겁
之? 如葛參政命, 壬申·壬子·戊午·乙卯, 豈非財露? 惟其
지 여갈참정명 임신 임자 무오 을묘 기비재로 유기

生官, 所以不忌也.
생 관　소 이 불 기 야

　재성은 뿌리가 깊은 것을 좋아하고, 천간으로 너무 노출되는 것은 좋아하지 않으나 하나의 위치에 청(淸)하게 쓰인다면 격으로서 가장 좋고 노출이라 하지 않는다. 월령 자체의 용신 외에 즉, 寅인데 乙이 투출하거나 卯인데 甲이 투출한 경우는 하나뿐이니 과하다 하지 않고, 너무 많은 경우만 노출되었다 하는 것이다.

　그러나 왕(旺)한 재성이 정관을 生하고 있다면 노출되는 것을 꺼려하지 않는다. 이는 노출된 재성은 겁재로부터 방어를 해야 하는데 生을 받은 정관이 겁재를 물리칠 수 있기 때문이다. 비유컨대 관청의 곳간에 돈과 곡식이 있지만 관리가 잘 지키고 있다면 백주대낮에 드러난들 누가 감히 겁탈해 갈 수 있겠는가?

```
乙 戊 壬 壬
卯 午 子 申
```

　갈참정(葛參政)의 명을 보면 壬申 壬子 戊午 乙卯인데, 이를 어찌 재성이 노출된 것이 아니라 하겠는가? 단지 정관을 生하고 있으니 나쁘지 않다 하는 것이다.

3. 재왕생관(財旺生官)의 조건

財格之貴局亦不一, 有財旺生官者, 身强而不透傷官, 不
재격지귀국역불일 유재왕생관자 신강이불투상관 불

混七煞, 貴格也.
혼칠살 귀격야

재격이 귀격이 되는 조건은 단순한 것이 아니다. 왕(旺)한 재성이 정관을 생하는 경우는 신강(身强)해야 하고, 상관(傷官)이 투출되지 않아야 하고, 관살혼잡이 되지 않아야 귀격이다.

4. 재용식생(財用食生)의 조건

有財用食生者, 身强而不露官, 略帶一位比肩, 益覺有情.
유재용식생자 신강이불로관 약대일위비견 익각유정

如, 壬寅·壬寅·庚辰·辛巳, 楊侍郞之命是也. 透官身弱,
여 임인 임인 경진 신사 양시랑지명시야 투관신약

則格壞矣.
즉격괴의

재격이 식신의 生을 상조 용신으로 쓰는 경우, 신강(身强)해야 하고 정관이 노출되지 않아야 하며, 대략 한 개의 비견(比肩)을 가진 것이 더 유정(有情)하다고 느낄 것이다.

```
辛 庚 壬 壬
巳 辰 寅 寅
```

예를 들어 壬寅 壬寅 庚辰 辛巳 양시랑(楊侍郎)의 명이 그러하다. 정관이 투출되었거나 신약(身弱)했다면 이 재격은 파격이 되었을 것이다.

5. 재격패인(財格佩印)의 조건

有財格佩印者, 蓋孤財不貴, 佩印幇身, 卽以取貴. 如,
유 재 격 패 인 자 개 고 재 불 귀 패 인 방 신 즉 이 취 귀 여

乙未·甲申·丙申·庚寅, 曾參政之命是也. 然財印不宜相
을 미 갑 신 병 신 경 인 증 참 정 지 명 시 야 연 재 인 불 의 상

並, 如, 乙未·己卯·庚寅·辛巳, 乙與己兩不相能, 卽有好
병 여 을 미 기 묘 경 인 신 사 을 여 기 양 불 상 능 즉 유 호

處, 小富而已.
처 소 부 이 이

재격이 인성을 가지고 있는 경우를 보면, 대개 정관이나 식상이 없이 외로운 재성은 귀하지 않지만 인성을 가지고 일신(日身)을 도와준다면 귀격이 될 수 있다.

庚丙甲乙
寅申申未

예를 들어 乙未 甲申 丙申 庚寅 증참정(曾參政)의 명이 그러하다.

辛庚己乙
巳寅卯未

그런데 재성과 인성이 서로 나란히 있는 것은 좋지 않다. 예를 들어 乙未 己卯 庚寅 辛巳이면 乙과 己가 서로 사이가 좋지 않으니, 함께 잘 지낸다 할지라도 작은 부자일 뿐이다.

6. 재용식인(財用食印)의 조건

有用食而兼用印者, 食與印而不相碍, 或有暗而去食護
유용식이겸용인자 식여인이불상애 혹유암이거식호
官, 皆貴格也. 如吳榜眼命, 庚戌·戊子·戊子·丙辰, 庚與
관 개귀격야 여오방안명 경술 무자 무자 병진 경여
丙隔二戊而不相剋, 是食與印不相碍也. 如平江伯命, 壬
병격이무이불상극   시식여인불상애야   여평강백명 임
辰·乙巳·癸巳·辛酉, 雖食印相剋, 而且存巳中戊官, 是去
진 을사 계사 신유 수식인상극 이차존사중무관 시거
食護官也37). 反是則減福矣.
식호관야   반시즉감복의

    재격이 식신과 인성을 겸하여 용신하는 경우는 식신과 인성이 서로 장애가 되지 않아야 하고, 혹은 암장된 정관이 있고 인성이 식신을 제거하여 정관이 보호된다면 이런 경우는 귀격이 된다.

```
丙 戊 戊 庚
辰 子 子 戌
```

---

37) 중화민국12년판에는 '是去官護官也'라 기록되어 있으나 官을 제거하여 官을 보호한다는 말은 오류이며 조전여 판본을 참조하여 '是去食護官也'으로 수정 기록함.

오방안(吳榜眼)의 명을 보면 庚戌 戊子 戊子 丙辰인데, 庚과 丙이 두 개의 戊를 사이에 두고 있어 서로 剋하지 않으므로 식신과 인성이 서로 장애가 되지 않는 경우이다.

辛 癸 乙 壬
酉 巳 巳 辰

평강백(平江伯)의 명을 보면 壬辰 乙巳 癸巳 辛酉인데, 비록 乙 식신과 辛 인성이 서로 剋하고 있지만 도리어 巳 中에 戊 정관이 있고 인성이 식신을 제거하여 정관을 보호하고 있다.

재용식인(財用食印)의 경우 위의 조건이 아니라면 식신과 인성이 서로 剋하니 복(福)은 줄어들 수밖에 없다.

7. 재용상관(財用傷官)의 조건

有財用傷官者, 財不甚旺而比强, 略露一位傷官以化之,
유재용상관자 재불심왕이비강 약로일위상관이화지

如, 甲子·辛未·辛酉·壬辰, 甲透未庫, 逢辛爲劫, 壬以化
여 갑자 신미 신유 임진 갑투미고 봉신위겁 임이화

劫生財, 汪學士之命是也. 若財旺無劫而透傷, 反爲不利,
겁생재 왕학사지명시야 약재왕무겁이투상 반위불리

蓋傷官本非美物, 財輕逢劫, 不得已而用之. 旺而露傷,
개상관본비미물 재경봉겁 부득이이용지 왕이노상

何苦用彼? 徒使財遇傷而死生官之具, 安望富貴乎?
하고용피 도사재우상이사생관지구 안망부귀호

재격에 상관을 용신하는 경우는 재성이 그다지 왕하지 않고 비겁이 강하다면 대략 한 개의 노출된 상관이 그것을 변화시킬 것이다.

```
壬 辛 辛 甲
辰 酉 未 子
```

예를 들어 甲子 辛未 辛酉 壬辰을 살펴보면, 甲이 未 木庫에서 투출했는데[38] 辛을 만나면 비견이지만 겁재 역할을 한다. 壬 상관이 겁재를 설기시키며 변화시키고 또한 재성을 생하고 있다. 왕학사의 명이다.

재성이 왕하고 겁재가 없는데 상관이 투출하면 반대로 불리하다. 대개 상관은 본디 아름다운 것이 아니니, 재성이 약하고 겁재를 만나는 경우에만 부득이 상관을 사용한다. 재성이 이미 왕(旺)한데 상관이 드러나면 무엇이 안타까워서 그것을 쓰겠는가? 쓸데없이 만약 재성이 상관을 만나면 생해놓은 정관을 다시 죽이는 도구이니 어찌 부귀를 바랄 수 있겠는가?

8. 재대칠살(財帶七煞)의 조건

有財帶七煞者, 或合煞存財, 或制煞生財, 皆貴格也, 如
유 재 대 칠 살 자 혹 합 살 존 재 혹 제 살 생 재 개 귀 격 야 여

毛狀元之命是也, 乙酉·庚辰·甲午·戊辰, 合煞存財也;
모 장 원 지 명 시 야 을 유 경 진 갑 오 무 진 합 살 존 재 야

李御史命, 庚辰·戊子·戊寅·甲寅, 制煞生財也[39].
이 어 사 명 경 진 무 자 무 인 갑 인 제 살 생 재 야

---

38) 辛일간이 未월에 태어났고 월령 未의 지장간은 丁乙己인데 지장간에 없이 음양교차된 甲의 투출을 재격으로 본 예시이다. 용신변화편과 잡기편을 참고한다.

39) 중화민국12년판에는 李御史의 命이 사례로 들어있지 않다. 그런데 서락오평주판에는 실려있는 사례이다. 조전여 판본에도 기록되어 있지 않으며 서락오가 추가로 넣은 것일 가능성이 높다. 그러나 필요한 사례이므로 추가로 기록해 놓기로 한다.

재격이 칠살을 가지고 있는 경우는 칠살은 합거되고 재성만 남겨지거나, 혹은 칠살이 식상으로 극제되고 그 식상이 재성을 생한다면 이런 경우는 귀격이 된다.

```
戊 甲 庚 乙
辰 午 辰 酉
```

모장원(毛狀元)의 명을 보면 乙酉 庚辰 甲午 戊辰인데, 칠살(庚)은 합거되고 재성만 남겨진 경우이다.

```
甲 戊 戊 庚
寅 寅 子 辰
```

이어사(李御史)의 명을 보면 庚辰 戊子 戊寅 甲寅인데, 甲 칠살이 庚 식신으로 극제되고 그 식신이 재성을 생하고 있는 경우이다.

9. 재용살인(財用煞印)의 조건

有財用煞印者, 黨煞爲忌, 印以化之, 格成富局, 若冬土
유재용살인자 당살위기 인이화지 격성부국 약동토
逢之, 亦貴格也. 如趙侍郎命, 乙丑·丁亥·己亥·乙亥, 化
봉지 역귀격야 여조시랑명 을축 정해 기해 을해 화
煞而卽以解凍, 又不露財以雜其印, 所以貴也. 若財用煞,
살이즉이해동 우불로재이잡기인 소이귀야 약재용살
印獨而財煞並透, 非獨不貴, 亦不富矣.
인독이재살병투 비독불귀 역불부의

재격이 칠살과 인성을 용신하는 경우는 무리지은 칠살은 기신이 될 것이나 인성이 이를 변화시킨다면 격은 성격(成格)을 이루고 부자 형국을 띤다. 특히 겨울 土 일주가 인성을 만났다면 귀격이다.

|乙|己|丁|乙|
|亥|亥|亥|丑|

조시랑(趙侍郞)의 명을 보면 乙丑 丁亥 己亥 乙亥인데, 丁 인성이 乙 칠살을 변화시키고 亥月을 해동시켰고, 또 재성이 노출되지 않아 인성과 뒤섞이지 않으니 귀한 것이다. 만약 재격이 칠살을 용신하는

데 인성이 홀로 있고 재성과 칠살이 나란히 투출했다면 귀하지 않은 것뿐만 아니라 부자가 되지도 못했을 것이다.

10. 壬癸 일간 재격의 조건

至於壬生午月, 癸生巳月, 單透財而亦貴, 以月令有暗官
지 어 임 생 오 월   계 생 사 월   단 투 재 이 역 귀   이 월 령 유 암 관

也. 如, 丙寅·癸巳·癸未·壬戌, 林尙書命是也. 又壬生巳
야   여   병 인 계 사 계 미 임 술   임 상 서 명 시 야   우 임 생 사

月, 單透財而亦貴, 以其透丙藏戊, 棄煞就財, 美者存而
월   단 투 재 이 역 귀   이 기 투 병 장 무   기 살 취 재   미 자 존 이

憎者棄也. 如, 丙辰·癸巳·壬戌·壬寅, 王太傅命是也.
증 자 기 야   여   병 진 계 사 임 술 임 인   왕 태 부 명 시 야

壬 일주가 午月에 태어나거나 癸 일주가 巳月에 태어나고 재성 하나만 투출했다면 역시 귀격인데, 월령에 암장된 관성 己 혹은 戊 때문이다.

```
壬 癸 癸 丙
戌 未 巳 寅
```

예를 들어 丙寅 癸巳 癸未 壬戌 임상서(林尙書)의 명이 그러하다.

또 壬 일주가 巳月에 태어나고 단독으로 재성이 투출하여도 귀한데, 이 경우 巳 中 丙은 투출하고 戊는 암장된 것이니 칠살은 버리고 재성을 취하니 좋은 것은 남겨두고 미운 것은 버린 셈이다.

```
壬 壬 癸 丙
寅 戌 巳 辰
```

예를 들어 丙辰 癸巳 壬戌 壬寅 왕태부(王太傅)의 명이 그러하다.

11. 겁인태중(劫刃太重) 재격의 조건

至於劫刃太重, 棄財就煞, 如一尙書命, 丙辰·丙申·丙午·
지어겁인태중 기재취살 여일상서명 병진 병신 병오

壬辰, 此又變之又變者也.
임진 차우변지우변자야

겁재나 양인이 지나치게 많다면 재성을 버리고 칠살을 취한다.

```
壬 丙 丙 丙
辰 午 申 辰
```

　일상서(一尚書)의 명을 보면 丙辰 丙申 丙午 壬辰인데, 이는 변화가 아주 심한 명조이다.

제34장 재격 취운법 【論財取運】

子平眞詮

1. 재생관(財生官)

財格取運, 卽以財格所就之局, 分而配之. 其財旺生官者,
재격취운 즉이재격소취지국 분이배지 지재왕생관자

運喜身旺印綬, 不利七煞傷官; 若生官而復透印, 傷官之
운희신왕인수 불리칠살상관   약생관이복투인   상관지

地, 不甚有害. 至於生官而帶食破局, 則運喜印綬, 而逢
지 불심유해 지어생관이대식파국   즉운희인수   이봉

煞反吉矣.
살반길의

재격(財格)의 취운법이란 재격으로 이루어진 국(局)을 몇 가지로 나누고 이에 맞춰 취운을 살피는 것이다.

재성이 旺하면서 용신 정관을 生하고 있는 경우,

① 재관이 왕하면 신약하니 신왕운과 인수운이 좋고, 칠살운과 상관운은 좋지 않다.

② 만약 정관을 生하면서 동시에 인수가 투출되어 있다면, 인성이 상관을 극제하니 상관운으로 흐르는 것이 심히 해롭지는 않다.

③ 정관을 生하면서 식신을 가지고 있어 파국(破局)을 이룬 경우라면, 식신을 극제하는 인수운이 좋고, 식신이 칠살을 극제하니 도리어 칠살운을 만나도 길(吉)할 수 있다.

庚乙己癸 辰亥未丑	乙 일주가 未月에 태어났고 己를 투출하여 재격이다. 시간에 투출된 庚 정관을 재성이 생하여 재생관으로 격을 이루었다. 재관이 왕하여 반대로 신약하니 비겁운과 인수운이 좋다. 칠살운은 혼잡되거나 재생살되므로 흉하고 상관운은 정관을 극하므로 흉하다.

戊庚丁己 寅戌卯亥	庚 일주가 卯月에 태어나 재격이다. 연지와 월지의 亥卯가 회합하여 木局을 이룬 재성이 월간의 정관 丁을 재생관하고 있다. 일간이 신약하니 비겁운이 좋고 木火가 강하니 인성 土는 습토가 조후에 이롭다. 戊가 투출해 있으므로 식상 水가 와도 심히 해롭지는 않다.

2. 재용식생(財用食生)

財用食生, 財食重而身輕, 則喜助身; 財食輕而身重, 則
재용식생 재식중이신경 즉희조신 재경식이신중 즉

仍行財食. 煞運不忌, 官運反晦矣.
잉 행재식 살운불기 관운반회 의

재격이 식신을 용신으로 쓰며 생재(生財)하는 경우,

① 재성과 식신은 강하지만 신약하다면, 일주를 돕는 운을 좋아

한다.

② 재성과 식신은 약하지만 신강하다면, 다시 재성운과 식신운이 오는 것도 괜찮다.

③ 식신이 관살을 극제하니 칠살운은 나쁘지 않지만, 반대로 정관운은 불리하다.

戊庚乙癸 寅申卯亥	庚 일주가 卯月에 태어났고 乙을 투출해 재격이다. 年에 癸亥를 두어 식상이 강하며 생재(生財)를 원활히 하고 있다. 일간이 申에 좌하고 있어 극히 신약하다고 할 수는 없으나 뿌리가 하나뿐이고 식재(食財)로 설기되므로 신약하여 일주를 돕는 비겁운이 좋다.
丙丁丙丙 午酉申辰	丁 일주가 申月에 태어나 재격이다. 천간에 3개의 丙 겁재가 투출하고 있으며 시지의 午에 통근하고 있어 신강하다. 신강한 재격이므로 일간을 설기하며 생재(生財)할 수 있는 식상을 상조 용신으로 쓴다. 다시 재성운과 식상운이 오는 것이 좋고, 火가 많으니 습토(濕土)와 金水 운이 길하다.

3. 재격패인(財格佩印)

財格佩印, 運喜官鄕, 身弱逢之, 最喜印旺.
재 격 패 인   운 희 관 향   신 약 봉 지   최 희 인 왕

재격이 인성을 가지고 있는 경우,
① 재성과 인성을 통관해 주는 정관운으로 향하는 것이 좋고,
② 이 경우 신약하면 인성이 왕한 것이 오히려 가장 좋다.

乙戊丙己 卯申子巳	戊 일주가 子月에 태어나 재격이다. 월간에 丙 인성을 가지고 있고 연지 巳에 근(根)를 두었다. 재격이 인성을 가지고 있는 경우 통관해 주는 정관이 있는 것이 좋은데 시상에 乙卯를 두어 정관을 통관용신으로 쓴다. 운은 정관운으로 흐르는 것이 좋고 신약하므로 인성운도 좋다. 木火운이 발복하고 평안하다.
乙丁癸甲 巳丑酉寅	丁 일주가 酉月에 태어나 재격이다. 지지에서 巳酉丑이 회합하여 金局을 이루어 재가 강해지니 일간이 더욱 신약해졌다. 연주 甲寅이 인성으로 일간을 도와주고 있어 명망있는 학자 집안에서 유복하게 성장하였다. 명문대를 졸업하고 방송국 아나운서로 일하였으며, 운이 비겁과 인성 木火운으로 흐를 때 더욱 좋았다.

4. 재용식인(財用食印)

財用食印, 財輕則喜財食, 身輕則喜比印, 官運亦碍, 煞
재용식인 재경즉희재식   신경즉희비인   관운역애 살

反不忌也.
반불기야

재격이 식신과 인성을 함께 쓰는 경우,

① 재성이 약하다면, 재성운과 식신운을 좋아하고,

② 신약하다면, 비겁운과 인성운을 좋아한다.

③ 식신이 관살을 극제하니 정관운은 장애가 생기지만, 오히려 칠살운은 싫어하지 않는다.

| 庚 庚 乙 己 |
| 辰 辰 亥 未 |

庚 일주가 乙亥月에 태어났고 乙이 亥에 뿌리를 두고 투출했다고 보면 재격이 된다. 지지가 직접 회합되지는 못하여도 재성 木氣가 네 지지에 조금씩 암장되어 있고, 월지에 亥 식신과 일·시지에 辰 인성도 가지고 있다. 재성이 강하지 않아 식재하는 水木운에 좋고, 정관운에 장애가 생길 수 있다. 개인병원을 운영하는 의사인데 火운이 들었을 때 병원 운영에 어려움을 겪었다.

| 丁 庚 乙 癸 | 庚 일주가 卯月에 태어났고 乙을 투출하여 재
| 丑 辰 卯 亥 | 격이다. 연주의 癸亥 식상이 생재하고 亥卯 회
| | 합하여 재성이 튼튼하다. 재성이 시간의 丁 정
| | 관을 생하고자 하나 지지에 습토가 많고 관살
| | 의 뿌리가 약해 관살을 돕는 운이 필요하다.
| | 木火운이 이롭지만, 정관운은 상관 癸와 沖을
| | 하므로 칠살운이 오히려 낫다.

5. 재대상관(財帶傷官)

財帶傷官, 財運則亨, 煞運不利, 運行官印, 未見其美矣.
재대상관 재운즉형 살운불리 운행관인 미견기미의

재격이 상관을 가지고 있는 경우,

① 상관이 재를 생하니 재운이 오는 것은 순조롭지만

② 그 재성이 살을 생하니 칠살운이 오는 것은 불리하다.

③ 상관과 대치되는 정관운과 인성운으로 흐르는 것도 좋다고 볼 수는 없다.

乙丁戊丁 巳未申卯	丁 일주가 申月에 태어나 재격이다. 월간에 戊 상관을 가지고 있고, 월령을 잃긴 하였으나 비견과 인수를 年과 時에 두어 신약하지는 않다. 상관이 재를 생하니 金운이 오는 것은 나쁘지 않다. 그러나 인수운은 상관을 극하므로 좋지 않고, 정관운을 만나도 상관과 대치되므로 좋지 않다.
丁甲己庚 卯子丑子	甲 일주가 丑月에 태어났고 己를 투출하여 재격이다. 사주가 한랭하여 조후를 염두에 두고, 생재하는 시간의 丁 상관을 용신으로 삼는다. 庚寅, 辛卯 대운은 칠살운과 정관운으로 흉하였고, 壬辰, 癸巳 인수운에도 떠돌아다니며 되는 일이 없었다. 원국에 庚 칠살을 두고 있어서 그런지 결혼도 못하고 도배기술자로 생계를 꾸리며 살아간 남성이다.

6. 재대칠살(財帶七煞)

財帶七煞, 不論合煞制煞, 運喜傷食身旺之方.
재 대 칠 살 불 론 합 살 제 살 운 희 상 식 신 왕 지 방

재격이 칠살을 가지고 있는 경우, 칠살이 合되거나 칠살이 剋되

는 것을 막론하고, 칠살을 극제하는 식상운 그리고 신왕운으로 향하는 것이 좋다.

| 己 癸 甲 辛
未 未 午 亥 | 癸 일주가 午月에 태어나 재격이다. 시간에 己 칠살이 투출하였고 未에 뿌리를 두며 월령으로부터 재생살도 받고 있다. 월간의 甲이 칠살과 합하고 있다고는 하나 煞의 기운이 적지 않다. 운에서 식상 木운을 만나 제살이 되어야 길하며, 일간을 도울 비겁, 인수운으로 향하는 것이 좋고, 인수는 칠살을 살인상생할 것이다. |

7. 재용살인(財用煞印)

財用煞印, 印旺最宜, 逢財必忌. 傷食之方, 亦順意矣.
재 용 살 인 인 왕 최 의 봉 재 필 기 상 식 지 방 역 순 의 의

재격이 칠살과 인성을 함께 쓰는 경우,
① 칠살을 설기하며 일주를 돕는 인성운이 왕한 것이 가장 적당하며
② 칠살을 가중시키니 재운을 만나는 것은 반드시 꺼려하고
③ 식신·상관운으로 향하는 것은 사주마다 사주가 의도하는 바에 따르면 된다.

辛癸己己 酉未巳酉	癸 일주가 巳月에 태어나 재격이다. 칠살 己가 투출하였으나 제살할 식상이 없으므로 인수를 상신(相神)으로 삼아 살인상생(煞印相生)함이 마땅하다. 칠살을 설기하며 일주를 돕는 인수 金운은 좋으며, 칠살을 가중시킬 재성 火운을 가장 꺼려한다.
甲壬壬庚 辰戌午戌	壬 일주가 午月에 태어나 재격이다. 지지에서 재생살이 활발히 일어나며 일간이 비견 하나 두었으니 신약하다. 일주를 돕고 칠살을 설기하는 연간의 庚 인수가 상조 용신이다. 인수가 왕하며 식상까지 두어 칠살을 제압했던 甲申, 乙酉 대운에 천하장사가 되었고 예능인, 유명 MC로 활동하였다. 칠살을 가중시키며 재성과 칠살이 함께 들어온 丙戌 대운에 세금탈루 문제가 일어나 연예계를 떠나있기도 하였다.

제35장 인수격

【論印】

子平眞詮

1. 인성(印星)의 특징과 인수용관(印綬用官)

印綬喜忌生財, 正偏同爲美格, 故財與印不分偏正, 同爲
인 수 희 기 생 재   정 편 동 위 미 격   고 재 여 인 불 분 편 정   동 위

一格而論之. 印綬之格局亦不一, 有印而透官者, 正官不
일 격 이 론 지   인 수 지 격 국 역 불 일   유 인 이 투 관 자   정 관 부

獨取其生印, 而卽可以爲用, 與用煞者不同. 故身旺印强,
독 취 기 생 인   이 즉 가 이 위 용   여 용 살 자 부 동   고 신 왕 인 강

不愁太過, 只要官星淸雜, 如, 丙寅·戊戌·辛酉·戊子, 張
불 수 태 과   지 요 관 성 청 잡   여   병 인   무 술   신 유   무 자   장

參政之命是也.
참 정 지 명 시 야

　　인수의 희기(喜忌)는 생재(生財)와 같아서 정편(正編)이 모두 좋은 격이다. 그래서 재성과 인성은 정편을 구분하지 않고 하나의 격으로 같이 이야기한다. 그런데 인수의 격국은 단순하지 않아서 인수격에 정관이 투출하면 정관이 그 인성을 생한다고만 말하는 것이 아니라 그 정관을 용신으로 쓸 수도 있다. 하지만 칠살을 용신으로 쓰는 것은 칠살이 인성을 생한다고 하여 칠살을 용신으로 삼지 못하므로 그와 같지 않다.

　　신왕하고 인성이 강한 조건이면 정관이 태과(太過)한 것은 근심할 것이 없고 정관이 청(淸)한지 잡(雜)한지가 중요하다.

```
戊辛戊丙
子酉戌寅
```

예를 들어 丙寅 戊戌 辛酉 戊子 장참정(張參政)의 명이 그러하다.

2. 인수용관(印綬用官) 대식상(帶食傷)의 경우

然亦有帶傷食而貴者, 則如朱尙書命, 丙戌·戊戌·辛未·
연역유대상식이귀자 즉여주상서명 병술 무술 신미

壬辰, 壬爲戊傷, 壬不傷官也. 又如臨淮侯命, 乙亥·己卯·
임진 임위무상 임불상관야 우여임회후명 을해 기묘

丁酉·壬寅, 己爲乙制, 己不碍官也.
정유 임인 기위을제 기불애관야

또한 인수격이 식상(食傷)을 가지고 있는 경우에 보통은 아니지만 귀한 경우가 있는데,

```
壬 辛 戊 丙
辰 未 戌 戌
```

주상서(朱尙書)의 명을 보면 丙戌 戊戌 辛未 壬辰인데, 壬이 戊로부터 상함을 받아 壬은 정관 丙을 상하게 하지 못하니 정관을 쓸 수 있다.

```
壬 丁 己 乙
寅 酉 卯 亥
```

임회후(臨淮侯)의 명을 보면 乙亥 己卯 丁酉 壬寅인데, 己가 乙의 극제를 받아 정관 壬을 가로막지 못하니 정관을 쓸 수 있다.

3. 인용식상(印用食傷)의 조건

有印而用傷食者, 身强印旺, 恐其太過, 洩身以爲秀氣.
유인이용상식자 신강인왕 공기태과 설신이위수기

如, 戊戌·乙卯·丙午·己亥, 李狀元命是也, 若印淺身輕,
여 무술 을묘 병오 기해 이장원명시야 약인천신경

而用層層傷食, 則寒貧之局矣.
이용층층상식 즉한빈지국의

인수격이 식신·상관을 상조 용신으로 쓰는 경우, 신강인왕(身强印旺)하여 인수가 너무 태과(太過)한 것이 두렵다면 일주를 설기시키는 것이 도리어 수려한 기운이 될 수 있다.

```
己 丙 乙 戊
亥 午 卯 戌
```

예를 들어 戊戌 乙卯 丙午 己亥 이장원(李狀元)의 명이 그러하다. 만약 인수가 얕고 일주가 가벼운 상태로 층층이 식상을 용신했다면 빈곤한 국(局)이 되었을 것이다.

4. 인용칠살(印用七煞)의 조건

有用偏官者, 偏官本非美物, 藉其生印, 不得已而用之.
유용편관자 편관본비미물 자기생인 부득이이용지

故必身重印輕, 或身輕印重, 有所不足, 始爲有情. 如茅
고필신중인경 혹신경인중 유소부족 시위유정 여모

狀元命, 己巳·癸酉·癸未·庚申, 此身輕印重也. 馬參政
장원명 기사 계유 계미 경신 차신경인중야 마참정

命, 壬寅·戊申·壬辰·壬寅, 此身重印輕也. 若身印重而用
명 임인 무신 임진 임인 차신중인경야 약신인중이용

七煞, 非孤則貧矣.
칠살 비고즉빈의

　인수격이 편관(칠살)을 상조 용신으로 쓰는 경우, 편관은 본디 아름다운 것은 아니므로 설사 그것이 인수를 생한다 할지라도 부득이한 경우에만 쓰는 것이다. 반드시 일주는 중(重)한데 인성이 가볍거나, 일주는 경(輕)한데 인성이 무겁거나 뭔가 부족할 때만 칠살은 겨우 유정(有情)할 수 있는 것이다.

```
庚 癸 癸 己
申 未 酉 巳
```

예를 들어 모장원(茅狀元)의 명은 己巳 癸酉 癸未 庚申인데, 이것이 일주는 경(輕)한데 인성이 무거운 경우이다.

```
壬 壬 戊 壬
寅 辰 申 寅
```

마참정(馬參政)의 명은 壬寅 戊申 壬辰 壬寅인데, 일주는 중(重)하고 인성이 가벼운 경우이다. 만약 일주와 인성이 모두 중(重)한데 칠살을 용신한다면 고독하지 않으면 빈곤할 것이다.[40]

5. 인용칠살(印用七煞) 대식상(帶食傷)의 경우

有用煞而兼帶傷食者, 則用煞而有制, 生身而有洩, 不論
유 용 살 이 겸 대 상 식 자   즉 용 살 이 유 제   생 신 이 유 설   불 론

身旺印重, 皆爲貴格. 如, 乙丑·辛巳·己巳·庚午, 孫布政
신 왕 인 중   개 위 귀 격   여   을 축 · 신 사 · 기 사 · 경 오   손 포 정

命是也.
명 시 야

---

40) 심효첨은 申 중 戊는 힘이 약하다고 보았기에 상기 예시에서 戊가 투출하였음에도 불구하고 칠살격으로 삼지 않고, 申의 정기 庚으로 사령을 잡아 인수격이라 하였다. (제10장 용신변화편 참고)

인수격이 칠살을 용신하면서 또 식상을 가지고 있는 경우는 칠살을 써서 일주를 극제하고 인성으로 일주를 생하고 식상으로 설기를 하고 있으니, 신왕(身旺)이냐 인중(印重)이냐를 불문하고 모두 귀격이 된다.

```
庚 己 辛 乙
午 巳 巳 丑
```

예를 들어 乙丑 辛巳 己巳 庚午 손포정(孫布政)의 명이 그러하다.[41]

6. 인다용재(印多用財)의 조건

有印多而用財者, 印重身强, 透財以抑太過, 權而用之,
유인다이용재자 인중신강 투재이억태과 권이용지
不要根深, 無妨財剋. 如, 辛酉·丙申·壬申·辛亥, 汪侍郎
불요근심 무방재극 여 신유 병신 임신 신해 왕시랑

---

[41] 월령의 지장간이 없으나 투출로 보는 천간이 있는데 甲辰, 壬辰, 庚戌, 丙戌, 癸亥, 丁巳, 戊午, 己巳 등으로 음양이 교차하여 투출한 것으로 본다. 乙亥, 辛巳는 종종 투출로 인정하는 이들이 있으나 심효첨은 인정하고 있지 않음을 알 수 있다. (제10장 용신변화편 참고)

命是也. 若印輕財重, 又無劫財以救, 則爲貪財破印, 貧
명시야 약인경재중   우무겁재이구   즉위탐재파인   빈

賤之局矣.
천지국의

인수가 많아서 재성을 상조 용신으로 쓰는 경우는 인성이 무겁고 신강(身强)한 경우로 투출한 재성이 태과(太過)한 인성을 억제하고자 권한을 갖고 용신으로 쓰이는 것이므로 뿌리가 깊을 필요는 없고 재성의 극을 꺼려할 것도 없다.

辛 壬 丙 辛
亥 申 申 酉

예를 들어 辛酉 丙申 壬申 辛亥 왕시랑(汪侍郞)의 명이 그러하다. 만약 인성이 경(經)하고 재성이 중(重)한데 겁재로 구제할 수도 없다면 탐재파인(貪財破印) 되므로 빈곤하고 천한 형국이 될 것이다.

7. 인다용재(印多用財) 대식상(帶食傷)의 경우

或卽印重財輕而兼露傷食, 財與食相生, 輕而不輕, 卽可
혹즉인중재경이겸로상식 재여식상생 경이불경 즉가

就富, 亦不貴矣, 然亦有帶食而貴者也. 如, 庚寅·乙酉·癸
취부 역불귀의 연역유대식이귀자야 여 경인 을유 계

亥·丙辰, 此牛監簿命也, 乙合庚而不生丙, 所以爲貴. 若
해 병진 차우감부명야 을합경이불생병 소이위귀 약

合財存食, 又可類推矣. 如, 己未·甲戌·辛未·癸巳, 此合
합재존식 우가유추의 여 기미 갑술 신미 계사 차합

財存食之貴也.
재존식지귀야

혹여 인성이 중(重)하고 재성이 경(經)한데 식상이 노출됐다면 재성과 식신이 상생하니 크든 작든 부(富)는 이룰 것이나 귀(貴)하기는 어려울 것이다. 그러나 식신을 가지고도 귀한 경우가 있다.

```
丙 癸 乙 庚
辰 亥 酉 寅
```

예를 들어 庚寅 乙酉 癸亥 丙辰 우감부(牛監簿)의 명인데, 乙庚合으

로 식신이 丙 재성을 生하지 못하니 귀(貴)해질 수 있는 것이다.

반대로 재성은 合되고 식신이 남는 경우도 같은 방식으로 유추할 수 있다.

```
癸 辛 甲 己
巳 未 戌 未
```

예를 들어 己未 甲戌 辛未 癸巳의 경우 재성은 合되고 식신이 남는 경우로 귀격(貴格)이 된다.

8. 인겸투관살(印兼透官煞)의 경우

又有印而透兼官煞者, 或合煞, 或有制, 皆爲貴格. 如, 辛
우유인이투겸관살자 혹합살 혹유제 개위귀격 여 신

亥·庚子·甲辰·乙亥, 此合煞留官也; 壬子·癸卯·丙子·己
해 경자 갑진 을해 차합살유관야 임자 계묘 병자 기

亥, 此官煞有制也.
해 차관살유제야

인수격에 정관과 칠살이 겸(兼)해서 투출한 경우는 칠살이 合되거나 혹은 칠살이 극제(尅制)를 받는다면 귀격이 된다.

```
乙 甲 庚 辛
亥 辰 子 亥
```

예를 들어 辛亥 庚子 甲辰 乙亥는 합살유관(合煞留官)된 경우이고,

```
己 丙 癸 壬
亥 子 卯 子
```

壬子 癸卯 丙子 己亥는 관살(官煞)이 극제를 받는 경우이다.

9. 삼합(三合)으로 체(體)가 변하는 경우

至於化印爲劫, 棄之以就財官. 如趙知府命, 丙午·庚寅·
지 어 화 인 위 겁   기 지 이 취 재 관   여 조 지 부 명 병 오 경 인

丙午·癸巳, 則變之又變者矣.
병 오 계 사 즉 변 지 우 변 자 의

인수가 변하여 겁재가 되는 경우 양인녹겁격 혹은 겁재격이 되니 인수를 버리고 재성과 관성을 취하여 쓴다.

```
癸 丙 庚 丙
巳 午 寅 午
```

예를 들어 조지부(趙知府)의 명은 丙午 庚寅 丙午 癸巳인데, 寅午 火局 양인으로 인수가 변하고 또 변한 경우이다.

10. 인용칠살(印用七煞) 대겁재(帶劫財)의 경우

更有印透七煞, 而劫財以存煞印, 亦有貴格. 如, 庚戌·戊
갱유인투칠살 이겁재이존살인 역유귀격 여 경술 무
子·甲戌·乙亥, 是也. 然此格畢竟難看, 宜細詳之.
자 갑술 을해 시야 연차격필경난간 의세상지

인수격이 칠살을 투출한 경우 겁재가 있어 재성을 극제하여 칠살과 인성을 유지하게 하면 이 또한 귀격이 될 수 있다.

```
乙 甲 戊 庚
亥 戌 子 戌
```

예를 들어 庚戌 戊子 甲戌 乙亥의 경우가 그러하다. 그러나 이러한 격(格)들은 필경(畢竟) 간명하기가 어려운 법이므로 마땅히 세밀하게 살펴야 한다.

제36장

인수격 취운법

【論印取運】

子平眞詮

1. 인수용관(印綬用官)

印格取運, 卽以印格所成之局, 分而配之. 其印綬用官者,
인격취운 즉이인격소성지국 분이배지 기인수용관자

官露印重, 財運反吉, 傷食之方, 亦爲最利. 若用官而兼
관로인중 재운반길 상식지방 역위최리 약이관이겸

帶傷食, 運喜官旺印綬之鄕, 傷食爲害, 逢煞不忌矣.
대상식 운희관왕인수지향 상식위해 봉살불기의

인수격(印綬格)의 취운법이란 인수격으로 이루어진 국(局)을 몇 가지로 나누고 이에 맞춰 취운을 살피는 것이다.

인수격이 정관을 상조 용신으로 쓰는 경우,

① 정관은 투출해 있고 인성이 힘이 강하다면, 인성을 극제하는 재운은 도리어 길(吉)할 수 있고, 식신·상관운으로 향하는 것도 역시 매우 이로울 수 있다.

② 정관을 용신하면서 동시에 식신·상관을 가지고 있다면, 정관이 왕하거나 인수운으로 향하는 것이 좋고, 식신·상관운은 해로울 것이나 칠살운을 만나는 것이 나쁘지는 않을 것이다.

| 戊癸壬甲
午丑申申 | 癸 일주가 申月에 태어나 인수격이다. 시간에 戊 정관이 투출해 있어 정관을 상조 용신으로 쓴다. 연월지가 모두 申金이라 인수가 강하므로 인성을 극제하는 火 재운은 도리어 길하다. 식상운이 와도 생재(生財)하니 이 역시 이로울 것이다. |

| 己辛戊丙
亥卯戌子 | 辛 일주가 戌月에 태어났고 戊를 투출하여 인수격이다. 연간에 丙 정관이 투출해 정관을 상신(相神)으로 쓴다. 연지와 시지에 子와 亥 식상을 가지고 있기에 정관의 힘을 약화시킨다. 火 관성운이 와서 정관에 힘을 보태거나, 土 인수운이 와서 식상을 제극하는 것은 좋다. 정관을 상신으로 쓰므로 정관을 극하고 식상을 강화시키는 水운은 해롭다. |

2. 인용식상(印用食傷)

印綬而用傷食, 財運反吉, 傷食亦利, 若行官運, 反見其
인 수 이 용 상 식   재 운 반 길   상 식 역 리   약 행 관 운   반 견 기
災, 煞運則反能爲福矣.
재   살 운 즉 반 능 위 복 의

인수격이 식신·상관을 상조 용신으로 쓰는 경우,

① 식상생재(食傷生財) 되는 재운은 도리어 길(吉)하고, 식신·상관운 역시 이로울 것이다.

② 만약 정관운으로 흐른다면 식상이 관을 극하니 도리어 재앙을 만날 수 있고

③ 칠살운은 오히려 복(福)이 될 수 있다.

丁己丁戊 卯丑巳申	己 일주가 巳月에 태어났고 丁을 투출하여 인수격이다. 인수가 왕하며 일간이 丑에 좌하고 戊도 투출하여 신강하다. 申 상관을 상조 용신으로 써서 신강함을 설기함이 옳다. 연지 申 하나로 약해 보이나 巳와 丑에 암장한 金이 함께 합하니 상신이 약하지는 않다. 庚申 대운에 미국으로 건너가 프로골퍼가 되었고, 이후 辛酉 壬戌 대운도 金水, 식상과 재성운으로 흘러 골퍼로서 인기를 얻고 성공을 거두었다.
乙庚壬戊 酉辰戌子	庚 일주가 戌月에 태어났고 戊를 투출하여 인수격이다. 일주가 월령에 뿌리를 두고 시지에 酉도 두어 土金이 중하다. 월간의 壬 식신을 상조 용신으로 삼아 일간을 설기해 주고 있다. 관살운 중에서 丁 정관이 오면 丁壬合으로 식신을 합거하니 凶하나, 오히려 丙 칠살이 오면 흉하지 않고 福이 된다.

3. 인용칠살(印用七煞)

印用七煞, 運喜傷食, 身旺之方, 亦爲美地, 一見財鄕,
인용칠살 운희상식 신왕지방 역위미지 일견재향
其凶立至. 至若用煞而兼帶傷食, 運喜身旺印綬之方[42],
기흉입지 지약용살이겸대상식 운희신왕인수지방
傷食亦美, 逢官遇財, 皆不吉也.
상식역미 봉관우재 개불길야

인수격이 칠살을 상조 용신으로 쓰는 경우,

① 칠살을 제극하는 식신·상관운은 좋고

② 신왕운으로 향하는 것도 또한 좋은 흐름이 된다.

③ 재생살하는 재운을 만난다면 그 흉함이 한 번에 바로 일어날 것이다.

④ 만약 칠살을 용신으로 쓰면서 동시에 식신과 상관을 가지고 있다면, 신왕운과 인수운으로 향하는 것이 좋고 식신·상관운도 역시 좋다. 이 경우 혼잡되는 정관운을 만나거나 살을 생하는 재운을 만난다면 모두 불길할 것이다.

---

42) 중화민국12년판〈論印取運〉편에는 傷食爲害부터 傷食亦美 앞까지가 빠져있다. 한자 패턴이 중복되다 보니 옮겨 적거나 목판하며 누락시키는 오류를 범한 것으로 추정된다. 다른 판본인 조전여 판본의 내용을 옮겨 기록해 놓는 것으로 보충한다.

丁辛戊辛 酉亥戌亥	辛 일간이 戌月에 태어났고 戊를 투출하여 인수격이다. 辛 일주가 뿌리와 비견이 있어 신강하고, 인수도 월주에 戊戌을 세워 약하지 않다. 연간에 丁 칠살이 투출해 상조 용신으로 삼는다. 지지에 亥 상관도 가지고 있어 제복되며 식상운도 나쁘지 않다. 신왕운으로 향하는 것은 좋지만, 칠살과 식상의 균형을 깨는 정관운이나 칠살을 생하는 재성운은 꺼리게 된다.

자평진전 論印 사례 - 마참정(馬參政)의 命

壬壬戊壬 寅辰申寅	壬 일주가 申月에 태어나 인수격이다. 천간에 壬 비견을 2개나 두었고 辰과 申에 뿌리를 두어 신강하다. 인수는 월령 본기뿐이니 약하고, 월간 戊 칠살을 상조 용신으로 삼아 일간을 제극한다. 원국에 식신 寅이 있으므로 水 신왕운으로 향하는 것도 나쁘지 않다. 재성 火운은 칠살을 생할 뿐 아니라 약한 인수를 극하므로 흉함이 바로 드러날 것이다.

4. 인다우재(印多遇財), 관살경투(官煞競透), 인용식상(印用食傷)

印多遇財, 運喜劫地, 官印亦亨, 財鄉則忌. 印格而官煞
인다우재   운희겁지   관인역형   재향즉기   인격이관살
競透, 運喜食神傷官, 印旺身旺, 行之亦利. 若再透官煞,
경투   운희식신상관   인왕신왕   행지역리   약재투관살
行財運, 立見其災矣. 印用食傷, 印輕者, 亦不利見財也.
행재운   입견기재의   인용식상   인경자   역불리견재야

① 인수가 많고 재성이 있는 경우, 재성을 극하는 겁재운이 좋고 [43] 정관운과 인수운은 순조롭지만, 인수를 극하는 재운으로 향하는 것은 나쁘다.

② 인수격에 정관과 칠살이 경쟁하듯 투출한 경우, 칠살을 제극하는 식신·상관운이 좋고 인수운과 신왕운으로 흐르는 것도 이롭다. 그러나 관살(官煞)이 거듭 투출한 상태에서 재운이 온다면 그 재앙이 즉각 나타날 것이다.

③ 인수격이 식신·상관을 용신하는 경우, 인성이 약하다면 월령의 힘이 약하니 인성을 극하는 재운을 보는 것은 불리할 수 있다.

---

43) 원문에 運喜劫地(운희겁지)라 기록되어 있다. 겁지(劫地)란 단어가 겁재가 지지(支地)로 임하는 경우를 칭하는 의미로 쓰이므로 혼란이 있을 수 있다. 운을 살피는 본문에서 方, 鄉, 地 등이 혼재하여 쓰이고 있는데 운이 흐르는 향방을 가리키는 의미로 사용한 것이라고 추정한다.

| 戊 乙 甲 癸 |
| 寅 未 子 丑 |

乙 일주가 子月에 태어났고 癸를 투출하여 인수격이다. 시지 寅에 뿌리를 두고 겁재 甲도 투출하여 신강하다. 겨울생이고 신강하므로 식상 火氣가 필요하나 火가 부재하고 부득이 시간 戊 재성을 쓴다. 인수격에 재성을 두어 치밀한 기록과 설계를 잘하여 컴퓨터 기술을 익힌 남성이고 활동기에 辛酉 庚申 관살대운으로 직장생활은 순조롭게 영위하였다. 己未 戊午 후반대운에 인수를 극하는 재운으로 향하는 것은 좋지 않다.

| 己 癸 戊 壬 |
| 未 未 申 寅 |

癸 일주가 申月에 태어나 인수격이다. 월간에 戊 정관 시간에 己 칠살이 경쟁하듯 투출하였다. 칠살을 제극하는 식상운은 좋고, 칠살을 설기하는 인수운이나 신왕운도 나쁘지 않다. 단, 재성 火운이 와서 투출된 관살을 生한다면 그 흉함이 드러날 것이다.

제37장 식신격

【論食神】

子平眞詮

1. 식신(食神)의 특징과 식신생재(食神生財)

食神本屬洩氣, 以其能生財, 所以喜之. 故食神生財, 美
식신본속설기 이기능생재 소이희지 고식신생재 미
格也. 財要有根, 不必偏正疊出, 如身强食旺而財透, 大
격야 재요유근 불필편정첩출 여신강식왕이재투 대
貴之格. 若, 丁未·癸卯·癸亥·癸丑, 梁丞相之命是也; 己
귀지격 약 정미 계묘 계해 계축 양승상지명시야   기
未·壬申·戊子·庚申, 謝閣老是也.
미 임신 무자 경신   사각로시야

식신은 본래 설기(洩氣)하는 기운에 속하며 재성을 생하는 능력이 있으니 식신을 기쁘게 여겨왔다. 그래서 식신생재(食神生財)는 아름다운 격에 속한다. 이 경우 재성은 뿌리가 필요한 것이지, 정·편재가 여럿이 투출하는 것은 불필요하다. 신강하고 식신이 왕하며 재성이 투출했다면 대귀격(大貴格)이 될 수 있다.

癸癸癸丁
丑亥卯未

예를 들어 丁未 癸卯 癸亥 癸丑 양승상(梁丞相)의 명이 그러하다.

```
庚 戊 壬 己
申 子 申 未
```

己未 壬申 戊子 庚申 사각로(謝閣老)의 명이 그러하다.

2. 장식노상(藏食露傷), 편정첩출(偏正疊出)

藏食露傷, 主人性剛. 如, 丁亥·癸卯·癸卯·甲寅, 沈路分
장식노상　주인성강　　여　정해　계묘　계묘　갑인　심로분

命是也. 偏正疊出, 富貴不巨, 如, 甲午·丁卯·癸丑·丙辰,
명시야　편정첩출　부귀불거　여　갑오　정묘　계축　병진

龔知縣命是也.
공지현명시야

① 식신은 지지에 암장되고 상관이 천간에 노출됐다면 사주체 주인의 성품은 매우 강성이다.

```
甲 癸 癸 丁
寅 卯 卯 亥
```

예를 들어 丁亥 癸卯 癸卯 甲寅 심로분(沈路分)의 명이 그러하다.

② 또한 편재, 정재가 거듭 투출하면 부귀(富貴)가 크지 않다.

```
丙 癸 丁 甲
辰 丑 卯 午
```

예를 들어 甲午 丁卯 癸丑 丙辰 공지현(龔知縣)의 명이 그러하다.

3. 하목용재(夏木用財)

夏木用財, 火炎土燥, 貴多就武. 如, 己未·己巳·甲寅·丙
하목용재 화염토조 귀다취무 여 기미 기사 갑인 병
寅, 黃都督命是也.
인 황도독명시야

여름[火]에 태어난 木 일간이 재성 土를 용신하면 木·火·土로 生財하니 火는 뜨겁고 土는 건조하다. 무인(武人)에 종사하고 귀함이 많을 것이다.

```
丙甲己己
寅寅巳未
```

예를 들어 己未 己巳 甲寅 丙寅 황도독(黃都督)의 명이 그러하다.

4. 식용살인(食用煞印)

若不用財而就煞印, 最爲威權顯赫. 如, 辛卯·辛卯·癸酉·
약 불 용 재 이 취 살 인   최 위 위 권 현 혁   여   신 묘 신 묘 계 유

己未, 常國公命是也. 若無印綬而單露偏官, 只要無財,
기 미   상 국 공 명 시 야   약 무 인 수 이 단 로 편 관   지 요 무 재

亦爲貴格, 如, 戊戌·壬戌·丙子·戊戌, 胡會元命是也.
역 위 귀 격   여   무 술 임 술 병 자 무 술   호 회 원 명 시 야

① 만약 재성을 쓰지 않고 칠살과 인성을 취했다면 가장 좋고 위엄과 권력이 빛나게 드러날 것이다.

```
己癸辛辛
未酉卯卯
```

예를 들어 辛卯 辛卯 癸酉 己未 상국공(常國公)의 명이 그러하다.

② 만약 인수가 없고 편관이 하나만 노출됐다면 재성이 없는 것이 중요하며 그래야 귀격이 된다.

戊丙壬戌
戌子戌戌

예를 들어 戊戌 壬戌 丙子 戊戌 호회원(胡會元)의 명이 그러하다.

5. 금수식신용살(金水食神用煞), 하목용인(夏木用印)

若金水食神而用煞, 貴而且秀. 如, 丁亥·壬子·辛巳·丁
약 금수식신이용살 귀이차수 여 정해 임자 신사 정

酉, 舒尙書命是也. 至於食神忌印, 夏火太炎而木焦, 透
유 서상서명시야 지어식신기인 하화태염이목초 투

印不碍. 如, 丙午·癸巳·甲子·丙寅, 錢參政命是也. 食神
인불애 여 병오 계사 갑자 병인 전참정명시야 식신

忌官, 金水不忌, 卽金水傷官可以見矣.
기관 금수불기 즉금수상관가이견의

① 만약에 金水 식신격이 칠살을 사용하면 귀하고 빼어나다.

```
丁 辛 壬 丁
酉 巳 子 亥
```

예를 들어 丁亥 壬子 辛巳 丁酉 서상서(舒尙書)의 명이 그러하다.

② 식신격에서는 인성을 꺼리지만 여름에 火 식신이 지나치게 뜨거우면 木 일간이 타버리는 것이니 水 인수가 투출해도 장애가 되지 않는다.

```
丙 甲 癸 丙
寅 子 巳 午
```

예를 들어 丙午 癸巳 甲子 丙寅 전참정(錢參政)의 명이 그러하다.

③ 식신격에서는 정관을 꺼리지만 金水 식신격은 꺼려하지 않으니 金水 상관격은 정관을 보아도 된다.

6. 단용식신(單用食神)

至若單用食神, 作食神有氣, 有財運則富, 無財運則貧.
지용단용식신 작식신유기 유재운즉부 무재운즉빈

만약에 식신을 단독으로 사용하려면 식신의 기운이 좋아야 하는데 재운이 오면 부자가 되고 재운이 없으면 가난하게 된다.

7. 인수탈식(印綬奪食), 관살경투(官煞競透)

更有印來奪食, 透財以解, 亦有富貴, 須就其全局之勢而
갱유인래탈식 투재이해 역유부귀 수취기전국지세이
斷之. 至於食神而官煞競出, 亦可成格, 但不甚貴耳.
단지 지어식신이관살경출 역가성격 단불심귀이

① 인성이 식신을 강탈하려 할 때 재성이 투출하여 해결하면 역시 부귀를 누릴 수 있는데, 모름지기 사주 전체의 형세를 보고 판단하여야 한다.
② 한편, 식신격에 관살이 경쟁하듯 투출하면 격(格)을 이룰 수는 있으나 심히 귀하지는 않다.

8. 식신합살(食神合煞)

更有食神合煞存財, 最爲貴格.
갱 유 식 신 합 살 존 재 최 위 귀 격

식신격에 칠살은 合하고 재성이 남는다면 최고의 귀격(貴格)이 된다.

9. 식신투살(食神透煞)

至若食神透煞, 本忌見財, 而財先煞後, 食以間之, 而財
지 약 식 신 투 살 본 기 견 재   이 재 선 살 후 식 이 간 지 이 재
不能黨煞, 亦可就貴. 如劉提督命, 癸酉·辛酉·己卯·
불 능 당 살 역 가 취 귀 여 유 제 독 명 계 유 신 유 기 묘
乙亥, 是也. 其餘變化, 不能盡述, 類而推之可也.
을 해 시 야 기 여 변 화 불 능 진 술 유 이 추 지 가 야

만약 식신격에 칠살이 투출하면 본디 재성을 보는 것을 꺼리는데 재성이 앞[年]에 있고 칠살이 뒤[時]에 있는데 식신이 그 사이[月]에 있다면 재성이 칠살을 生하지 못하므로 역시 귀하게 된다.

|乙|己|辛|癸|
|亥|卯|酉|酉|

유제독(劉提督)의 명을 보면 癸酉 辛酉 己卯 乙亥인데 그러하다.

기타 나머지의 변화를 다 설명할 수는 없으나 유추할 수 있을 것이다.

子平眞詮

제38장
식신격 취운법
【論食神取運】

1. 식신생재(食神生財)

食神取運, 卽以食神所成之局, 分而配之. 食神生財, 財
식 신 취 운 즉 이 식 신 소 성 지 국 분 이 배 지 식 신 생 재 재
重食輕, 則行財食, 財食重則喜幫身. 官煞之方, 俱爲不美.
중 식 경 즉 행 재 식 재 식 중 즉 희 방 신 관 살 지 방 구 위 불 미

식신격(食神格)의 취운법이란 식신격으로 이루어진 국(局)을 몇 가지로 나누고 이에 맞춰 취운을 살피는 것이다.

식신격이 용신 재성을 生하는 경우,

① 재성이 강하지만 식신이 약하다면, 재운과 식신운으로 흘러야 하고,

② 재성과 식신이 모두 강하다면, 신약하니 일주를 돕는 운이 좋다.

③ 관살운으로 향하는 것은 모두 좋을 리가 없다.

丁丙甲丁
酉寅辰未

丙 일주가 辰月에 태어나 식신격이다. 식신은 재성을 생하는 순행을 가장 우선하므로 시지의 酉 재성을 상조 용신으로 삼는다. 천간에 비겁과 인수만 투출해 있고 또 일주가 寅에 좌하고 있어 신강하다. 재성이 약해 군겁쟁재가 일어날 수 있으니 운에서 재운과 식신운으로 흘러야 한다.

| 戊 乙 丁 癸 |
| 寅 丑 巳 卯 |

乙 일주가 巳月에 태어났고 음양교차로 丁이 투출하여 식신격이다. 일주가 丑에 좌하고 시간에 戊를 투출하여 상조 용신으로 삼는 재성이 강하고 식신도 월령에 뿌리를 두며 강하다. 하지만 상대적으로 일주가 신약해지므로 일주를 돕는 인수와 비겁 水木운이 좋다.

2. 식용살인(食用煞印)

食用煞印, 運喜印旺, 切忌財鄕. 身旺, 食傷亦爲福運, 行
식용살인 운희인왕 절기재향   신왕 식상역위복운 행

官行煞, 亦不爲吉也.
관행살   역불위길야

식신격이 칠살과 인성을 함께 쓰는 경우,

① 칠살을 설기하는 인성이 왕한 운을 좋아하고, 칠살을 생하는 재운을 절대로 꺼려한다.

② 신왕하다면, 칠살을 제극하는 식상운은 복이 될 것이나 정관운과 칠살운으로 가는 것은 역시 길(吉)하다 할 수 없다.

乙己己丁 亥未酉酉	己 일주가 酉月에 태어났고 본기 辛을 써서 식신격이다. 시간에 乙 칠살이 투출하고 연간의 丁 인성은 칠살을 설기한다. 인성운으로 향하는 것은 좋고 칠살을 제극하는 金 식상운도 좋다. 하지만 칠살을 생하는 재운을 만나면 흉하다.
庚庚己丙 辰申亥午	庚 일주가 亥月에 태어나 식신격이다. 연간과 월간에 丙 칠살과 己 인성을 함께 투출하였다. 일주가 申에 좌하고 비견도 함께하여 신왕하므로 식상 水운이 복이 될 것이다. 식상은 신강한 일간을 설기하며 칠살을 제극하므로 길한 것이다. 관살 火운은 좋지 않다.

3. 식신대살(食神帶煞)

食神帶煞, 喜印綬, 身旺, 食傷亦爲美運, 財則最忌. 若食
식신대살   희인수   신왕   식상역위미운   재즉최기   약식

太重而煞輕, 印運最利, 逢財反吉矣.
태중이살경   인운최리   봉재반길의

식신격이 칠살을 가지고 있는 경우,

① 칠살을 설기하는 인수운으로 흐르는 것은 좋고,

② 신왕하다면, 식상운은 좋은 운이지만, 재운은 가장 꺼려한다.

③ 식신이 태중하고 칠살이 약하다면, 식신을 극하는 인성운이 가장 이롭고 재운을 만나는 것은 도리어 길하다.

壬 丙 戊 丙 辰 寅 戌 午	丙 일주가 戌月에 태어났고 戌를 투출하여 식신격이다. 寅午戌 火局으로 신왕하고, 시간에 칠살 壬이 투출하여 칠살을 쓴다. 식상운은 좋지만, 칠살을 생하는 재성 金운은 좋지 않다. 辛丑 재성 대운에는 한 직업에 정착하지 못했고 壬寅 대운에는 칠살이 투출하여 일간과 상충하니 하는 일마다 잘 풀리지 않았다.

4. 식신대인(食神帶印)

食神太旺而帶印, 運最利財, 食傷亦吉, 印則最忌, 官煞
식신태왕이대인 운최리재 식상역길 인즉최기 관살
皆不吉也. 若食神帶印, 而透財以解, 運喜財旺, 食傷亦
개불길야 약식신대인 이투재이해 운희재왕 식상역
吉, 印與官煞皆忌矣.
길, 인여관살개기의

식신이 태왕(太旺)한데 인성을 가지고 있는 경우,

① 식신생재하는 재운이 가장 이롭고 식상운도 길하지만

② 인성운을 가장 꺼려하고 인성을 생하는 관살운은 모두 불길하다.

만약 식신이 인성을 가지고 있는데 재성이 투출하여 이를 해소하고 있는 경우,

① 재성이 왕한 운이 좋고 식상운도 길하지만
② 인수운과 관살운은 모두 꺼려한다.

| 戊癸乙辛
午亥未卯 | 癸 일주가 未月에 태어났고 乙을 투출하여 식신격이다. 지지에서 亥卯未 회합하여 木局을 이루어 식신이 태왕하다. 연간에 인성 辛이 투출해 있지만 가볍다. 운을 살핌에 식신생재하는 재성과 상관운은 길하지만, 인성운이 와서 辛을 강화하거나 관살운은 좋지 않다. |

| 甲壬庚辛
辰午寅亥 | 壬 일주가 寅月에 태어났고 甲을 투출하여 식신격이다. 庚辛 인성을 가지고 있으나 뿌리가 없어 강하지는 않다. 재운과 식상운이 좋고 인수운과 관살운은 좋지 않다. 대운이 火木 재운과 식상운으로 흘러 안정된 삶을 누릴 수 있었다. |

제39장 편관격

[論偏官]

子平眞詮

1. 칠살(七煞)의 특징

煞以攻身, 似非美物, 而大貴之格, 多存七煞. 蓋控制得
살 이 공 신   사 비 미 물   이 대 귀 지 격   다 존 칠 살   개 공 제 득
宜, 煞爲我用, 如大英雄大豪傑, 似難駕馭, 而處之有方,
의   살 위 아 용   여 대 영 웅 대 호 걸   사 난 가 어   이 처 지 유 방
則驚天動地之功, 忽焉而就. 此王侯將相所以多存七煞也.
즉 경 천 동 지 지 공   홀 언 이 취   차 왕 후 장 상 소 이 다 존 칠 살 야

칠살은 일주를 공격하는 것이므로 아름다운 것이 아닌 듯 보이지만, 대귀격(大貴格) 중에는 칠살이 있는 경우가 많다. 칠살도 제어를 적절히 잘해주면 내가 쓸 수 있는 것이 되는바, 이는 큰 영웅이나 호걸이 다스리기 어려워 보여도 제어할 수 있는 방법만 있다면 경천동지(驚天動地)의 공을 일궈내게 하는 것과 같다. 그래서 왕후장상(王侯將相)들 중에 칠살을 가진 이들이 많은 것이다.[44]

---

44) 칠살(七煞)은 본래 양면적으로 작용한다. 항상 흉신(凶神)이 되는 것이 아니며 칠살을 다스릴 수 있다면 마치 잘 달리는 말과 같아서 겁이 많은 사람은 두렵겠지만 힘 있는 사람은 기뻐한다. 맹렬한 장수와 이로운 창검 같아서 소인이 지닌다면 흉하나 군자가 지닌다면 매우 길하다. 칠살격이 성격(成格)을 이루면 나라를 다스리는 인물이고 난세에는 영웅이고 태평성대에는 새로운 일을 추진하는 사람이다.

2. 살용식제(煞用食制)의 조건

七煞之格局亦不一. 煞用食制者, 上也, 煞旺食强而身健,
칠살지격국역불일　살용식제자　상야　살왕식강이신건

格爲貴格. 如, 乙亥·乙酉·乙卯·丁丑, 極等之貴也.
격위귀격　여　을해　을유　을묘　정축　극등지귀야

칠살격 역시 한 가지로 단순하지가 않다. 칠살격이 식신의 극제(剋制)를 용신하는 경우가 가장 상급인데 칠살이 왕(旺)하고 식신도 강(强)하고 일주도 건(健)하면 최상의 귀격이 된다.

```
丁 乙 乙 乙
丑 卯 酉 亥
```

예를 들어 乙亥 乙酉 乙卯 丁丑은 최상급 귀격이 된다.

3. 살용식제(煞用食制) : 재성과 인성의 역할

煞用食制, 不宜露財透印, 以財能專食生煞, 而印能去食
살 용 식 제   불 의 로 재 투 인   이 재 능 전 식 생 살   이 인 능 거 식

護煞也. 然而財先食後, 財生用而食以制之, 或印先食後,
호 살 야   연 이 재 선 식 후   재 생 용 이 식 이 제 지   혹 인 선 식 후

食太旺而印制之45), 格成大貴. 如脫丞相命, 壬辰·甲辰·
식 태 왕 이 인 제 지   격 성 대 귀   여 탈 승 상 명   임 진 갑 진

丙戌·戊戌, 辰中暗煞, 壬以透之, 戊坐四支, 食太重而透
병 술 무 술   진 중 암 살   임 이 투 지   무 좌 사 지   식 태 중 이 투

甲印, 以損太過, 豈非貴格? 若煞强食淺而露印, 則破局矣.
갑 인   이 손 태 과   기 비 귀 격   약 살 강 식 천 이 로 인   즉 파 국 의

칠살격이 식신의 극제(剋制)를 상조 용신으로 쓰는 경우, 재성이 노출되거나 인수가 투출되면 안 되는데 재성은 식신에게 힘을 얻어 칠살을 생하기 때문이고, 인수는 식신을 제거하고 칠살을 보호하기 때문이다. 그러나 재성이 앞에 있고 식신이 뒤에 있다면 재성이 용신 칠살을 생하기는 하나 식신이 칠살를 극제할 수 있고 혹은 인성이 앞에 있고 식신이 뒤에 있고 식신이 태왕(太旺)하다면 인수가 식신을 극제하여 줄여주니 대귀격(大貴格)을 이룬다.

---

45) 중화민국12년판과 조전여 판본에는 或印先食後, 食太旺而印制之 라는 글이 없고 서락오평주판에는 있다. 서락오가 추가한 것으로 보이지만 문맥상 필요한 내용이라 삽입하여 기록한다.

```
戊丙甲壬
戌戌辰辰
```

 탈승상(脫丞相)의 명을 보면 壬辰 甲辰 丙戌 戊戌인데, 辰 중 칠살[癸-壬]이 암장되어 있고 壬 칠살이 투출하였다.[46] 戌 식신이 4지지에 앉아 있어 식신이 태중(太重)한 가운데 甲 인성이 투출해서 지나치게 많은 식신을 줄여주니 어찌 귀격(貴格)이 아니라 하겠는가? 만약 칠살이 강하고 식신이 얕은데 인성이 노출됐다면 격국이 깨어졌을 것이다.

4. 살용인수(煞用印綬)의 조건 1

有七煞用印者, 印能護煞, 本非所宜, 而煞印有情, 便爲
유 칠 살 용 인 자   인 능 호 살   본 비 소 의   이 살 인 유 정   편 위

貴格. 如何參政命, 丙寅·戊戌·壬戌·辛丑, 戊與辛同通月
귀 격   여 하 참 정 명   병 인 무 술 임 술 신 축   무 여 신 동 통 월

令, 是煞印有情也.
령   시 살 인 유 정 야

---

[46] 辰中 癸水(官)가 암장되어 있으므로 칠살이 암장(辰中暗煞) 되어 있다고 말할 수 없다. 하지만 원문에는 煞이라 하였고 壬이 투출하였다 기록되어 있다. 용신변화에서 지장간의 음양이 교차되어 투간되는 것을 인정하는 경우가 있는데 그러한 예로 사료된다.

칠살격이 인수를 상조 용신으로 쓰는 경우가 있다. 인수가 칠살을 보호해 버리므로 본디 마땅한 것이 아니나 칠살과 인수가 유정하다면 귀격이 될 수 있다.

```
辛 壬 戊 丙
丑 戌 戌 寅
```

하참정(何參政)의 명을 보면 丙寅 戊戌 壬戌 辛丑인데, 戊와 辛 모두 월령에 통근하고 있으니 이를 칠살과 인수가 유정하다 하는 것이다.

5. 살용인수(煞用印綬)의 조건 2

亦有煞重身輕, 用食則身不能黨, 不若專而朝印. 雖不通
역 유 살 중 신 경   용 식 즉 신 불 능 당   불 약 전 이 조 인   수 불 통
根月令, 亦爲無情, 格亦許貴, 但不大耳.
근 월 령   역 위 무 정   격 역 허 귀   단 부 대 이

또한 칠살이 왕하고 일주가 약할 때, 식신을 용신하면 일주가 무리를 거느릴 능력이 안 되므로 거기에 전념치 말고 인수를 보는 것이 나을 수 있다. 그런데 월령에 통근하지 못했다면 이는 무정한 것

이니 격이 어느 정도 귀할 수는 있으나 크게 귀하다 할 수는 없다.

6. 칠살용재(七煞用財)의 조건 1

有煞而用財者, 財以黨煞, 本非所喜, 而或食被印制,
유살이용재자 재이당살 본비소희 이혹식피인제

不能伏煞, 而財以去印存食, 便爲貴格. 如周丞相命,
불능복살 이재이거인존식 편위귀격 여주승상명

戊戌·甲子·丁未·庚戌, 戊被甲制, 不能伏煞, 時透庚財,
무술 갑자 정미 경술 무피갑제 불능복살 시투경재

即以淸食者, 生不足之煞. 生煞而即以制煞, 兩得其用,
즉이청식자 생부족지살 생살이즉이제살 양득기용

尤爲大貴.
우위대귀

칠살격이 재성을 상조 용신으로 쓰는 경우가 있다. 재성이 칠살과 무리를 지으면 본디 좋다 할 수 없지만, 혹여 식신이 인수의 극제를 받아 상했다면 칠살을 복종시킬 수 없으니 재성으로 인수를 없애고 식신을 남게 해야 귀격이 될 수 있다.

庚丁甲戊
戌未子戌

주승상(周丞相)의 명을 보면 戊戌 甲子 丁未 庚戌인데, 戊 식상이 甲 인수의 극제를 받아 상해서 칠살을 복종시키지 못하는데 시상에 庚 재성이 투출하여 인수를 없애고 식신을 맑게 하면서 부족한 칠살을 生하고 있다. 칠살을 제어하면서 또한 生하기도 하니 일거양득인 셈이고 이를 용신하여 오히려 대귀격이 되었다.

7. 칠살용재(七煞用財)의 조건 2

又有身重煞輕, 煞又化印, 用神不淸, 而借財以淸格, 亦
우유신중살경 살우화인 용신불청 이차재이청격 역
爲貴格. 如, 甲申·乙亥·丙戌·庚寅, 劉運使命是也.
위귀격 여 갑신 을해 병술 경인 유운사명시야

또한 일주가 왕하고 칠살이 약할 때, 칠살이 인수로 설기되서 화(化)해 버린다면 용신이 맑지 못한 것이다. 재성을 가져다 써야 격(格)이 맑아지며 귀격이 된다.

庚 丙 乙 甲
寅 戌 亥 申

예를 들어 甲申 乙亥 丙戌 庚寅 유운사(劉運使)의 명이 그러하다.

8. 칠살용재(七煞用財)의 조건 3

更有雜氣七煞, 干頭不透財以淸用, 亦可取貴.
갱 유 잡 기 칠 살   간 두 불 투 재 이 청 용   역 가 취 귀

잡기(雜氣) 칠살격은 천간에 재성이 투출되지 않아야 맑게 쓸 수 있고 그래야 귀격으로 취할 수 있다.

9. 살대정관(煞帶正官)의 조건

有煞而雜官者, 或去官, 或去煞, 取淸則貴. 如岳統制命,
유 살 이 잡 관 자   혹 거 관   혹 거 살   취 청 즉 귀   여 악 통 제 명
癸卯·丁巳·庚寅·庚辰, 去官留煞也. 夫官爲貴氣, 去官何
계 묘 정 사 경 인 경 진   거 관 유 살 야   부 관 위 귀 기   거 관 하
如不去煞? 豈知月令偏官, 煞爲用而官非用, 各從其重.
여 불 거 살   기 지 월 령 편 관   살 위 용 이 관 비 용   각 종 기 중
蓋官格雜煞, 不能如是之貴矣. 如沈郞中命, 丙子·甲午·
개 관 격 잡 살   불 능 여 시 지 귀 의   여 심 낭 중 명   병 자 갑 오
辛亥·辛卯, 子沖午而剋煞, 是去煞留官也.
신 해 신 묘   자 충 오 이 극 살   시 거 살 유 관 야

칠살격에 정관이 혼잡된 경우, 정관을 제거하거나 혹은 칠살을 제거해야 격이 맑아지고 귀하게 된다.

庚 庚 丁 癸
辰 寅 巳 卯

악통제(岳統制)의 명을 보면 癸卯 丁巳 庚寅 庚辰인데 정관[丁]은 제거되고 칠살[巳中午]만 남았다. 무릇 정관이 귀한 기운인데 정관은 제거되고 어찌 칠살은 제거되지 않는단 말인가? 하지만 월령이 편관이니 칠살이 용신이지 정관이 용신이 아닌 것을 어찌하겠는가, 각기 그 무게감을 따라갈 수밖에 없다. 정관격이 중심이고 칠살이 혼잡된 것이라면 위와 같이 정관이 제거되고 칠살이 남았다면 이를 귀(貴)하다고 할 수 없다.

辛 辛 甲 丙
卯 亥 午 子

심낭중(沈郞中)의 명을 보면 丙子 甲午 辛亥 辛卯인데, 子午沖으로 칠살이 剋을 당하여 제거됐고 정관이 남은 경우이다.

10. 살무식제(煞無食制)의 경우

有煞無食制而用刃當者, 如, 戊辰·甲寅·戊寅·戊午, 趙員
유 살 무 식 제 이 용 인 당 자 여 무 진 갑 인 무 인 무 오 조 원
外命是也.
외 명 시 야

칠살격에 식신의 극제가 없다면 양인(陽刃)을 마땅히 써야 하는데

```
戊 戊 甲 戊
午 寅 寅 辰
```

예를 들어 戊辰 甲寅 戊寅 戊午 조원외(趙員外)의 명이 그러하다.

11. 기명종살격(棄命從煞格)의 경우

至書有制煞不可太過之說, 雖亦至理, 然運行財印, 亦能
지서유제살불가태과지설 수역지리 연운행재인   역능

發福, 不可執一也, 乃若棄命從煞, 則于外格詳之.
발복 불가집일야 내약기명종살   즉우외격상지

책에 이르기를 제살(制煞)이 태과(太過)한 것은 좋지 않다는 설이 있다. 비록 이치에 맞기는 하나 운이 재성과 인성으로 간다면 역시 발복할 수 있으니 한 가지에만 집착하면 안 된다. 또한, 기명종살격(棄命從煞格) 같은 경우도 그러한데 외격(外格)에서 다시 설명할 것이다.

제40장
편관격 취운법
【論偏官取運】

1. 살용식제(煞用食制)

偏官取運, 卽以偏官所成之局, 分而配之. 煞用食制, 煞
편 관 취 운   즉 이 편 관 소 성 지 국   분 이 배 지   살 용 식 제   살
重食輕則助食, 煞輕食重則助煞, 煞食均而日主根輕則助
중 식 경 즉 조 식   살 경 식 중 즉 조 살   살 식 균 이 일 주 근 경 즉 조
身. 忌正官之混雜, 畏印綬之奪食.
신   기 정 관 지 혼 잡   외 인 수 지 탈 식

편관격(偏官格)⁴⁷⁾의 취운법이란 편관격으로 이루어진 국(局)을 몇 가지로 나누고 이에 맞춰 취운을 살피는 것이다.

칠살격이 식신의 극제(剋制)를 상조 용신으로 쓰는 경우,

① 칠살이 강하고 식신이 약하다면, 운에서 식신을 도와야 하고,

② 칠살이 약하고 식신이 강하다면 운에서 칠살을 도와야 한다.

③ 칠살과 식신은 균등한데 일주의 뿌리가 약하다면, 운에서 일주를 도와야 한다.

④ 정관운이 와서 칠살과 섞이는 '관살혼잡(官煞混雜)'을 꺼리고

⑤ 인수운이 와서 식신이 깨지는 '효인탈식(梟印奪食)'⁴⁸⁾을 두려워

---

47) 원문에서 편관(偏官)과 살(煞)이 혼재되어 사용되는 경우가 있고, 편관은 그대로 기록 번역하였고 煞은 칠살이라고 기록 번역하였다.

48) 원문은 탈식(奪食)이라고 기록되어 있다. 일반적으로 탈식이란 효인탈식(梟印奪食)을 칭하므로 그리 기록하였고, 자평진전에서 정인과 편인을 구분하지 않는 것은 용신의 구분에 필요치 않다는 것이고, 식상을 극제하는 경우에는 인성도 정편을 구분하여 언급하는 경우가 보인다.

한다.

乙 癸 己 癸 卯 丑 未 丑	癸 일주가 未月에 태어났고 己를 투출하여 칠살격이다. 칠살 己가 지지 3곳에 뿌리를 두어서 강하다. 칠살격이 성격을 이루는 제1조건은 식신의 제극인데 시상에 乙卯 식신을 상조 용신으로 쓴다. 운에서 식신을 돕는 운이 좋고, 일주의 뿌리가 약하니 일주를 돕는 운도 필요하다. 신왕운과 식신운 즉 水木운에 발복한다.
辛 己 癸 壬 未 巳 卯 午	서락오 평주 사례 - 중국근대 정잠(程潛) 참모총장 己 일주가 卯月에 태어나 칠살격이다. 일주가 巳午未에 통근하여 신강하고, 시간의 식신 辛을 상조 용신으로 삼아 칠살을 제극하니 청해졌고 성격을 이루었다. 연월간의 壬癸 재성과 시간의 辛 식신이 섞이지 않고 선후를 지켜서 아름답다. 선후가 바뀌었다면 식신이 제살하지 못하고 식신생재, 재생살로 흘렀을 것이다. 식신운이 좋고, 식신을 극하는 인수운은 흉하다.

2. 살용인수(煞用印綬)

煞用印綬, 不利財鄕, 傷官爲美, 印綬身旺, 俱爲福地.
살용인수 불리재향 상관위미 인수신왕 구위복지

칠살격이 인수를 상조 용신으로 쓰는 경우,

① 인수를 극하고 칠살을 생하는 재운으로 향하는 것은 불리하고,

② 칠살을 극하는 상관운은 좋고,

③ 인수운과 신왕운은 모두 복이 될 것이다.

辛 壬 壬 戊 丑 戌 戌 申	壬 일주가 戌月에 태어났고 戊를 투출하여 칠살격이다. 칠살을 극하는 식신 木이 부재하니, 시간의 辛 인수를 상조 용신으로 삼아 왕한 칠살을 설기하고 일주를 돕는다. 살인상생(煞印相生)의 命은 칠살을 생하는 재성 火운은 흉하고 인수와 비겁 金水운은 복이 된다.
甲 丁 癸 丁 辰 未 丑 亥	丁 일주가 丑月에 태어났고 癸를 투출하여 칠살격이다. 월지와 일지의 丑未가 칠살을 제극할 수 있으나, 일주가 신약하여 일간을 돕고 칠살을 설기하는 시간의 甲 인수를 상신으로 삼는 것이 유용하다. 칠살격이 인수를 쓰는 경우는 인수와 신왕운이 복이 된다. 운이 木火 동남방으로 흘러 대학교수를 역임했던 여성이다.

3. 살용상관(煞用傷官)

煞用傷官, 行運與食同.
살용상관 행운여식동

칠살격이 상관을 상조 용신으로 쓰는 경우, 행운법은 식신을 용신하는 경우와 같다. - 식신과 상관은 같은 종류이기 때문이다.

己丙壬丁 丑戌子亥	丙 일주가 子月에 태어났고 壬을 투출하여 칠살격이다. 시에서 己丑 상관을 만나고 칠살 壬子를 상관이 제복한다. 戊土 식신만큼 칠살을 제복하기는 힘들겠지만 己土 상관도 제 역할을 해야 한다. 운에서 식상 土운이 오는 것이 좋고, 신약한 편이라 비겁 火운도 나쁘지 않다. 인수 木운이 와서 상관을 깨는 것이 흉하다.
丙乙辛戊 戌卯酉午	서락오 평주 사례 - 육영정(陸榮廷)의 命 乙 일주가 酉月에 태어났고 辛을 투출하여 칠살격이다. 일주가 卯 건록에 좌하여 강하니, 칠살의 제복을 위해 시간의 丙 상관을 쓴다. 서락오에 따르면 乙은 유연한 나무로 칠살이 왕한 것을 두려워하지 않으니 칠살이 천간에 투줄해야 귀하다고 하였다. 식상 火운이 좋고 火를 꺼트리는 인수 水운은 흉하다.

4. 칠살용재(七煞用財)

七煞用財, 其以財而去印存食者, 不利劫財, 傷食皆吉喜,
칠살용재   기이재이거인존식자   불리겁재   상식개길희

怕印透煞亦順. 其以財而助煞不及者, 財已足, 則喜食印
파인투살역순   기이재이조살불급자   재이족   즉희식인

與幫身; 財未足, 則喜財旺而露煞.
여방신   재미족   즉희재왕이노살

칠살격이 재성을 쓰는 경우는 재성으로 인성을 제거하여 식신을 보존하고자 할 때인데

① 재성을 극하는 겁재운이 불리할 것이며,

② 칠살을 극하고 재성을 생하는 식상운은 모두 길하고 기쁜 것이며,

③ 인수운은 두렵고 칠살이 투출함은 순조롭다.

불완전한 칠살을 돕고자 재성을 쓰는 때도 있는데,

① 재성이 이미 충분하다면, 식신과 인성운을 기뻐하고 일주를 거들어 주는 운(비견)이 좋을 것이나,

② 재성이 조금 부족하다면, 재왕(財旺)한 운을 기뻐하고 칠살이 약하니 칠살이 드러나는 운이 좋을 것이다.

己癸丁甲	癸 일주가 丑月에 태어났고 己를 투출하여 칠살 격이다. 지지의 酉丑이 회합하여 金 인수가 강해졌다. 월간의 丁 재성을 상신으로 삼아 강해진 인수를 제(制)해 주어야만 木 식상이 보존되어 칠살을 제복할 수 있다. 재성을 극하는 비겁 水운은 불리하고, 칠살을 극하고 재성을 생하는 식상 木운은 모두 길하다.
未酉丑子	

戊戊甲壬	戊 일주가 辰月에 태어났고 음양교차로 甲을 투출하여 칠살격이다. 월간에 투출한 甲 칠살의 뿌리가 불급(不及)하니 칠살을 돕고자 年에 있는 壬子 재성을 쓴다. 약한 칠살을 돕는 재성운이 좋고, 칠살운도 나쁘지 않을 것이다.
午子辰子	

5. 살대정관(煞帶正官)

煞帶正官, 不論去官留煞, 去煞留官, 身輕則喜助身, 食
살 대 정 관 불 론 거 관 유 살 거 살 유 관 신 경 즉 희 조 신 식

輕則喜助食. 莫去取之物, 無傷制煞之神.
경 즉 희 조 식 막 거 취 지 물 무 상 제 살 지 신

칠살격이 정관을 가지고 있는 경우, '거관유살(去官留煞)'이나 '거살유관(去煞留官)' 같은 경우를 막론하고

① 신약하면 일주를 돕는 운을 좋아하고

② 식신이 약하면 식신을 돕는 운을 좋아한다.

③ 취(取)하는 운이 사라지면 안 되고, 제살(制煞)하는 운이 상하면 안 된다 생각하라.49)

乙戊甲戊 卯午寅子	戊 일주가 寅月에 태어났고 甲을 투출하여 칠살격이다. 그런데 시간에 乙 정관도 함께 투출하여 관살혼잡이고, 甲은 寅, 乙은 卯에 좌하여 뿌리를 내리니 관살이 왕하다. 合煞, 合官하지 못하였지만 이를 막론하고 관살을 제극할 식상운과 칠살을 버텨낼 인수와 비겁운이 길하다. 원국에 식상이 부재하고 합살, 합관하지 못하여 관살혼잡의 기세를 꺾기 어려운 命이다.
庚乙辛丙 辰卯丑寅	乙 일주가 丑月에 태어났고 辛을 투출하여 칠살격이다. 시간에 庚 정관도 투출하였다. 그래도 관살혼잡을 면한 것이 연간의 丙이 辛과 합하여 거살유관(去煞留官)의 격이다. 식상을 생하는 비겁운은 좋으나, 丙을 꺼트리는 인수 水운, 혹은 합살(合煞)을 풀어버리는 辛운이 오는 것을 피해야 한다.

---

49) 취하는 것(取之物)이라 하였으니 '거관유살', '거살유관'이 되는 운을 말하며, 칠살을 극제하는 신(制煞之神)이라 하였으니 식신운이나 상관운을 말한다.

6. 살무식제(煞無食制)

煞無食制, 而用刃當, 煞輕刃重, 則喜助煞, 刃輕煞重, 則
살무식제   이용인당   살경인중   즉희조살   인경살중   즉

宜制伏, 無食可奪, 印逢何傷? 七煞旣純, 雜官不利.
의제복   무식가탈   인봉하상   칠살기순   잡관불리

칠살격에 식신의 극제가 없다면 양인을 쓰는 것이 마땅한데

① 칠살은 약하고 양인이 강하다면, 칠살을 돕는 운이 좋고,

② 양인이 약하고 칠살이 강하다면, 칠살을 제복하는 운(식신)이 와야 한다.

③ 식신이 원래 없으니 식신을 강탈하는 탈식(奪食)이 일어날 리가 없고, 인수를 만나도 어찌 식신을 상하게 하겠는가?

④ 칠살이 혼자 순수하게 서 있는 격이니 정관운이 와서 관살혼잡 되는 것은 불리하다.

| 甲 丙 壬 壬 |
| 午 午 子 午 |

丙 일주가 子月에 태어났고 壬을 투출하여 칠살격이다. 칠살을 제극하는 식상이 없어 칠살이 강하지만, 일주도 지지에 午 양인(羊刃)을 셋이나 두어 신강하니 수화상전(水火相戰)의 격이 되었다. 칠살을 돕는 운도 좋고, 일주를 돕는 운도 좋다. 이렇게 대등한 힘의 균형 속에서는 식상운이 크게 발복할 힘을 갖기는 어렵다.

제41장 상관격 [論傷官]

子平眞詮

1. 상관(傷官)의 특징

傷官雖非吉神, 實爲秀氣, 故文人學士, 多與傷官格內詳
상관수비길신 실위수기 고문인학사 다여상관격내상

之. 而夏木見水, 冬金見火, 則又秀之尤秀者也. 其中格
지 이하목견수 동금견화 즉우수지우수자야 기중격

局比他格, 變化尤多, 在察其氣候, 量其强弱, 審其喜忌,
국비타격 변화우다 재찰기기후 양기강약 심기희기

觀其純雜, 微之又微, 不可執也.
관기순잡 미지우미 불가집야

상관은 비록 길신(吉神)은 아니지만 실제로는 빼어난 기운이므로 문인과 학사들 중에 상관격 내에서 그 성질을 보여주는 경우가 많다. 여름의 木이 水를 보거나, 겨울의 金이 火를 보는 경우[50] 특히 빼어남 중에서 더욱 걸출한 경우가 나타난다. 그중 격국 유형도 다른 격국에 비해 그 변화가 매우 다양하다. 그 기후(氣候)를 잘 살펴보고, 그 강약(强弱)을 헤아리고, 그 희기(喜忌)를 잘 살피고, 그 순잡(純雜)을 관찰할 필요가 있고, 이는 미묘한 가운데서 더 미묘한 것이니 한 가지만 고집해서는 아니 된다.

---

[50] 목화상관(木火傷官)이 인수(水)를 보거나, 금수상관(金水傷官)이 관살(火)을 보는 경우 조후, 기후득실이 더해지므로 한층 더 상관이 빛을 발휘하게 될 것이다.

2. 상관용재(傷官用財)의 조건

故有傷官用財者, 蓋傷不利于官, 所以爲凶. 傷官生財,
고유상관용재자 개상불리우관 소이위흉 상관생재

則以傷官者生, 生官之具, 轉凶爲吉, 故最利之. 只要身
즉이상관자생 생관지구 전흉위길 고최리지 지요신

强而財有根, 便爲貴格. 如, 壬午·己酉·戊午·庚申, 史春
강이재유근 편위귀격 여 임오 기유 무오 경신 사춘

芳命是也.
방명시야

상관격이 재성을 상조 용신으로 쓰는 경우가 있다. 보통 상관은 정관에게 불리하므로 흉신이라 하지만, 상관이 재성을 생하는 것은 상관이 재성을 생하고 그것이 정관을 생하는 구조가 되니 흉(凶)이 바뀌어 길(吉)이 되어 아주 이로운 형국이다. 다만 중요한 건 일주가 강하고 재성이 통근해야 귀격이 된다.

庚 戊 己 壬
申 午 酉 午

예를 들어 壬午 己酉 戊午 庚申 사춘방(史春芳)의 명이 그러하다.

3. 상관용재(傷官用財) : 화상위재(化傷爲財)

至於化傷爲財, 大爲秀氣. 如羅狀元命, 甲子·乙亥·辛未·
지어화상위재 대위수기 여나장원명 갑자 을해 신미
戊子, 干頭之甲, 通根于亥, 而又會未成局, 化水爲木, 化
무자 간두지갑 통근우해 이우회미성국 화수위목 화
之生財, 尤爲有情, 所以傷官生財, 冬金不貴, 以凍水不
지생재 우위유정 소이상관생재 동금불귀 이동수불
能生木. 若乃連水化木, 不待于生, 安得不爲殿元之貴乎?
능생목 약내연수화목 부대우생 안득불위전원지귀호

더욱이 상관이 화(化)하여 재성이 된다면 크게 빼어난 기운이 된다.

```
戊 辛 乙 甲
子 未 亥 子
```

나장원(羅狀元)의 명을 보면 甲子 乙亥 辛未 戊子인데, 천간에 떠 있는 甲이 亥에 통근하고 또 亥未 회합하여 목국(木局)을 이루고 있다. 水가 화하여 木이 된 것이니 상관이 化하며 재성을 生한 것으로 특히 유정(有情)한 것이다. 소위 상관생재(傷官生財)의 경우 겨울의 金은 귀하지 않다고 하는데 얼어붙은 물이 木을 生할 수 없기 때문이다.

그렇다 할지라도 水가 木으로 변화하면 生을 기다릴 것도 없는 법이니 어찌 전시(殿試) 장원(壯元)의 귀함을 얻지 않겠는가?

4. 상관용재(傷官用財) : 재상유정(財傷有情)

至于財傷有情, 與化傷爲財者, 其秀氣不相上下. 如秦龍
지 우 재 상 유 정   여 화 상 위 재 자   기 수 기 불 상 상 하   여 진 룡

圖命, 己卯·丁丑·丙寅·庚寅, 己與庚同根月令是也.
도 명   기 묘   정 축   병 인   경 인   기 여 경 동 근 월 령 시 야

더욱이 재성과 상관이 유정(有情)하다면, 상관이 화(化)하여 재성이 되는 경우와 비교해도 그 빼어난 기운이 더 좋고 나쁨에 차이가 없다.

```
庚 丙 丁 己
寅 寅 丑 卯
```

진룡도(秦龍圖)의 명을 보면 己卯 丁丑 丙寅 庚寅인데, 己 상관과 庚 재성이 월령에 똑같이 통근하고 있다.[51]

---

51) 월령 丑 중의 己 정기를 제1용신으로 삼아 상관격이라 하였다. 時干에 庚 재성이 떠 있으나 월령으로부터 투출한 것이라 보지 않는다는 점을 참고한다.

5. 상관패인(傷官佩印)의 조건

有傷官佩印者, 印能制傷, 所以爲貴, 反要傷官旺, 身稍
유 상관패인자 인능제상 소이위귀 반요상관왕 신초
弱, 始爲秀氣. 如索羅平命, 壬申·丙午·甲午·壬申, 傷官
약 시위수기 여삭나평명 임신 병오 갑오 임신 상관
旺, 印根深, 身又弱, 又是夏木逢潤, 其秀百倍, 所以爲一
왕 인근심 신우약 우시하목봉윤 기수백배 소이위일
品之貴. 然印要根深, 不必多見, 偏正疊出, 反爲不秀, 故
품지귀 연인요근심 불필다견 편정첩출 반위불수 고
傷輕身重而印綬多見, 貧窮之格也.
상경신중이인수다견 빈궁지격야

상관격이 인성을 옆에 차고, 패인(佩印)해서 쓰는 경우가 있다. 인성이 상관을 극제할 수 있으므로 귀하다 하는 것인데 중요한 건 상관이 왕하고 일주가 조금 약해야 비로소 빼어난 기운이라 한다.

```
壬 甲 丙 壬
申 午 午 申
```

삭나평(索羅平)의 명을 보면 壬申 丙午 甲午 壬申인데, 상관이 왕하고 인성의 통근도 깊고 한편 일주는 약하다. 여름의 木이 水의 윤택함을 만나면 그 빼어남이 백 배가 되어 이른바 일품의 귀에 이르게 된다.

여기선 인성이 중요한데 통근이 깊다면 인성을 많이 볼 필요는 없고, 편인과 정인이 중첩하여 투출하면 반대로 빼어남이 없다. 더욱이 상관이 약하고 일주가 강한데 인성을 많이 본다면 빈궁한 격이 된다.

6. 상관용재인(傷官用財印)의 조건

有傷官兼用財印者, 財印相剋, 本不並用, 只要干頭兩清
유상관겸용재인자 재인상극 본불병용 지요간두양청

而不相碍; 又是生財者, 財太旺而帶印, 佩印者印太重而
이불상애 우시생재자 재태왕이대인 패인자인태중이

帶財, 調停中和, 遂爲貴格. 如, 丁酉·己酉·戊子·壬子, 財
대재 조정중화 수위귀격 여 정유 기유 무자 임자 재

太重而帶印, 而丁與壬隔以戊己, 兩不相碍, 且金水多而
태중이대인 이정여임격이무기 양불상애 차금수다이

覺寒, 得火融和, 都統制命也. 又如, 壬戌·己酉·戊午·丁
각한 득화융화 도통제명야 우여 임술 기유 무오 정

巳, 印太重而帶財, 亦隔戊己, 而丁與壬不相碍, 一丞相
사 인태중이대재 역격무기 이정여임불상애 일승상

命也. 反是則財印不並用而不秀矣.
명야 반시즉재인불병용이불수의

상관격이 재성과 인성을 같이 용신하는 경우가 있다. 재성과 인성은 서로 剋하여 본디 함께 쓸 수 없으나, 천간에 둘이 모두 청(淸)하고 서로 장애가 없다면 가능하다. 반드시 생재(生財)가 되어야 하고, 재성이 태왕(太旺)하며 인성이 있거나, 인성이 태중(太重)하며 재성이 있는 경우 중화(中和)를 이루어 귀격이 된다.

```
壬 戊 己 丁
子 子 酉 酉
```

예를 들면 丁酉 己酉 戊子 壬子는 재성이 태중(太重)하며 인성이 있다. 丁과 壬이 戊己를 사이에 두고 떨어져 있어 장애가 되지 않으며, 또 金水가 많아서 매우 추울 때 火의 융화지기(融和之氣)를 얻었다. 도통제(都統制)의 명이다.

```
丁 戊 己 壬
巳 午 酉 戌
```

또 예를 들면 壬戌 己酉 戊午 丁巳는 인수가 태중(太重)하며 재성이 있다. 역시 戊己가 사이에 있어 丁과 壬이 장애가 되지 않는다. 어느 승상의 사주이다. 이런 조건에 반한다면 재성과 인성을 같이 용신할 수 없으며 빼어나지 못한 명이 된다.

7. 상관용살인(傷官而用煞印)의 조건

有傷官用煞印者, 傷多身弱, 賴煞生印以幫身而制傷, 如,
유 상 관 용 살 인 자   상 다 신 약   뢰 살 생 인 이 방 신 이 제 상   여
己未·丙子·庚子·丙子, 蔡貴妃命也. 煞因傷而有制, 兩得
기 미 병 자 경 자 병 자   채 귀 비 명 야   살 인 상 이 유 제   양 득
其宜, 只要無財, 便爲貴格. 如, 壬寅·丁未·丙寅·壬辰, 夏
기 의   지 요 무 재   편 위 귀 격   여   임 인 정 미 병 인 임 진   하
閣老命是也.
각 로 명 시 야

상관격이 칠살과 인성을 같이 용신하는 경우가 있다. 상관이 많고 신약한 경우 다행히 칠살이 있어서 인성을 生하면 그 인성이 일주를 도우면서 상관을 극제한다.

丙庚丙己
子子子未

예를 들어 己未 丙子 庚子 丙子 채귀비(蔡貴妃)의 명을 보면, 칠살은 상관으로 인해 극제되므로 둘 다 마땅함을 얻은 것이니 만약 재성만 없다면 바로 귀격이 될 수 있다.

```
壬 丙 丁 壬
辰 寅 未 寅
```

예를 들어 壬寅 丁未 丙寅 壬辰 하각로(夏閣老)의 명이 그러하다.

8. 상관용관(傷官用官) : 금수상관(金水傷官)

有傷官用官者, 他格不用, 金水獨宜, 然要財印爲輔, 不
유 상 관 용 관 자 타 격 불 용 금 수 독 의 연 요 재 인 위 보 불
可傷官並透. 如, 戊申·甲子·庚午·丁丑, 藏癸露丁, 戊甲
가 상 관 병 투 여 무 신 갑 자 경 오 정 축 장 계 로 정 무 갑
爲輔, 官又得祿, 所以丞相之格. 若孤官無輔, 或官傷並
위 보 관 우 득 록 소 이 승 상 지 격 약 고 관 무 보 혹 관 상 병
透, 則發福不大矣.
투 즉 발 복 부 대 의

상관격이 정관을 용신하는 경우가 있다. 다른 격국에서는 사용할 수 없으나 金水의 경우에만 마땅하다. 그러나 재성과 인성의 도움이 중요하고 상관과 정관이 함께 투출하면 불가하다.

```
丁 庚 甲 戊
丑 午 子 申
```

예를 들어 戊申 甲子 庚午 丁丑의 경우, 癸 상관은 지장(支藏)되어 있고 丁정관은 노출되어 있고 戊 인성과 甲 재성이 돕고 있다. 또한 정관이 록(祿; 午)을 얻었으니 그래서 승상의 격이 되었다. 만약 재성과 인성의 도움 없이 관성이 외롭거나 혹은 정관과 상관이 함께 투출했다면 발복(發福)됨이 크지 않았을 것이다.

9. 상관용관(傷官用官) : 동금용관(冬金用官)

若冬金用官, 而又化傷爲財, 則尤爲極秀極貴. 如, 丙申·
약 동 금 용 관   이 우 화 상 위 재   즉 우 위 극 수 극 귀   여 병 신

己亥·辛未·己亥, 鄭丞相命是也.
기 해   긴 미   기 해   정 승 상 명 시 야

만약 겨울의 金 일주가 정관을 용신하는 경우, 상관이 화(化)하여 재성이 된다면 특별히 매우 빼어나고 매우 귀한 명이 될 수 있다.

```
己 辛 己 丙
亥 未 亥 申
```

예를 들어 丙申 己亥 辛未 己亥 정승상(鄭丞相)의 명이 亥未 회합하니 그러하다.[52]

---

[52] 辛 일주가 亥月에 태어나 식신격이다. 심효첨은 이 사례를 상관격에 삽입해 놓아 혼선을 주고 있으나, 겨울의 금이 화상위재(化傷爲財) 하는 경우 관을 쓸 수 있다는 것을 보여주고자 함으로 이해하자.

10. 상관용관(傷官用官) : 화상위재(化傷爲財)

然亦有非金水而見官, 何也? 化傷爲財, 傷非其傷, 作財
연역유비금수이견관 하야 화상위재 상비기상 작재

旺生官, 而不作傷官見官, 如, 甲子·壬申·己亥·辛未, 章
왕생관 이부작상관견관 여 갑자 임신 기해 신미 장

丞相命也.
승상명야

그런데 金水 상관격이 아니면서도 정관을 본다는 것은 무엇인가? 상관이 화(化)하여 재성이 되면 그런 상관은 상관이라 할 수 없으니, 재성이 왕(旺)해져 정관을 生하는 것이지 상관이 정관을 본 것이라 여기지 않는다.

```
辛 己 壬 甲
未 亥 申 子
```

예를 들어 甲子 壬申 己亥 辛未 장승상(章丞相)의 명이 그러하다.[53]

---

53) 월령 申 중의 庚 정기를 제1용신으로 삼아 상관격이라 하였다. 時干에 辛 식신이 떠 있으나 월령으로부터 투출한 것이라 보지 않는다는 점을 참고한다.

11. 상관용관(傷官用官) : 관살병투(官煞並透)

至於傷官而官煞並透, 只要干頭取淸, 金水得之亦貴, 不
지 어 상 관 이 관 살 병 투   지 요 간 두 취 청   금 수 득 지 역 귀   불

然則空結構而已.
연 즉 공 결 구 이 이

상관격에서 관살병투(官煞並透)한 경우, 천간에서 청(淸)함을 취할 수 있고 金水 상관격이라면 역시 귀할 수 있지만 그렇지 않다면 허망한 구조가 될 뿐이다.

제42장

상관격 취운법
【論傷官取運】

子平眞詮

1. 상관용재(傷官用財)

傷官取運, 卽以傷官所成之局, 分而配之. 傷官用財, 財
상관취운 즉이상관소성지국 분이배지 상관용재 재
旺身輕, 則利印比 ; 身强財淺, 則喜財運, 傷官亦宜.
왕신경 즉리인비 신강재천 즉희재운 상관역의

상관격(傷官格)의 취운법이란 상관격으로 이루어진 국(局)을 몇 가지로 나누고 이에 맞춰 취운을 살피는 것이다.

상관격이 재성을 상조 용신으로 쓰는 경우,

① 재성은 왕하지만 일주가 신약하다면, 인성운과 비겁운이 이로울 것이고,

② 일주는 신강하지만 재성이 약하다면, 재성운이 좋고 상관운도 적당하다.

| 辛丁丙戊 |
| 丑酉辰寅 |

丁 일주가 辰月에 태어났고 戊를 투출하여 상관격이다. 시간에 辛 재성이 투출하고 일지와 시지에 통근하여 재성을 상신으로 쓰고 태왕하다. 일주가 신약하고 재성은 왕하므로 인성과 비겁, 木火운이 길(吉)하다. 중년에 재성 대운으로 흘러 왕한 재를 가중시키니 흉하게 작용하여 병고에 시달리고 사업에 실패하였다.

|庚 丙 丁 己|
|寅 寅 丑 卯|

丙 일주가 丑月에 태어났고 己를 투출하여 상관격이다. 시간의 재성 庚이 월령 丑에 통근하여 상관이 재성을 상신으로 쓴다. 그래도 신왕한 것에 비해 재성이 약하므로 재성 金운이 좋다. 癸酉 壬申 대운에 재성운으로 향하여 발복하지만, 천간의 癸壬 관살은 상관과 대치하므로 조건 없이 좋다고 할 수는 없다.

2. 상관패인(傷官佩印)

傷官佩印, 運行官煞爲宜, 印運亦吉, 傷食不碍, 財地
상관패인　운행관살위의　인운역길　상식불애　재지
則凶.
즉흉

상관격이 인성을 옆에 차고, 패인(佩印)해서 쓰는 경우,

① 성격을 이루었으니 정관운과 칠살운도 적절하고

② 인성운도 역시 길(吉)하다.

③ 식신·상관운이 장애가 되지는 않겠지만

④ 인성을 극하는 재성운은 흉(凶)할 것이다.

| 戊 辛 辛 壬 |
| 子 酉 亥 辰 |

辛 일주가 亥月에 태어났고 壬을 투출하여 상관격이다. 시간에 戊가 투출하여 패인(佩印)되니 인성이 상조 용신이다. 상관은 역용하니 인수의 제극을 받으면 격을 이룬다. 인성운은 좋고 관살운도 적절하지만, 인성을 극하는 재성 木운에는 흉함을 겪는다.

자평진전 論傷官 사례 – 삭나평(索羅平)의 命

| 壬 甲 丙 壬 |
| 申 午 午 申 |

甲 일주가 午月에 태어났고 丙을 투출하여 식신격이다. 하지만 午가 왕하여 심효첨은 상관격으로 보았다. 인성의 통근도 깊어 인성의 제극을 상신으로 삼았고, 여름의 木이 水의 윤택함을 만나 귀격이라 하였다. 성격을 갖추어 관살운도 적절한데, 戊申 己酉 대운에 지지의 관살은 적절히 인수를 생하여 길하였고 戊己가 재성이지만 큰 장애는 아니었다. 하지만 庚戌운의 戌은 반드시 흉할 것이다.

3. 상관용재인(傷官用財印)

傷官兼用財印, 其財多而帶印者, 運喜助印, 印多而帶財者, 運喜助財.
상관겸용재인 기재다이대인자 운희조인 인다이대재자 운희조재

상관격이 재성과 인성을 같이 쓰는 경우,

① 재성과 인성 중 재성이 많다면, 인성을 돕는 운이 좋고,

② 재성과 인성 중 인성이 많다면, 재성을 돕는 운이 좋다.

甲癸辛丁 寅酉亥丑	癸 일주가 亥月에 태어났고 甲을 투출하여 상관격이다. 연간에 재성 丁, 월간에 인성 辛을 같이 투출하였다. 年月에서 재극인이 먼저 발생하니 時에서 상관생재 혹은 상관패인의 작용력이 약화된다. 재성보다 인성이 많으니 재성을 돕는 운이 와야 하는데, 인성 金운이 초년에 와서 천재 소년으로 주목받았지만 뜻을 이루지 못하였다. 재성을 돕는 火운이 와야 발전한다.
壬戊己丁 子子酉酉	**자평진전 論傷官 사례 – 도통제(都統制)의 命** 戊 일주가 酉月에 태어나 상관격이다. 상관격이 재성과 인성을 같이 쓰려면 천간에 둘이 모두 淸하고 장애가 없어야 한다 하였다. 재성이 태중하고 인성이 있으니 인성을 돕는 木火운이 좋다. 대운이 丁未 丙午 乙巳 甲辰으로 흘러 인성 火운이 좋고, 인성을 생하는 관살 木운도 나쁘지 않았다.

4. 상관용살인(傷官而用煞印)

傷官而用煞印, 印運最利, 傷食亦亨, 雜官非吉, 逢財卽危.
상관이용살인 인운최리 상식역형 잡관비길 봉재즉위

상관격이 칠살과 인성을 같이 쓰는 경우,

① 상관을 극하는 인성운이 가장 이롭고,

② 칠살을 극하는 식상운도 역시 순조로운 편이고,

③ 정관운이 와서 관살혼잡 되면 길(吉)할 리가 없고,

④ 칠살을 생하는 재성운을 만나면 바로 위험하다.

서락오 평주 사례 – 하귀비(夏貴妃)의 命

丙 庚 丙 己
子 子 子 未

庚 일주가 子月에 태어나 상관격이다. 일간의 설기가 심하여 己未 인수가 유용하고, 子月에 태어나 한랭한 금수상관격이라 火의 조후도 시급하니 丙 칠살도 함께 쓴다. 초년 乙亥 대운에 고생이 심하였고 甲戌 대운은 甲己合土하고 戌이 함께하여 인수운에 가장 좋았다. 癸酉, 壬申 대운은 신왕과 식상이 같이 와서 무난하였다. 재성 木운은 인수를 파극하니 심히 흉할 것이다.

| 癸 乙 丙 己 |
| 未 酉 寅 酉 |

乙 일주가 寅月에 태어났고 丙을 투출하여 상관격이다. 상관을 극하는 인성 癸가 시간에 있어 상조 용신으로 삼는다. 단, 일지와 연지에 酉 칠살을 함께 쓰니 인성 水운이 가장 이롭지만, 식상 火운도 순조로운 편이다.

5. 상관대살(傷官帶煞)

傷官帶煞, 喜印忌財, 然傷重煞輕, 運喜印而財亦吉. 惟
상 관 대 살   희 인 기 재   연 상 중 살 경   운 희 인 이 재 역 길   유

七煞根重, 則運喜傷食, 印綬身旺亦吉, 而逢財爲凶矣.
칠 살 근 중   즉 운 희 상 식   인 수 신 왕 역 길   이 봉 재 위 흉 의

상관격이 칠살을 가지고 있는 경우,

① 상관을 극하는 인성운은 나쁘지 않지만,

② 칠살을 생하는 재성운은 나쁘다.

③ 그러나 상관이 강하고 칠살이 약하다면, 인성운과 재성운 모두 길(吉)할 것이다.

④ 칠살이 통근하고 힘이 강하다면, 식상운도 좋고, 인수운과 신왕운도 길하지만, 재운을 만나면 흉하다.

| 甲 戊 己 壬 |
| 寅 戌 酉 戌 |

戊 일주가 酉月에 태어나 상관격이다. 지지의 酉戌이 金의 계절로 土金상관격을 이루니 희생을 잘하고 후덕할 것이다. 시주에 甲寅 칠살을 가지고 있는데 칠살이 통근하여 힘이 강하다. 상관격에 인성운이 나쁠 것은 없고 칠살이 왕하므로 재성 水운은 분명 나쁘지만 칠살을 제극하는 식상 金운은 좋다.

| 丙 庚 乙 癸 |
| 子 寅 丑 酉 |

서락오 평주 사례

庚 일주가 丑月에 태어났고 癸를 투하여 상관격이다. 시간에 칠살 丙을 투출하고 일지 寅에 통근하여 힘이 쓸만하니 상신으로 쓴다. 역시 뿌리가 중요하다. 칠살이 강하니 壬戌 대운 식상과 인수가 길하였고 辛酉, 庚申 대운은 신왕운도 길하였다. 재성과 칠살인 木火운은 좋지 않다.

6. 상관용관(傷官用官)

傷官用官, 運喜財印, 不利傷食, 若局中官露, 而財印兩
상관용관 운희재인   불리상식 약국중관로   이재인양

旺, 則比劫傷官, 未始非吉矣.
왕   즉비겁상관   미시비길의

상관격이 정관을 쓰는 경우,

① 정관을 생하는 재성운과 관인상생하는 인성운은 좋고

② 정관을 극하는 식상운은 불리하다.

③ 정관이 투출하고 재성과 인성 모두 왕하다면, 오행의 균형상 비겁운과 상관운이 길(吉)한 것을 시비할 게 없다.

戊戊乙乙 午辰酉丑	戊 일주가 酉月에 태어나 상관격이다. 비겁이 강해 신강한 사주인데, 연월간에 놓인 乙 정관을 상조 용신으로 삼는다. 정관을 생하는 水운이 좋을 것인데, 초년에 운이 亥子丑 북방으로 흘러 乙 정관을 생하며 길하였다. 입시 때 미국 명문대 8곳에 동시 합격하였고 후일 국제통상 전문가가 될 여성의 命이다.
丁庚戊庚 亥寅子午	庚 일주가 子月에 태어나 상관격이다. 천간에 丁 정관과 戊 인수가 떠 있는데 상관이 강하지 않고 인수가 제극하니 시간의 丁 정관을 쓸 수 있다. 관인상생하는 인성운은 좋고, 오행의 균형이 기울지 않아 비겁운과 식상운도 크게 문제가 없을 것이다.

제43장 양인격 【論陽刃】

子平眞詮

1. 양인(陽刃)의 특징과 용관용살(用官用煞)

陽刃者, 劫我正財之神, 乃正財之七煞也. 祿前一位, 惟
양인자 겁아정재지신 내정재지칠살야 녹전일위 유

六陽有之, 故爲陽刃. 不曰劫而曰刃, 劫之甚也. 刃宜伏
육양유지 고위양인 불왈겁이왈인 겁지심야 인의복

制, 官煞皆宜, 財印相隨, 尤爲顯貴. 夫正官而財印相隨
제 관살개의 재인상수 우위현귀 부정관이재인상수

美矣, 七煞得之, 夫乃甚乎? 豈知他格以煞能傷身, 故喜
미의 칠살득지 부내심호 기지타격이살능상신 고희

制伏, 忌財印; 羊刃用之54), 則賴以制刃, 不怕傷身,
제복 기재인 양인용지 즉뢰이제인 불파상신

故反喜財印, 忌制伏也.
고반희재인 기제복야

양인(陽刃)이란 나의 정재를 겁탈하는 신(神)이니 곧 정재에 대한 칠살이다. 인(刃)은 록(祿)에서 하나 앞으로 나아간 자리인데 다만 육양(六陽; 五陽)에만 그것이 있다 하여 양인(陽刃)이라 하는 것이다. 겁재라 부르지 않고 양인이라 부르는 것은 겁탈함이 더 심하기 때문이다.

양인은 마땅히 굴복시키고 극제되어야 하므로 정관과 칠살이 모두 적절하며 재성과 인성이 서로 관살을 따른다면 매우 귀함이 나타

---

54) 중화민국12년판의 경우 陽刃과 羊刃 두 글자가 혼재되어 표기되어 있다. 심효첨은 양간만을 양인이라 하고 음간은 월겁이라 구분하였으므로 陽刃으로 표기하는 것이 적절하다. 단, 심효첨이 혼재하여 쓴 것인지 후대 필사자의 의도인지 알 수 없기에 판본 표기 그대로 기록한다.

난다. 무릇 정관에 재성과 인성이 따라 붙으면 아름다운 것인데, 칠살이 그들을 얻는다면 더 심해진다고 해야 하는가? 이미 알고 있듯이 다른 격에서 칠살은 일주를 다치게 하는 것이니 극제하고 굴복시키는 것이 좋다 하고 재성과 인성은 기피한다. 그러나 양인격에서는 칠살을 사용하여 양인을 극제하는 것에 의지하니 일주가 상하는 것을 두려워하지 않는다. 그래서 오히려 재성과 인성을 좋아하고 제복(制伏)되는 것을 싫어한다.

2. 용관(用官)과 용살(用煞)의 차이점

羊刃用官, 透刃不慮; 羊刃露煞, 透刃無成. 蓋官能制刃,
양인용관 투인불려 양인노살 투인무성 개관능제인

透而不爲害; 刃能合煞, 則有何功? 如丙生午月, 透壬制
투이불위해 인능합살 즉유하공 여병생오월 투임제

刃, 而又露丁, 丁與壬合, 則七煞有貪合忘剋之意, 如何
인 이우로정 정여임합 즉칠살유탐합망극지의 여하

制刃? 故無功也.
제인 고무공야

양인격이 정관을 용신[體]할 때 양인의 투출은 염려스럽지 않지만, 양인격이 칠살을 용신[體]할 때 양인의 투출은 격을 이룰 수 없게 한다. 무릇 정관은 양인을 능히 극제할 수 있으니 양인이 투출해도 해롭지 않으나, 칠살과 양인은 서로 습되어 버리니 어찌 공명이 있다 하겠는가? 만약에 丙 일주가 午月에 태어났고 壬 칠살이 투출하여 양인을 극제하려 할 때, 다시 丁 양인이 투출하여 丁壬 합되어 버리면 칠살이 합을 탐하여 극할 뜻을 잊어버리니 어찌 양인을 극제할 수 있겠는가? 그래서 공명이 없다 한 것이다.

3. 관살제인(官煞制刃)의 격국고저

然是官煞制刃, 而格亦有高低, 如官煞露而根深, 其貴也
연시관살제인 이격역유고저 여관살로이근심 기귀야
大; 官煞藏而不露, 或露而根淺[55], 其貴也小. 若, 己酉·丙
대 관살장이불로 혹로이근천   기귀야소 약 기유 병
子·壬寅·丙午, 官透有力, 旺財生之, 丞相命也. 又, 辛丑·
자 임인 병오 관투유력   왕재생지 승상명야 우 신축
甲午·丙申·壬辰, 透煞根淺, 財印助之, 亦丞相命也.
갑오 병신 임진 투살근천   재인조지 역승상명야

분명히 정관과 칠살이 양인을 극제하는 경우 이 격국에도 역시 고저가 있기 마련이니, 만약 정관과 칠살이 노출되었고 그 뿌리가 깊다면 그 귀함은 클 것이요, 정관과 칠살이 암장된 채 노출되지 않았거나 노출되었더라도 그 뿌리가 약하다면 그 귀함은 작을 것이다.

---

55) 중화민국12년판에는 露而根深이라고 적혀있으나 문맥상 오류이다. 앞 문장과 대칭되는 문장으로 露而根淺이어야 하므로 바꾸어 기록한다. 조전여 판본과 서락오평주판에는 淺으로 기록되어 있다.

```
丙壬丙己
午寅子酉
```

예를 들어 己酉 丙子 壬寅 丙午는 정관이 투출하여 유력하고 왕한 재성이 정관을 生하니 승상의 명이다.

```
壬丙甲辛
辰申午丑
```

또 예를 들어 辛丑 甲午 丙申 壬辰은 칠살이 투출하고 뿌리가 깊으며 재성과 인성이 돕고 있으니 이 역시 승상의 명이다.

4. 관살제인(官煞制刃) 대식상(帶食傷)

然亦有官煞制刃帶傷食而貴者, 何也? 或是印護, 或是煞
연역유관살제인대상식이귀자 하야   혹시인호 혹시살
太重而裁損之, 官煞輕而取淸之. 如穆同知命, 甲午·癸
태중이재손지 관살경이취청지   여목동지명   갑오 계

酉·庚寅·戊寅, 癸水傷寅午之官, 而戊以合之, 所謂印護
유 경인 무인 계수상인오지관 이무이합지 소위인호
也. 如賈平章命, 甲寅·庚午·戊申·甲寅, 煞兩透而根太重,
야 여가평장명 갑인 경오 무신 갑인 살양투이근태중
食以制之, 所謂裁損也. 如, 丙戌·丁酉·庚申·壬午, 官煞
식이제지 소위재손야 여 병술 정유 경신 임오 관살
競出, 而壬合丁官, 煞純而不雜. 況羊刃之格, 利於留煞,
경 출 이임합정관 살순이부잡 황양인지격 이어유살
所謂取淸也.
소위취청야

정관과 칠살이 양인을 극제하면서 동시에 식상(食傷)을 가지고 있는 경우에도 귀할 수 있는 경우가 있는데 무엇인가? 혹시 인성이 식상을 극해 관살을 보호하거나 혹은 칠살이 지나치게 많으면 식상으로 줄이고 감소시켜 관살(官煞)을 약화시키면 청(淸)함을 취할 수 있는 것이다.

| 戊 | 庚 | 癸 | 甲 |
| 寅 | 寅 | 酉 | 午 |

예를 들어 목동지(穆同知)의 명은 甲午 癸酉 庚寅 戊寅인데, 癸水 상관이 寅午 火局의 관성을 상하게 하는 중에 戊癸 합하니 소위 인성이

관성을 보호하는 경우이다.

```
甲 戊 庚 甲
寅 申 午 寅
```

예를 들어 가평장(賈平章)의 명은 甲寅 庚午 戊申 甲寅인데, 칠살 2개가 투출하였고 뿌리가 묵직한데 식신이 이를 극제하는 경우로 소위 칠살을 줄이고 감소시킨 경우이다.

```
壬 庚 丁 丙
午 申 酉 戌
```

예를 들어 丙戌 丁酉 庚申 壬午의 경우, 丁 정관과 丙 칠살이 함께 투출하였으나 壬 식신이 丁 정관과 合을 하니 칠살이 순수해져 혼잡이 사라졌다. 하물며 양인격에 칠살을 남겨 이롭게 되었으니 소위 청(淸)함을 취했다 하는 것이다.

5. 병생오월(丙生午月), 무생오월(戊生午月), 재살병로(財煞並露)

其於丙生午月, 內藏己土, 可以剋水, 尤宜帶財佩印, 若
기어병생오월 내장기토 가이극수 우의대재패인 약
戊生午月, 干透丙丁, 支會火局, 則化刃爲印, 或官或煞
무생오월 간투병정 지회화국 즉화인위인 혹관혹살
透, 則去刃存印, 其格愈淸. 倘或財煞並露, 則犯去印存
투 즉거인존인 기격유청 당혹재살병로 즉범거인존
煞之忌, 不作生煞制刃之例, 富貴兩空矣.
살지기 부작생살제살지례 부귀양공의

① 丙 일주가 午月에 태어나면 午에 암장된 己土가 水 관살을 극제하고 있으므로 특히나 재성과 인성을 가지고 있어야 마땅하다.

② 만약 戊 일주가 午月에 태어났고 천간에 丙丁이 투출하고 지지는 火局을 이루어 양인이 변화하여 인성이 된 경우, 혹은 정관 혹은 칠살이 투출하여 그로 인해 양인이 제거되어 인성이 남는 경우 그 격은 더욱 맑아진다.

③ 만약 재성과 칠살이 나란히 투출하였다면 인수가 제거되고 칠살만 남는 기신(忌神)을 범한 셈이니, 칠살을 생하고 양인을 극제하지 못한다면 부(富)와 귀(貴)가 모두 허망해질 것이다.

6. 양인용재(羊刃用財)

更若羊刃用財, 格所不喜, 然財根深而用傷食, 以專刃生
갱약양인용재 격소불희 연재근심이용상식 이전인생

財, 雖不比建祿月劫, 可以取貴, 亦可就富. 不然則刃與
재 수불비건록월겁 가이취귀 역가취부 불연즉인여

財相搏, 不成局矣.
재상박 불성국의

양인격이 재성을 용신[體]할 때 격으로는 썩 좋지 않으나, 재성이 뿌리가 깊고 식상(食傷)을 쓸 수 있다면 오로지 양인은 식상을 거쳐 재성을 生하는 데 쓰이니 비록 건록이나 월겁에 비교할 바는 아니지만 귀격으로 취할 수 있고 역시 부자가 될 수 있다. 그렇지 않다면 곧 양인과 재성이 서로 다투게 되어 격국을 이룰 수 없다.

제44장

양인격 취운법

[論羊刃取運]

子平眞詮

1. 양인용관(羊刃用官)

羊刃用官, 則運喜助官, 然命中官根深, 則印綬比劫之方,
양인용관 즉운희조관 연명중관근심 즉인수비겁지방

反爲美運, 但不喜傷食合官耳.
반위미운 단불희상식합관이

양인격이 정관을 제1용신 체(體)로 삼는 경우,

① 정관은 순용하니 정관을 돕는 운이 좋은데,

② 정관의 뿌리가 깊다면 인수운과 비겁운으로 향하는 것이 오히려 좋은 운이 될 수 있다.

③ 식상운이 오거나 정관을 합거하는 운이 오면 좋을 리가 없다.

丁 庚 己 壬	庚 일주가 酉月에 태어나 양인격이다. 양인격은 월령을 격국용신으로 쓰지 못하고 천간에 투출한 관살(官煞)을 재차 제1용신으로 삼는다. 시간에 丁 정관이 있어 용신으로 삼으니 정관을 돕는 운이 좋다. 정관을 합거하는 연간의 壬은 멀고 己의 극제를 받아 다행이다. 운에서 식상이 오거나 합거운이 오면 좋지 않다.
丑 午 酉 子	

| 癸甲辛辛 | 甲 일주가 卯月에 태어나 양인격이다. 연월간에 辛 정관이 투출하여 제1용신으로 삼는다. 정관이 비견과 뿌리가 있어 강하니 인수와 비겁 水 木운으로 향하는 것이 오히려 길하다. 정관을 쓰므로 식상 火운은 좋을 리가 없다. |
| 酉辰卯酉 | |

2. 양인용살(羊刃用煞)

羊刃用煞, 然不甚旺, 則運喜助煞; 煞若太重, 則運喜身
양 인 용 살   연 불 심 왕   즉 운 희 조 살   살 약 태 중   즉 운 희 신

旺印綬, 傷食亦不爲忌.
왕 인 수   상 식 역 불 위 기

양인격이 칠살을 제1용신 체(體)로 삼는 경우,

① 칠살이 심히 왕하지 않다면 칠살을 돕는 운도 좋겠지만,

② 칠살이 아주 강하다면 신왕운이나 인수운이 좋다.

③ 또한 칠살은 역용하니 식상운이 오는 것을 꺼릴 리가 없다.

| 癸甲己庚 | 甲 일주가 卯月에 태어나 양인격이다. 연간에 칠살 庚이 투출하여 이를 체(體)로 삼는데, 지지에 두 개의 申과 酉가 있어 칠살이 강하다. 양인격으로 신약한 사주는 아니나 칠살이 강하므로 인수와 비겁 水木운이 좋고, 식상 火운도 칠살을 제하니 길할 것이다. |
| 酉申卯申 | |

```
壬 丙 庚 己
辰 子 午 亥
```

丙 일주가 午月에 태어나 양인격이다. 시간에 칠살 壬이 투출하고 있으니 제1용신이다. 지지에 亥子辰으로 水氣 관살이 태왕하니 상대적으로 신약해졌다. 신왕운과 인수운이 와야 길할 것인데, 대운에 申酉戌 亥子丑 서북방운으로 흘러 아쉽다. 이 여인은 壬申 癸酉 대운에 결혼에 실패하고 화류계 생활을 하다가 건강이 악화되어 절에서 공양주 생활을 하며 보냈다.

3. 양인관살병출(羊刃官煞並出)

羊刃而官煞並出, 不論去官去煞, 運喜制伏, 身旺亦利,
양 인 이 관 살 병 출　불 론 거 관 거 살　운 희 제 복　신 왕 역 리

財地官鄉, 反爲不吉也.
재 지 관 향　반 위 불 길 야

양인격에서 정관과 칠살이 함께 투출한 경우, '거관유살(去官留煞)'이나 '거살유관(去煞留官)' 같은 경우를 막론하고

① 강한 관살을 제복(制伏)하는 운(식상)이 좋고

② 신왕운 또한 이로울 수 있다.

③ 재운이나 정관운으로 향하는 것은 도리어 불길하다.

庚甲辛丙
午申卯申

甲 일주가 卯月에 태어나 양인격이다. 庚과 辛, 관살이 함께 투출하였지만 丙이 辛과 합거되어 청해졌다. 그래도 두 개의 申이 뿌리가 되어 칠살이 강하다. 강한 관살을 제복하는 식상 火운이 좋고, 칠살을 왕하게 하는 재성 土운은 불리하다. 辛 정관이 운에서 오면 합관이 풀려 관살혼잡이 일어나니 흉해진다.

子平眞詮

제45장

건록월겁격
【論建祿月劫】

1. 건록(建祿)과 월겁(月劫)은 동일격(同一格)

建祿者, 月建而逢祿堂也, 祿卽是劫. 或以祿堂秀氣, 卽
건록자 월건이봉록당야 록즉시겁 혹이록당수기 즉
可依以爲用者, 非也. 故建祿與月劫, 可同一格, 不必另
가의이위용자 비야 고건록여월겁 가동일격 불필영
分, 皆以透干合支, 別取財官煞食爲用.
분 개이투간합지 별취재관살식위용

건록격(建祿格)이란 월건(月建; 월령)에서 록당(祿堂; 록)을 만나는 경우를 말하는 것으로 록(祿)은 곧 비겁(比劫)이다. 혹여 록당이 빼어난 기운이라 할지라도 이에 의지하거나 용신으로 쓰는 것은 불가하다. 그런 점에서 건록(建祿)과 월겁(月劫)은 동일한 하나의 격으로 보고 구분할 필요가 없다. 둘 모두 천간에 투출돼 있는, 혹은 지지에서 합국되어진 별도의 재성, 정관, 칠살, 식상을 용신[體]으로 취해야 한다.

2. 록겁용관(祿劫用官) : 인호희재(印護喜財)

祿劫用官, 干頭透出爲奇, 又要財印相隨, 不可孤官無輔.
록겁용관 간두투출위기 우요재인상수 불가고관무보
有用官而印護者, 如, 庚戌·戊子·癸酉·癸亥, 金丞相命
유용관이인호자 여 경술 무자 계유 계해 김승상명

也. 有用官而財助者, 如, 丁酉·丙午·丁巳·壬寅, 李知府
야 유용관이재조자 여 정유 병오 정사 임인 이지부

命也.
명야

건록월겁격이 정관을 용신[體]할 때 정관이 천간으로 투출하면 기특하게 여기고 또한 재성과 인성이 함께 따라줌이 필요하고 보좌함이 없이 정관 혼자이면 좋지 않다.

癸癸戊庚
亥酉子戌

건록격에 정관을 용신[體]하며 인성의 보호가 있는 경우, 예를 들어 庚戌 戊子 癸酉 癸亥 김승상(金丞相)의 명이 그러하다.

壬丁丙丁
寅巳午酉

건록격에 정관을 용신[體]하며 재성의 조력이 있는 경우, 예를 들어 丁酉 丙午 丁巳 壬寅 이지부(李知府)의 명이 그러하다.

3. 관대재인(官帶財印) : 신강삼기(身強三奇)

有用官而兼帶財印者, 所爲身強値三奇, 尤爲貴氣. 三奇
유 용 관 이 겸 대 재 인 자 소 위 신 강 치 삼 기 우 위 귀 기 삼 기
者, 財官印也, 只要以官隔之, 使財印兩不相傷, 其格便
자 재 관 인 야 지 요 이 관 격 지 사 재 인 양 불 상 상 기 격 편
大. 如, 庚午·戊子·癸卯·丁巳, 王少師命也.
대 여 경 오 무 자 계 묘 정 사 왕 소 사 명 야

건록격에 정관을 용신하며 재성과 인성 2가지를 모두 가진 경우가 있는데, 소위 신강하며 삼기(三奇)를 만난 것이니 매우 귀한 기운이다. 삼기(三奇)란 재관인(財官印)을 말하는 것으로[56], 정관이 나머지 둘을 막아주는 것이 중요한데 재성과 인성 둘로 하여금 서로 상하지 않게 한다면 그 격은 곧 크게 될 것이다.

---

56) 고법삼명학에서 삼기(三奇)는 甲戊庚(天上三奇), 乙丙丁(地下三奇), 辛壬癸(人中三奇)가 각각 함께 나타나는 것을 말하며 신살의 일종이었고 그중 乙丙丁만 언급하는 이론도 있었다. 자평명리학에 이르러 재관인(財官印)이 함께 있는 명조를 칭하는 것으로 바뀌어 용어가 쓰이고 있다.

```
丁 癸 戊 庚
巳 卯 子 午
```

예를 들어 庚午 戊子 癸卯 丁巳 왕소사(王少師)의 명이 그러하다.

4. 록겁용재(祿劫用財) : 대식상(帶食傷)

祿劫用財, 須帶傷食, 蓋月令爲劫, 而以財作用, 二者相
록겁용재 수대상식 개월령위겁 이이재작용   이자상
剋, 必以傷食化之, 始可專劫生財, 如, 甲子·丙子·癸丑·
극   필이상식화지   시가전겁생재   여   갑자 병자 계축
丙辰[57], 張都統命也.
병진   장도통명야

건록월겁격에서 재성을 용신[體]할 때는 모름지기 식상(食傷)을 지녀야 한다. 대체로 월령이 겁재이고 재성으로 용신을 삼는 경우 둘이 상극이니 반드시 식상이 이를 변화시켜야 비로소 겁재를 전달받아 재성을 생할 수 있다.

---

[57] 서락오평주판에는 장도통의 명을 甲子, 丙子, 癸丑, 壬辰이라고 기록하고 있으나 癸丑일에는 壬辰시가 없고, 중화민국12년판에는 丙辰시로 기록되어 있으니 이것이 옳다.

```
丙癸丙甲
辰丑子子
```

예를 들어 甲子 丙子 癸丑 丙辰 장도통(張都統)의 명이 그러하다.

5. 화겁위재(化劫爲財), 화겁위생(化劫爲生)

至於化劫爲財, 與化劫爲生, 尤爲秀氣. 如, 己未·己巳·丁
지어화겁위재 여화겁위생 우위수기 여 기미 기사 정
未·辛丑, 丑與巳會, 卽以劫財之火, 化爲金局之財, 安得
미 신축 축여사회 즉이겁재지화 화위금국지재 안득
不爲大貴? 所謂化劫爲財也. 如高尙書命, 庚子·甲申·庚
불위대귀 소위화겁위재야 여고상서명 경자 갑신 경
子·甲申, 卽以劫財之金, 化爲生財之水, 所化劫爲生也.
자 갑신 즉이겁재지금 화위생재지수 소화겁위생야

겁재가 화(化)하여 재성이 되는 경우는 겁재가 화(化)하여 재성을 生하는 것과 더불어 매우 빼어난 기운이다.

```
辛 丁 己 己
丑 未 巳 未
```

 예를 들어 己未 己巳 丁未 辛丑이면, 巳丑 회합(會合)하여 겁재 火가 金局 재성이 된 것이니 어찌 크게 귀하지 않다 하겠는가? 소위 화겁위재(化劫爲財; 겁재가 화하여 재성이 됨)라 하는 것이다.

```
甲 庚 甲 庚
申 子 申 子
```

 예를 들어 고상서(高尙書)의 명은 庚子 甲申 庚子 甲申인데, 겁재 金이 화(化)하여 재성을 생하는 水가 되니 소위 화겁위생(化劫爲生; 겁재가 화하여 재성을 생함)이라 하는 것이다.

6. 록겁용살(祿劫用煞) : 대식제(帶食制)

祿劫用煞, 必須制伏, 如婁參政命, 丁巳·壬子·癸卯·己
록겁용살 필수제복 여루참정명 정사 임자 계묘 기
未, 壬合丁財以去其黨煞, 卯未會局以制伏是也.
미   임합정재이거기당살   묘미회국이제복시야

건록월겁격에서 칠살을 용신[體]할 때는 반드시 제복(制伏)이 필요하다.

```
己 癸 壬 丁
未 卯 子 巳
```

예를 들어 루참정(婁參政)의 명은 丁巳 壬子 癸卯 己未인데, 壬이 丁 재성과 합하여 칠살 무리(煞을 생하는 財)를 제거하였고 卯未가 회합하여 木局 식상이 칠살을 제복하고 있다.

7. 록겁용살(祿劫用煞) : 대재(帶財)

至若用煞而又帶財, 本爲不美, 然能去煞存財, 又成貴格.
지약용살이우대재　본위불미　연능거살존재　우성귀격

如, 戊辰·癸亥·壬午·丙午, 合煞存財, 袁內閣命是也.
여　무진　계해　임오　병오　합살존재　원내각명시야

건록격에서 칠살을 용신[體]할 때 재성을 가지고 있으면 본디 아름답지 않으나, 칠살을 제거하고 재성만 남긴다면 다시 귀격이 될 수 있다.

```
丙 壬 癸 戊
午 午 亥 辰
```

戊辰 癸亥 壬午 丙午의 명이 칠살이 合되고 재성만 남은 경우인데 원내각(袁內閣)의 명이다.

8. 록겁용식상(祿劫用食傷)의 경우

其祿劫之格, 無財官而用傷食, 洩其太過, 亦爲秀氣. 惟
기 록 겁 지 격   무 재 관 이 용 상 식   설 기 태 과   역 위 수 기   유

春木秋金, 用之則貴, 蓋木逢火則明, 金生水則靈. 如張
춘 목 추 금   용 지 즉 귀   개 목 봉 화 즉 명   금 생 수 즉 영   여 장

狀元命, 甲子·丙寅·甲子·丙寅, 木火通明矣; 又, 癸卯·
장 원 명   갑 자   병 인   갑 자   병 인   목 화 통 명 의   우   계 묘

庚申·庚子·庚辰, 金水相涵也.
경 신   경 자   경 진   금 수 상 함 야

건록월겁격에서 재성과 정관이 없다면 식상을 용신[體]하게 되는데, 넘치게 많은 록겁을 설기하니 역시 빼어난 기운이 된다. 봄의 木과 가을의 金으로 유추해보건대 식상을 용신하면 귀해지니 대체로 木이 火를 만나면 밝아지고, 金이 水를 생하면 신령해지기 때문이다.

```
丙 甲 丙 甲
寅 子 寅 子
```

예를 들어 장장원(張狀元)의 명은 甲子 丙寅 甲子 丙寅인데, 목화통명(木火通明)하고 있다.

```
庚 庚 庚 癸
辰 子 申 卯
```

또한 癸卯 庚申 庚子 庚辰의 명은 金水가 서로 포용하고 있다.

9. 관살경출(官煞競出)의 경우

更有祿劫而官煞競出, 必須取淸, 方爲貴格. 如一平章命,
갱 유 록 겁 이 관 살 경 출 필 수 취 청 방 위 귀 격 여 일 평 장 명
辛丑·庚寅·甲辰·乙亥, 合煞留官也; 又如, 辛亥·庚寅·甲
신 축 경 인 갑 진 을 해 합 살 류 관 야 우 여 신 해 경 인 갑
申·丙寅, 制煞留官也.
신 병 인 제 살 유 관 야

건록월겁격에서 정관과 칠살이 다투어 투출한 경우가 있는데 반드시 맑음을 취해야 비로소 귀격이 된다.

```
乙 甲 庚 辛
亥 辰 寅 丑
```

예를 들어 어느 평장(平章)의 명인데 辛丑 庚寅 甲辰 乙亥이고, 합살류관(合煞留官)하고 있다.

```
丙 甲 庚 辛
寅 申 寅 亥
```

예를 들어 辛亥 庚寅 甲申 丙寅의 명은 제살류관(制煞留官)하고 있다.

10. 양관경출(兩官競出)의 경우

倘若兩官競出, 亦須制伏, 所謂爭正官, 不可無傷也.
당약양관경출 역수제복 소위쟁정관 불가무상야

만약 2개의 정관이 다투어 투출한 경우 역시 극제하고 굴복시켜야 한다. 이른바 정관이 다투고 있다면 상하지 않을 리가 없기 때문이다.

11. 고관무보(孤官無輔)의 경우

若夫用官, 而孤官無輔, 格局便小, 難于取貴, 若透傷食,
약부용관 이고관무보   격국편소   난우취귀   약투상식

便爲破格. 然亦有官傷並透而貴者, 何也? 如, 己酉·乙
편위파격 연역유관상병투이귀자 하야   여   기유 을

亥·壬戌·庚子, 庚合乙而去傷存官, 王總兵命.
해 임술 경자 경합을이거상존관   왕총병명

만약 정관을 용신할 때 고관무보(孤官無輔)라면 격국이 볼품없고 귀함을 취하기 어려운데, 만약 거기에 식상이 투출하면 더욱 파격이 된다. 그러나 관성과 상관이 함께 투출하였는데도 귀한 경우가 있으니 어떤 경우인가?

```
庚 壬 乙 己
子 戌 亥 酉
```

예를 들어 己酉 乙亥 壬戌 庚子를 보면 庚乙이 合하여 상관을 제거하고 관성을 남겼는데 왕총병(王總兵)의 명이다.

12. 록겁용재(祿劫用財) : 무식상(無食傷)

用財而不透傷食, 難于發福, 然干頭透一位, 而不雜地支
용재이불투상식 난우발복   연간두투일위   이부잡지지

根多, 亦可取富, 但不貴耳.
근다 역가취부 단불귀이

건록격에서 재성을 용신할 때 식상이 투출하지 않으면 발복(發福)하기 어려우니 천간으로 식상 하나라도 투출해야 한다. 섞이지 않고 지지에 뿌리가 깊다면 부(富)를 이루기는 하나 귀(貴)하지는 않다.

13. 관살태중(官煞太重)의 경우

用官煞重而無制伏, 運行制伏, 亦可發財, 但不可官煞太
용관살중이무제복   운행제복   역가발재   단불가관살태

重, 致令身危也.
중 치령신위야

건록격에서 체(體)로 쓰는 관살(官煞)이 중(重)한데 제복하지 못한 경우, 행운에서라도 제복되면 재물을 벌 수는 있다. 단 관살이 지나치게 중(重)한 것은 불가하니 몸이 위험에 이를 수 있다.

제46장 건록월겁격 취운법

【論建祿月劫取運】

子平眞詮

1. 록겁용관(祿劫用官) : 인호희재(印護喜財)

祿劫取運, 卽以祿劫所成之局, 分而配之. 祿劫用官, 印
록겁취운   즉이록겁소성지국   분이배지   록겁용관 인

護者喜財, 怕官星之逢合, 畏七煞之相乘. 傷食不能爲害,
호자희재   파관성지봉합   외칠살지상승   상식불능위해

比劫未卽爲凶.
비겁미즉위흉

건록월겁격의 취운법이란 록겁(祿劫)으로 이루어진 국(局)을 몇 가지로 나누고 이에 맞춰 취운을 살피는 것이다.

건록월겁격이 정관을 제1용신 체(體)로 삼고, 정관을 보호해 주는 인성을 쓰고, 정관을 생하는 재성을 희신 삼는 경우,

① 정관이 合되는 운을 두려워하고,

② 칠살이 같이 투출되는 운도 두려워한다.

③ 식상운이 와도 해(害)가 되지 않으며,

④ 비겁운이 와도 바로 흉(凶)이 되지 않는다.

|壬 丁 庚 己|
|寅 丑 午 亥|

丁 일주가 午月에 태어나 건록격이다. 시간에 정관 壬이 투출하여 있으니 정관을 제1용신으로 삼고, 시지의 寅 인수가 정관을 보호하며 일간을 생하니 이를 상조 용신으로 삼는다. 인수운도 좋고 정관을 생하는 재성운도 좋다. 칠살 癸가 오면 관살혼잡이 되고, 비견 丁이 오면 정관이 합거되니 흉하다. 오히려 식상과 겁재를 운에서 보는 것은 무난하다.

2. 록겁용관(祿劫用官) : 재생희인(財生喜印)

財生喜印, 宜官星之植根, 畏傷食之相侮, 逢財愈見其功,
재 생 희 인   의 관 성 지 식 근   외 상 식 지 상 모   봉 재 유 견 기 공

雜煞豈能無碍?
잡 살 기 능 무 애

건록격이 정관을 제1용신 체(體)로 삼고, 정관을 생해 주는 재성을 쓰고, 정관을 보호하는 인성을 희신 삼는 경우,

① 당연히 정관은 통근하고 있어야 하며 식상운이 정관을 업신여기는 것을 두려워하고,

② 재성운을 만나면 그 生하는 효과를 더 보게 될 테니 칠살이 혼잡되는 것을 어찌 꺼려하지 않겠는가?

壬乙己庚 午未卯申	乙 일주가 卯月에 태어나 건록격이다. 연간에 정관 庚이 투출하여 있으니 정관을 제1용신으로 삼고, 정관을 生하는 월간 己 재성을 상신으로 삼고, 시간의 壬 인수를 희신으로 삼는다. 인수운이 좋고, 재관이 왕하여 상대적으로 신약하니 비겁운도 좋다.
丙丙癸辛 申子巳卯	丙 일주가 巳月에 태어나 건록격이다. 월간에 정관 癸가 투출하고 申子에 통근하였으니 정관을 체(體)로 삼고, 연간의 재성 辛이 정관을 生하므로 상신으로 쓴다. 정관을 돕는 운들이 좋고, 정관을 극제하는 식상 土운은 흉한데, 인성 木운이 같이 와야 식상을 제어하고 관을 보호할 수 있다.

3. 록겁용재(祿劫用財) : 대식상(帶食傷)

祿劫用財而帶傷食, 財食重則喜印綬, 而不忌比肩; 財食
록겁용재이대상식　재식중즉희인수　이불기비견　　재식
輕則宜助財, 而不喜印比. 逢煞無傷, 遇官非福.
경즉의조재　이불희인비　봉살무상　우관비복

건록월겁격이 재성을 제1용신 체(體)로 삼고, 식상을 쓰는 경우,

① 재성과 식신이 강하다면 인수를 희신 삼는데, 이때 비견운은 나쁘지 않다.

② 재성과 식신이 약하다면 재성을 부조(扶助)함이 당연한데, 이때 인성운과 비견운은 좋지 않다.

③ 칠살운을 만났다고 상처 입지는 않지만, 정관운을 만났다고 복되지도 않는다.

丁癸壬丁 巳卯子巳	癸 일주가 子月에 태어나 건록격이다. 관살은 부재하고 연간과 시간에 재성 丁이 투출하였으니 재성을 체(體)로 삼는다. 일지의 卯 식상은 재를 생하므로 상신의 역할을 한다. 재성과 식신이 강하므로 상대적으로 일주가 약화되고 인수와 비견 金水운이 좋다. 이 경우 관살이 들어와도 크게 복되지 않는다.
己乙己庚 卯丑卯午	乙 일주가 卯月에 태어나 건록격이다. 연간에 庚이 떠 있고 월시간에 己 재성이 투출되어 있는데 庚은 약하고 재성이 일지에 통근하며 힘을 가졌으니 재성이 체(體)를 이룬다. 재성을 생하는 午 식상을 상조 용신으로 삼고 운에서도 식상운을 만나야 발복할 수 있다. 이 남성은 대운이 巳午未 남방으로 향하여 재를 생하니 전국을 활보하는 유통업으로 많은 재물을 모았다.

4. 록겁용살(祿劫用煞) : 대식제(帶食制)

祿劫用煞以食制, 食重煞輕, 則運宜助煞; 食輕煞重, 則
록 겁 용 살 이 식 제   식 중 살 경   즉 운 의 조 살   식 경 살 중   즉

運喜助食.
운 희 조 식

건록월겁격이 칠살을 제1용신 체(體)로 삼고, 제극하는 식신을 쓰는 경우,

① 식신이 강하고 칠살이 약하다면 칠살을 돕는 운이 당연히 좋고,
② 식신이 약하고 칠살이 강하다면 식신을 돕는 운이 좋다.

甲 乙 辛 丙 申 巳 卯 申	乙 일주가 卯月에 태어나 건록격이다. 월간에 투출한 辛 칠살이 두 개의 申에 뿌리를 두고 힘을 가졌으니 체(體)로 삼을 만하다. 칠살은 역용해야 하고 연간 丙 상관의 제극이 유용하니 상조 용신으로 삼는다. 丙이 칠살을 합거하므로 칠살이 약해졌고 칠살을 돕는 金운이 길하다.
壬 庚 丙 丙 午 午 申 戌	庚 일주가 申月에 태어나 건록격이다. 연월간에 丙 칠살이 투출하고 일시지에 午에 뿌리를 두니 칠살이 제1용신이다. 칠살을 극할 식신 壬이 시간에 있어 상조 용신 삼으나 그 힘이 약해 식신을 돕는 비겁과 식상 金水운이 길하다.

5. 록겁용살(祿劫用煞) : 대재(帶財)

若用煞而帶財, 命中合煞存財, 則傷食爲宜, 財運不忌,
약 용 살 이 대 재　명 중 합 살 존 재　 즉 상 식 위 의 　재 운 불 기

透官無慮, 身旺亦亨. 若命中合財存煞, 而用食制, 煞輕
투 관 무 려 　신 왕 역 형 　약 명 중 합 재 존 살 　이 용 식 제 　살 경

則助煞, 食輕則助食而已.
즉 조 살 　식 경 즉 조 식 이 이

건록격이 칠살을 제1용신 체(體)로 삼고, 재성을 쓰는 경우, 사주 내에서 칠살이 합거되고 재성이 남았다면

① 식상운은 당연히 좋고

② 재성운도 나쁘지 않고

③ 정관운이 투출해도 우려할 게 없고

④ 신왕운도 역시 순조롭다.

위의 경우에서 재성이 합거되고 칠살만 남았다면 제극하는 식신을 쓰게 되는데,

① 칠살이 약하다면 칠살을 돕는 운이 좋고,

② 식신이 약하다면 식신을 돕는 운이 좋다.

甲庚丙辛 申子申卯	庚 일주가 申月에 태어나 건록격이다. 칠살 丙과 재성 甲이 투출하고 둘 중 특별히 강한 것은 없지만 칠살을 체(體)로 보고 재성을 상신으로 삼을 수 있는데, 丙辛이 합거되고 재성이 남았으니 재를 도울 식상과 재성 水木운이 좋다. 정관이 오거나 비겁운이 와도 무난하다.
己癸壬丁 未未子卯	癸 일주가 子月에 태어나 건록격이다. 시간에 칠살 己가 있고, 연간에 재성 丁이 있는데 재성은 丁壬합으로 합거되어 버렸다. 칠살만 남았고 칠살이 두 개의 未에 뿌리를 두어 강하므로 제극할 식상운이 오거나 식상을 도울 신왕운이 와야 한다. 水木운에 발복한다.

6. 록겁용식상(祿劫用食傷)

祿劫而用傷食, 財運最宜, 煞亦不忌, 行印非吉, 透官不
록겁이용상식 재운최의 살역불기 행인비길 투관불
美. 若命中傷食太重, 則財運固利, 而印亦不忌矣.
미 약명중상식태중 즉재운고리 이인역불기의

건록월겁격이 식신·상관을 제1용신 체(體)로 삼는 경우,

① 재운이 오는 것이 가장 적절한데 칠살운도 역시 나쁘지는 않다.

② 인수운으로 흐르는 것은 길(吉)할 수가 없고, 정관운이 투출하는 것도 좋지 않다.

건록격에서 식신·상관이 아주 강한 경우,

① 재운이 오는 것은 본디 이롭고,

② 인수운 또한 나쁘지는 않다.

甲癸戊庚 寅巳子寅	癸 일주가 子月에 태어나 건록격이다. 시간의 甲 상관이 두 개의 寅에 뿌리를 두니 체(體)로 삼을 만하다. 상관이 강하니 재성 火운이 가장 이롭고, 상관을 제복할 인수 金운도 나쁘지 않다.
癸癸癸戊 亥卯亥申	癸 일주가 亥月에 태어나 월겁격이다. 연간 戊 정관을 제1용신으로 삼아야 하나 뿌리가 없고 戊癸가 합하므로 쓰지 못하고 지지의 卯와 亥 중 甲 식상을 체(體)로 삼는다. 하지만 원국에 재성이 없으므로 성격을 이루지 못하였다. 사주의 주인은 초년에 인수 金운으로 흘러 결혼과 이혼, 사업실패 등의 풍파를 겪었고, 중년에 巳午未 재성운에 보살의 도움으로 비구니가 되었다.

7. 록겁관살병출(祿劫官煞並出)

祿劫官煞並出, 不論合煞留官, 存官制煞, 運喜傷食, 比
　록 겁 관 살 병 출　불 론 합 살 유 관　존 관 제 살　운 희 상 식　비

劫亦宜, 印綬未爲良圖, 財官亦非福運.
　겁 역 의　인 수 미 위 양 도　재 관 역 비 복 운

건록월겁격에서 정관과 칠살이 같이 투출한 경우, '합살유관(合煞留官)'이나 '존관유살(存官制煞)' 같은 경우를 막론하고

① 강한 관살을 극하는 식상운이 가장 좋고, 비겁운도 적절하다.

② 인수운이 오는 것이 좋은 계책일 리 없고, 재성운과 정관운 또한 복(福)이 될 수 없다.

乙己甲甲 亥酉戌申	己 일주가 戌月에 태어나 월겁격이다. 연월간에 甲 칠살이 떠 있고 시간에 乙 정관이 투출하여 관살이 혼잡되었다. 관살이 강하므로 제복할 식상 金운이 좋고, 일간을 돕는 비겁 土운도 무난하다. 인수운은 이 사주에서 필요한 식상을 극하기 때문에 좋지 않으며, 재성과 관살 水木운에는 복이 오기 어렵다.

제47장
잡격
【論雜格】

子平眞詮

1. 잡격(雜格)이란?

雜格者, 月令無用, 取外格而用之, 其格甚多, 故謂之雜.
잡격자 월령무용 취외격이용지 기격심다 고위지잡
大約要干頭無官無煞, 方成外格. 如有官煞, 則自有官煞
대약요간두무관무살 방성외격 여유관살 즉자유관살
爲用, 無勞外格矣. 若透財尙可取格, 然財根深, 或財透
위용 무로외격의 약투재상가취격 연재근심 혹재투
兩位, 則亦以財爲重, 不取外格也.
양위 즉역이재위중 불취외격야

잡격(雜格)이란 월령에 용신이 없어 외격(外格)으로 격을 잡고 그곳에서 용신을 찾는 경우이다. 그러한 격이 심히 많아 이를 가리켜 잡격이라 한다.

대략은 천간에 관살(官煞)이 없는 것이 중요한데 그래야만 외격이 이루어진다. 만약 관살이 있다면 그 관살을 스스로 쓸 것이므로 외격이라 할 수 없다. 만약 재성(財星)이 투출했다면 그것으로 격을 취할 수 있고, 재성의 뿌리가 깊거나 혹은 재성이 두 개가 떴다면 재성이 중한 것이 되므로 이 또한 외격이라 할 수 없다.

2. 일방수기격(一方秀氣格) : 염상, 윤하, 종혁, 가색, 곡직

試以諸格論之, 有取五行一方秀氣者, 取甲乙全亥卯未,
시 이 제 격 논 지   유 취 오 행 일 방 수 기 자   취 갑 을 전 해 묘 미

寅卯辰, 又生春月之類, 本是一派劫財, 以五行各得其全
인 묘 진   우 생 춘 월 지 류   본 시 일 파 겁 재   이 오 행 각 득 기 전

體, 所以成格, 喜印露而體純. 如, 癸亥·乙卯·乙未·壬午,
체   소 이 성 격   희 인 노 이 체 순   여   계 해 을 묘 을 미 임 오

吳相公命是也. 運亦喜印綬比劫之鄕, 財食亦吉, 官煞則
오 상 공 명 시 야   운 역 희 인 수 비 겁 지 향   재 식 역 길   관 살 즉

忌矣.
기 의

이런 격들을 시험하여 논해 보면, 한 가지 오행으로 빼어난 기(氣)를 취하는 격이 있다. 甲乙 일주에 亥卯未나 寅卯辰으로 채워지면 봄에 태어난 부류일 테고 본디 일종의 겁재이다. 하나의 오행이 전체를 채운 것으로 격을 이루는데 인성이 드러나거나 사주체가 순수한 것을 좋아한다.

壬乙乙癸
午未卯亥

예를 들어 癸亥 乙卯 乙未 壬午 오상공(吳相公)의 명이 그러하다.

행운 역시 인수와 비겁을 좋아하고 재성과 식신도 역시 길하나 관살은 싫어한다.

3. 종화취격(從化取格) : 화기격

有從化取格者, 要化出之物, 得時乘令, 四支局全. 如丁
유종화취격자 요화출지물 득시승령 사지국전 여정

壬化木, 地支全亥卯未, 寅卯辰, 而又生于春月, 方爲大
임화목 지지전해묘미 인묘진 이우생우춘월 방위대

貴. 否則, 亥未之月亦是木地, 次等之貴, 如, 甲戌·丁卯·
귀 부즉 해미지월역시목지 차등지귀 여 갑술 정묘

壬寅·甲辰, 一品貴格命也. 運喜所化之物, 與所化之印
임인 갑진 일품귀격명야 운희소화지물 여소화지인

綬, 財傷亦可, 不利官煞.
수 재상역가 불리관살

변화되는 것을 좇아 격을 취한다는 경우가 있는데, 변화되어 나타나는 오행이 계절을 얻어 월령에 올라타고 4지지가 전국(全局)을 이룬 형국이다. 예를 들어 丁壬이 합화(合化) 木하였고 지지가 亥卯未나 寅卯辰으로 채워지며 거기에 봄 태생이면 크게 귀해진다. 그렇지 않고 亥月이나 未月生이면 역시 木은 木이지만 2등급 귀격이다.

```
甲 壬 丁 甲
辰 寅 卯 戌
```

예를 들어 甲戌 丁卯 壬寅 甲辰은 일품귀격(一品貴格)의 명이다.

행운은 변화된 그 오행을 좋아하고 변화오행의 인수도 좋고 재성과 상관도 역시 괜찮으나 관살은 이롭지 않다.

4. 도충격(倒沖格)

有倒沖成格者, 以四柱無財官, 而對面以沖之, 要支中字
유도충성격자 이사주무재관 이대면이충지 요지중자

多, 方沖得動. 譬如以弱主邀强賓, 主不衆則賓不從. 如,
다 방충득동 비여이약주요강빈 주부중즉빈부종 여

戊午·戊午·戊午·戊午, 是沖子財也; 甲寅·庚午·丙午·甲
무오 무오 무오 무오 시충자재야 갑인 경오 병오 갑

午, 是沖子官也. 運忌塡實, 餘俱可行.
오 시충자관야 운기전실 여구가행

도충(倒沖; 虛字를 가져다 沖하는 것)으로 격을 이루는 경우가 있는데, 사주에 재성과 관성이 없고 그 없는 것과 沖하며 대면하는 글자가 지지에 많아야 한다. 그래야 그 충이 움직임을 얻는다. 비유컨대 약

한 주인이 강한 손님을 초대한 경우 주인이 여럿이지 않으면 손님이 따르지 않는 것과 같다.

戊戊戊戊
午午午午

예를 들어 戊午 戊午 戊午 戊午 명조의 경우, 많은 午가 子(재성; 虛字)와 沖하고 있다.

甲丙庚甲
午午午寅

甲寅 庚午 丙午 甲午 명조의 경우는 많은 午가 子(정관; 虛字)와 沖하고 있다. 행운은 전실(塡實; 子)58)을 꺼리고 나머지 다른 행운들은 괜찮다.

---

58) 전실(塡實)은 암신격(暗神格)에서 沖 혹은 合하여 불러오고자 하는 지지가 채워져 버리는 것을 말한다. 암신격은 외격의 일종으로 암충격, 암합격 등이 있다. 모두 정관을 끌어와 쓰고자 하는 데, 예시에서 子午沖을 하는 허자 子가 운에서 와서 진짜로 채워져 버리는 것을 전실되었다고 말한다.

5. 조양격(朝陽格)

有朝陽成格者, 戊去朝丙, 辛同得官, 以丙戊同祿于巳,
유 조 양 성 격 자 무 거 조 병 신 동 득 관 이 병 무 동 록 우 사

卽以彼之意. 要干頭無木火, 方成其格, 蓋有火則無待于
즉 이 피 지 의 요 간 두 무 목 화 방 성 기 격 개 유 화 즉 무 대 우

朝, 有木則觸戊之怒, 而不爲戊朝. 如, 戊辰·辛酉·辛酉·
조 유 목 즉 촉 무 지 노 이 불 위 무 조 여 무 진 신 유 신 유

戊子, 張知縣命是也. 運喜土金水, 木運平平, 火則忌矣.
무 자 장 지 현 명 시 야 운 희 토 금 수 목 운 평 평 화 즉 기 의

　　조양(朝陽; 태양을 향하다)으로 격을 삼는 경우가 있는데, 대지[戊土]가 사라지고 태양이 떠오른다[朝丙]는 뜻이다. 辛에게 있어 丙戊가 모두 巳를 록(祿)으로 삼기 때문에 모두 관(官)으로 작용한다는 것인데[59] 저편에서 끌어다 쓴다(戊가 丙을 끌어온다)는 의미를 갖는다.

　　반드시 천간에 木火가 없어야만 조양격을 이룬다 하였는데, 火가 있으면 떠오르는 해를 기다릴 필요가 없을 것이요, 木이 있으면 戊의 노여움을 촉발시키므로 戊가 조양(朝陽)할 수 없게 된다고 하였다.

---

59) 辛일생이 戊子시에 태어나고 官煞이 없는 경우에만 조양격이 성립된다. 서락오는 조양격을 논리적이지 않다 비난하며 일반적인 종왕격과 다르지 않다고 하였다.

```
戊 辛 辛 戊
子 酉 酉 辰
```

예를 들어 戊辰 辛酉 辛酉 戊子 장지현(張知縣)의 명이 그러하다.

행운에서는 土金水 운은 좋고 木 운은 평범하고 火 운은 나쁘다.

6. 합록격(合祿格)

有合祿成格者, 命無官星, 借干支以合之. 戊日庚申, 以
유 합 록 성 격 자 명 무 관 성   차 간 지 이 합 지 무 일 경 신 이

庚合乙, 因其主而得其偶, 如, 己未·戊辰·戊辰·庚申, 蜀
경 합 을 인 기 주 이 득 기 우 여 기 미 무 진 무 진 경 신 촉

王命是也. 癸日庚申, 以申合巳, 因其主而得其朋, 如, 己
왕 명 시 야   계 일 경 신   이 신 합 사 인 기 주 이 득 기 붕 여 기

酉·癸未·癸未·庚申, 趙丞相命是也. 運亦忌塡實, 不利官
유 계 미 계 미 경 신   조 승 상 명 시 야   운 역 기 전 실   불 리 관

煞, 更不宜以火剋金, 使彼受制而不能合, 餘則吉矣.
살 갱 불 의 이 화 극 금   사 피 수 제 이 불 능 합   여 즉 길 의

록(祿)[60]과 합하여 격을 이루는 경우가 있는데, 명에 정관이 없으

---

60) 합록격의 祿은 일간의 建祿(임관)을 칭하는 것이 아니라 정관의 祿, 즉 官祿을 의미한

면 천간지지에서 합되는 것을 빌려오는 경우이다.

① 戊일생이 庚申(時)이면 庚이 乙(정관)을 합하여 오므로 그 주인이 짝을 얻은 것이다.

庚戊戊己
申辰辰未

예를 들어 己未 戊辰 戊辰 庚申 촉왕(蜀王)의 명이 그러하다.

② 癸일생이 庚申(時)이면 申이 巳(巳中戊 정관)를 합하여 오므로 그 주인이 친구를 얻은 것이다.

庚癸辛己
申未未酉

예를 들어 己酉 辛未 癸未 庚申 조승상(趙丞相)의 명이 그러하다.

다. 심효첨은 戊일생 庚申시의 경우 庚乙합만 언급하고 있으나, 지지 申이 申卯암합으로 乙(정관)의 祿인 卯 官祿을 불러오니 합록격이라고 연해자평은 설명한다.

행운은 전실(塡實; 巳)을 꺼리고 관살도 이득이 없다. 火운이 와서 金을 剋하는 것도 적당치 않으니 극제를 당하면 合을 할 수 없기 때문이다. 나머지는 길(吉)하다.

7. 기명종재(棄命從財), 기명종살(棄命從煞)

有棄命從財者, 四柱皆財而身無氣, 捨而從之, 格成大貴.
유기명종재자 사주개재이신무기 사이종지 격성대귀

若透印, 則身賴印生而不從, 有官煞, 則亦無從財而兼從
약투인 즉신뢰인생이부종 유관살 즉역무종재이겸종

官煞之理, 其格不成. 如, 庚申·乙酉·丙申·己丑, 王十萬
관살지리 기격불성 여 경신 을유 병신 기축 왕십만

命是也. 運喜傷食財鄉, 不宜身旺. 有棄命從煞者, 四柱
명시야 운희상식재향 불의신왕 유기명종살자 사주

皆煞, 而日主無根, 捨而從之, 格成大貴. 若有傷食, 則煞
개살 이일주무근 사이종지 격성대귀 약유상식 즉살

受制而不從, 有印, 則印以化煞而不從. 如, 乙酉·乙酉·乙
수제이부종 유인 즉인이화살이부종 여 을유 을유 을

酉·甲申, 李侍郎命是也. 運喜財官, 不宜身旺, 食神傷官
유 갑신 이시랑명시야 운희재관 불의신왕 식신상관

則尤忌矣.
즉우기의

① 기명종재격(棄命從財格)은 사주가 모두 재성이고 일주가 신약하니 자신을 버리고 재성을 좇아가는 격으로 대귀격이다. 만약 인성

(印星)이 투출하면 일주는 인수의 生함에 의지하므로 종(從)하지 못하고, 관살(官煞)이 있다면 종재와 종살이 겸한다는 이치는 없으므로 격이 성립되지 않는다.

```
己 丙 乙 庚
丑 申 酉 申
```

예를 들어 庚申 乙酉 丙申 己丑 왕십만(王十萬)의 명이 그러하다. 행운은 식상이나 재성을 좋아하고 신왕운은 적절하지 않다.

② 기명종살격(棄命從煞格)은 사주가 모두 칠살이고 일주가 뿌리가 없으니 자신을 버리고 칠살을 좇아가는 격으로 대귀격이다. 만약 식상(食傷)이 있다면 칠살이 극제를 당하므로 종(從)하지 못하고, 인성(印星)이 있다면 인성은 칠살을 변화시키므로 종(從)하지 못한다.

```
甲 乙 乙 乙
申 酉 酉 酉
```

예를 들어 乙酉 乙酉 乙酉 甲申 이시랑(李侍郞)의 명이 그러하다.

행운은 재성과 관성을 좋아하고 신왕운은 적절하지 않고 식신·상관운은 매우 좋지 않다.

8. 정란격(井欄格)

有井欄成格者, 庚金生三七月, 方用此格. 以申子辰沖寅
유정란성격자 경금생삼칠월 방용차격 이신자진충인
午戌, 財官印綬, 合而沖之. 若透丙丁有巳午, 以現存官
오술 재관인수 합이충지 약투병정유사오 이현존관
煞, 而無待于沖, 非井欄之格矣. 如, 戊子·庚申·庚申·庚
살 이무대우충 비정란지격의 여 무자 경신 경신 경
辰, 郭統制命也. 運喜財, 不利塡實, 餘亦吉也.
진 곽통제명야 운희재 불리전실 여역길야

정란(井欄: 우물의 난간)이란 이름의 격이 있는데, 庚金일생이 3월(辰月)과 7월(申月)에 나면 이 격을 쓸 수 있다. 申子辰(水)이 寅午戌(火)을 沖하면서 재관인(財官印)를 불러오니 申子辰 合하여 寅午戌을 沖하는 것이다.

만약 丙丁이 투출하거나 巳午가 있다면 현 사주에 관살이 존재하니 沖에서 기다릴 것이 없으므로 정란격이 될 수 없다.

```
庚 庚 庚 戊
辰 申 申 子
```

예를 들어 戊子 庚申 庚申 庚辰 곽통제(郭統制)의 명이 그러하다.
행운은 재성을 좋아하고 전실(塡實)은 불리하고 나머지는 길하다.

9. 형합격(刑合格)

有刑合成格者, 癸日甲寅時, 寅刑巳而得財官, 格與合祿
유형합성격자 계일갑인시 인형사이득재관 격여합록
相似, 但合祿則喜以合之, 而刑合則硬以致之也. 命有庚
상사 단합록즉희이합지 이형합즉경이치지야 명유경
申, 則木被沖剋, 而不能刑; 有戊己字, 則現透官煞, 而無
신 즉목피충극 이불능형 유무기자 즉현투관살 이무
于刑, 非此格矣. 如, 乙未·癸卯·癸卯·甲寅, 十二節度使
우형 비차격의 여 을미 계묘 계묘 갑인 십이절도사
命是也. 運忌塡實, 不利金鄉, 餘則吉矣.
명시야 운기전실 불리금향 여즉길의

형(刑)하고 합하여 격을 이루는 경우가 있는데, 癸일생이 甲寅時이면 寅이 巳를 형(刑)하여 巳中 丙戌을 끌어와서 재성과 정관을 얻는다. 합록격과 비슷한데 다만 합록(合祿)은 록(祿; 정관)을 합하여 오는 것을 기뻐하지만, 형합(刑合)은 형(刑)하고 합(合)하는 것이 억세고 완강하다. 명에 庚申이 있다면 木(甲寅)이 충극을 당하니 형(刑)을 할 수가 없고, 戊己가 있다면 관살이 이미 투출하였으므로 형(刑)을 기다릴 리 없으니 형합격이 될 수 없다.

```
甲 癸 癸 乙
寅 卯 卯 未
```

예를 들어 乙未 癸卯 癸卯 甲寅[61]의 십이절도사(十二節度使)의 명이 그러하다. 행운은 전실(塡實: 巳)을 꺼리고 金運은 불리하고 나머지는 길하다.

10. 요합격(遙合格) : 축요사격, 자요사격

有遙合成格者, 巳與丑會, 本同一局, 丑多則會巳, 而辛
유요합성격자 사여축회 본동일국 축다즉회사 이신
丑日得官, 亦合祿之意也. 如, 辛丑·辛丑·辛丑·庚寅, 章
축일득관 역합록지의야 여 신축 신축 신축 경인 장

---

61) 乙未년에는 癸卯월이 아닌 己卯월인데 모든 판본이 癸卯로 잘못 기록되어 있다.

統制命是也. 若命中有子字, 則丑與子合而不遙, 有丙丁
통제명시야 약명중유자자 즉축여자합이불요 유병정

戊己, 則辛癸之官煞已透, 而無待於遙, 另有取用, 非此
무기   즉신계지관살이투   이무대어요   영유취용   비차

格矣. 至於甲子遙巳, 轉輾求合, 似覺無情, 此格可廢, 因
격의   지어갑자요사   전전구합   사각무정   차격가폐 인

羅御史命, 聊復存之. 如, 甲申·甲戌·甲子·甲子, 羅御史
나어사명 요복존지   여 갑신 갑술 갑자 갑자   나어사

命是也.
명시야

요합(遙合: 멀리 있는 합)으로 격을 이루는 경우가 있는데, 巳와 丑의 會合은 본디 같은 하나의 국(局)이므로, 丑이 많다면 巳와 會合하여 辛丑日로 하여금 정관(巳)을 얻게 하는 것이다. 역시 합록(合祿)의 의미를 갖는다.

庚 辛 辛 辛
寅 丑 丑 丑

예를 들이 辛丑 辛丑 辛丑 庚寅 장통제(章統制)의 명이 그러하다.

만약 명에 子 글자가 있으면 丑은 子와 합하지 멀리 있는 글자(巳)를 불러오지 않을 것이고, 丙丁戊己가 있다면 辛, 癸의 관살(官煞)이

이미 투출한 것이니 멀리 있는 것을 기다리지 않고 별도로 용신을 취할 것이다. 그래서 이들은 요합격이 될 수 없다.

甲 일주의 자요사(子遙巳)62)에 관해서는 전전(轉輾)하며 合을 구하는 것이고, 드러난 것 같으나 무정한 것이므로 이 격은 쓸모없는 것이지만, 나어사(羅御史)의 명을 답습하여 당분간은 남겨 두도록 한다.

```
甲 甲 甲 甲
子 子 戌 申
```

예를 들어 甲申 甲戌 甲子 甲子 나어사(羅御史)의 명이 그러하다.

11. 기타 잡격

若夫拱祿·拱貴·趨乾·歸祿·夾戌·鼠貴·騎龍·日德·日
약부공록 공귀 추건 귀록 협술 서귀 기룡 일덕 일

貴·福祿·魁罡·食神時墓·兩干不雜·干支一氣·五行具足
귀 복록 괴강   식신시묘   양간부잡   간지일기 오행구족

---

62) 甲子일이 甲子시를 만나는 것으로 子中癸水가 巳中戊土와 요합(遙合)하고 그 戊土는 丙火와 동궁(同宮)이고 丙火가 酉中辛金을 래합(來合)하면 마지막 辛金이 甲 일주의 정관(正官)이 된다는 논리이다. 그래서 전전하며 合을 구한다고 말하고 있다.

之類, 一切無理之格, 槪置勿取. 卽古人格內, 亦有成式,
지류 일체무리지격 개치물취 즉고인격내 역유성식
總之意爲遷就, 硬塡入格, 百無一似, 徒誤後學而已. 乃
총지의위천취 경전입격 백무일사 도오후학이이 내
若天地雙飛, 雖富貴亦自有格, 不全賴此. 而亦能增重具
약천지쌍비 수부귀역자유격 부전뢰차 이역능증중구
格, 卽用神不甚有用, 偶有依以爲用, 亦成美格. 然而用
격 즉용신불심유용 우유의이위용 역성미격 연이용
神不吉, 卽以爲凶, 不可執也.
신불길 즉이위흉 불가집야

무릇 공록격, 공귀격, 추건격, 귀록격, 협술격, 서귀격, 기룡격, 일덕격, 일귀격, 복록격, 괴강격, 식신시묘격, 양간부잡격, 간지일기격, 오행구족격 같은 류의 격국은 일체 이치에 맞지 않은 격이니 모두 놔두고 취하지 않아야 한다. 옛 선인들의 격(格) 가운데 격식을 이룬 것도 있으나 전반적으로 생각을 옮겨다 붙이고 억지로 격(格) 안에 집어넣은 것들이 많아 백 가지 중 본받을 게 하나 없는데 공연히 후학들을 오류에 빠트리고 있다.

이에 천지쌍비격의 예를 들면 설사 부귀할 수 있다 하여 스스로 격을 갖췄다 하는데 전적으로 거기에 기대는 것은 불완전하다. 갖추어진 격국에 무게를 더 두어야 하는데, 용신이 깊지 않다 해도 사용하는 것이고 우연히 그 용신에 의탁해 가다 보면 좋은 격을 이루고 하는 것이다. 그러나 용신이 있다 해도 불길하면 흉이 되는 것이니 너무 집착하는 것은 불가하다.

12. 상관상진(傷官傷盡)

其于傷官傷盡, 謂是傷盡, 不宜見官則可耳. 而俗書則謂
기우상관상진 위시상진   불의견관즉가이   이속서즉위

傷官見官, 必盡力以傷之, 使之無地容身, 更行傷運, 便
상관견관 필진역이상지   사지무지용신   갱행상운 편

能富貴, 不知官有何罪, 而惡之如此? 況見官而傷, 則以
능부귀 부지관유하죄   이악지여차   황견관이상   즉이

官非美物, 而傷以制之, 又何傷官之謂凶神, 而見官之爲
관비미물 이상이제지   우하상관지위흉신   이견관지위

禍百端乎? 予用是說以歷試, 但有貧賤, 並無富貴, 未可
화백단호   여용시설이역시   단유빈천   병무부귀   미가

輕信也, 近亦見有大貴者, 不知何故. 然要之極賤者多,
경신야 근역견유대귀자   부지하고   연요지극천자 다

不得不觀其人物, 以衡之矣.
부득불관기인물   이형지의

상관상진(傷官傷盡)이라는 것이 있는데 상진(傷盡)이라고 부르는 게 맞는 것이니 상관이 정관을 보는 것이 마땅치 않은 것은 당연한 것 아닌가. 속서에서 이르기를 상관견관(傷官見官)하면 반드시 전력을 다해 정관을 상하게 해야 하고 다 써버려서 몸을 의탁할 곳 하나 없게 해야 하는데 다시 상관운으로 흐르면 부귀해진다고 한다. 관(官)이 무슨 죄와 악함을 그렇게 많이 갖고 있다는 건지 모르겠다. 더구나 정관을 보면 상한다 하고 정관이 아름다운 것이 아니니 상관으로

극제해야 한다고 하면, 어찌 상관을 흉신이라 하고 상관견관위화백단(傷官見官爲禍百端)이라 한단 말인가?

　이 설을 이용하여 두루 시험해 보았는데 빈천하기만 하고 부귀한 자는 없었으니 경솔하게 믿어서는 아니 된다. 근래에 크게 귀한 자를 보았는데 무슨 이유인지는 알 수가 없었다. 그러나 지극히 천한 사람들도 많으니 부득이 그 인물의 됨됨이를 고려하여 보지 않을 수 없다.

山陰 자평진전
子平眞詮

春光 김기승

연세대학교·경기대학교 대학원을 졸업하였으며 교육학박사 및 직업학박사이다. 경기대학교와 KICU대학원 교수를 거쳐 현재 국제뇌교육종합대학원 동양학과 교수로 재직하며 석사, 박사를 배출하고 있다.

삼성반도체 E캠퍼스강사, 중국 연변주역학회 명예회장, 홍콩 후천동명리학회 명예회장, 선천적성평가원장을 역임하였고, 사)한국작명가협회 이사장, 과학명리학회 회장, 산업진흥연구 학술이사, 잘살레오연구소 대표로 활동하고 있다.

주요저술서로는 〈격국용신정해〉, 〈명리학사〉, 〈과학명리〉, 〈명리학정론〉, 〈음양오행론의 역사와 원리〉, 〈십성의 기질과 사회성〉, 〈명리진로학습코칭〉, 〈명리직업상담론〉, 〈사주심리치료학〉, 〈자원오행성명학〉, 〈톱 만세력〉 등이 있으며, 역서로 〈적천수천미〉, 〈명리약언〉, 〈궁통보감〉, 〈고금명인명감〉, 〈山陰 자평진전〉 등이 있다.

文供 나혁진

경희대학교 국어국문학과, 시드니공과대학(UTS) 정보기술학과(IT) 석사를 취득하고, 국제뇌교육종합대학원대학교 국학석사와 동양학박사 학위를 취득하였다. 현재 국제뇌교육종합대학원 동양학과 겸임교수로 명리학사 및 명리고전을 강의하고 있다.

중견 제약사 인사부장, 과학명리학회 학술위원 및 전임강사, 명과학연구 편집위원, 잘살레오연구소 책임연구원으로 활동하고 있다.

주요저술서로는 〈명리학사〉가 있으며, 역서로 〈명리약언〉, 〈山陰 자평진전〉 등이 있다.

山陰 子平眞詮
자평진전

초판 1쇄 발행 2021년 1월 22일

원저자 山陰 沈孝瞻
옮긴이 김기승·나혁진
펴낸곳 다산글방

출판등록 제313-2003-00328호
주소 서울특별시 마포구 동교로 36
전화 02) 338-3630
팩스 02) 338-3690
이메일 dasanpublish@daum.net
홈페이지 www.iebook.co.kr

ⓒ 김기승·나혁진, 2021, Printed in Korea
ISBN 979-11-6078-185-4 03150

* 이 책은 저작권법에 의해 보호받는 저작물이며, 저자와 출판사의 서면 허락 없이 이 내용의 전부 또는 일부를 인용하거나 발췌하는 것을 금합니다.
* 제본, 인쇄가 잘못되거나 파손된 책은 구입하신 곳에서 교환해드립니다.
* 책값은 뒤표지에 있습니다.